天下文化
BELIEVE IN READING

印尼現在進行式

Indonesia in Real Time

一位台灣女子
逾 20 年的在地觀察

賴珩佳 著

目　錄

PART 2. 深入感受風土魅力

PART 3. 南方江湖工作經驗談

PART 4. 台灣的南向新商機

PART 5. 崛起中的萬島之國

序

了解印尼，才能創造台印雙贏

林信義／總統府資政、台杉投資管理顧問公司董事長

二十多年前，珩佳在台北圓山飯店的歸寧宴是由我當證婚人，當時來自印尼的親家，因為本業為鋼鐵業，與我產業的背景略有相關，因而相談甚歡。當珩佳邀請我為此書寫推薦序，才赫然發現距歸寧宴竟已過了二十多年，現在珩佳身兼精品商務飯店董事長、房地產開發公司執行長，與資產物業公司執行董事，不難想像，在一開始語言完全不通、人際關係歸零的異鄉，一路走來，需要克服的困難與挑戰應該不會太少，看她一步步站穩腳步，身爲證婚人實在感到欣慰。

珩佳從小在台灣就讀北一女、台大工管系，之後到美國紐約雪城大學取得企管碩士，並以第一名優異的成績畢業，之後在投資銀行、顧問公司工作，至今為止，台灣以這樣學經歷到印尼去發展的可能為數不多。珩佳用自己細膩的觀察、獨立的思考，以及在地多年的生活與工作經驗集結成此書，這實在是對想要了解印尼或者印尼人民的讀者來說，是非常珍貴的參考資訊。

這本書分成五大章節：「超乎想像的生活衝擊」、

「深入感受風土魅力」、「南方江湖工作經驗談」、「台灣的南向新商機」、「崛起中的萬島之國」，幾乎涵蓋了與印尼相關的各個面向，且是由台灣人的視角，在地深刻體會寫成，不同於其他旅遊或是短暫停留寫成的印尼印象書籍。

這本書也打破了許多我們或對印尼與印尼人既有的刻板卻錯誤的印象。珩佳的文筆流暢，時而詼諧，文字輕鬆好讀，是一本非常值得閱讀的好書，定能為讀者、為國人開拓視野，更加認識我們的近鄰——印尼。

目前印尼移工在台灣有將近三十萬人口，占了社福移工的77%；印尼學子在台灣有將近兩萬名，是台灣國際學生的第二大來源國；還有來自印尼逐年增加的觀光客，這些都與我們的日常生活息息相關，如果希望能多了解這些印尼移工、學子，甚至遊客等，與他們有更流暢的溝通、更和諧的互動，又或者想到印尼開拓市場、新天地，抑或計劃進行與印尼相關的合作，閱讀本書絕對是最有助益的第一步。

印尼為世界第四大的人口國，同時也為東協最大經濟體，人口與經濟比重都占了整個東協的一半，重要性不言可喻。在世界各國爭相與之交流之際，身為近鄰的台灣更應該試著多了解，並珍惜在國際社會上相對友台的印尼，必定能創造台印的雙贏！

序

值得更多關注的近鄰

陳忠／前駐印尼台北經濟貿易代表處代表

記得剛至印尼履新擔任台灣駐印尼大使（駐印尼台北經濟貿易代表處），正值珩佳第一本著作《那些你未必知道的印尼》出版，是台灣第一本書寫有關印尼觀察（旅遊以外）的書籍，猶記當時大使館內，及印尼台商圈幾乎人手一本，珩佳在地多年的就近觀察，以她流暢的文筆，深入淺出的書寫，讓許多初到者如我，在最短的時間內能藉著該書對印尼的人文、社會、商業活動等有更廣泛的認識。

至今，我擔任台灣駐印尼大使將近八年，是目前為止擔任印尼大使最久的一位，在準備交棒之際，欣聞珩佳準備再將二十多年的在地生活與工作經驗集結成第二本印尼書籍，與更多對印尼相關人事有興趣的讀者分享。此書有別於其他印尼相關書籍在於其諸多內容，皆需在地生活與工作，才能真實深刻感知與了解，更顯此書之珍貴，故樂於為之推薦，相信讀者們能從書中對印尼或者印尼人民有更多了解，甚至推翻原有的印象。

本書其中有兩部為「台灣的南向新商機」與「崛起

中的萬島之國」，點出了現今印尼產業與政經狀況，以及身為發展中國家的印尼還有許多可著力的商機、拓展的可能，並相對指出了如何透過與印尼的交流，活絡台灣的經濟，並為台灣未來可能的發展注入新的活水。

擔任駐印尼大使將近八年期間，我們大使館團隊不但在地努力為台灣發聲，大大提升了台灣在當地與國際的能見度，也藉著更勤懇的交流與各項重大活動的舉辦，讓當地與國際的主流社會聽見台灣真正的聲音，並看見台灣自身的努力，與做為國際公民的貢獻。除此之外，我們更努力致力於台灣與印尼雙邊的合作、交流，比如在農業、醫療、教育等產業，讓印尼看到台灣的優勢，同時也提升台灣正面的國際形象。又比如已成當地年度重大活動的「台灣精品展」、「台灣高等教育展」、「台灣旅遊展」等也都在當地為台灣累積了豐厚的吸引力，為台灣的現在與未來增添許多有形與無形的資產。非常盼望這樣的努力能一直延續，甚或更加發揚光大。

由珩佳的這本書可看出她逾二十年來在異鄉的努力，並心繫台灣的脈動，關切兩地的交流與共榮，願這本書能為所有有志有心之士帶來正面助益。所謂「遠親不如近鄰」，對於我們的友好近鄰印尼，值得我們好好關注，讓我國「南向」政策能真正落實，並讓雙方都能因而受益。

序

最貼近人心的印尼觀察

佩蒂・S・法蒂瑪（Petty S Fatimah）
印尼最大雜誌集團 Prana Group 前總主編

如何快速掌握一個國家的文化與風俗？答案就是全心投入其中，並以包容的心態觀察，而非帶著批判的眼光。珍妮佛（賴珩佳）正是如此。她在印尼居住了逾二十年，撰寫了兩本精采著作，深入探索當地日常生活迷人的面向。儘管她的看法或許帶有個人觀點（個人書寫皆是如此），但她的洞見將促使印尼與台灣之間最「密切」的層面，亦即人與人間的交流，產生更緊密的聯繫。

How can one quickly grasp the culture and customs of a foreign country? By immersing oneself in it and observing without judgment. This is precisely what Jennifer has done. She lived in Indonesia for 20 years and authored two great books that deep dive into the fascinating aspects of daily life here. While her perspective may be subjective, as is the case with any individual's viewpoint, her insights have significantly contributed to fostering closer ties between Indonesia and Taiwan at the most 'intimate' level: people-to-people relations.

自序

盼為台印搭起 相知相惜的橋梁

多年前的一念之間，讓自己走了一條從未在人生計畫中的路——移居印尼雅加達。原本設想只是趁著年輕歲月用一年時間看看不同的世界，開開眼界，沒想到因為種種因素竟然在此地一待超過二十年，至今，在雅加達生活的時間竟已開始超過在台灣成長的歲月，思及時光之荏苒，百感交集。

彼時的雅加達遠不及現在的便利與國際化，科技發展也還未能如現今這般讓人覺得整個世界天涯若比鄰。初來乍到因對整體環境與文化的陌生遠超乎想像，且對當地語言一竅不通，遭遇某些人事常常只能啞巴吃黃連，以致身心在未及準備的情況下驟處高壓，狀況連連。直至數年後因緣巧合認識了一位前輩，以自身人生示現教導：人該勇敢面對、坦然接受自身所處當下，積極處理到來的挑戰，並試著放下心中的猶疑。一記棒喝，才讓我倏忽記起家中長輩曾給我的人生提點「隨緣盡分，盡分了才能說隨緣」。就這樣重整心力，自勉努力踏實活在當下，在此地好好生活。

近年來台灣、印尼交流機會更廣：台灣企業的拓展、專業人才外派或自行勇敢闖蕩這片南方江湖；從印尼也有更多的學子、尋求工作機會者，甚或有醫療需求、單純觀光等，懷著好奇與嚮往的心來到美麗的福爾摩沙。對於心中根之所在、生我育我的故鄉台灣，與豐富我此段生命的移居地印尼，我都有著深厚的情感，也深深的感謝，故欣然樂見兩地更加緊密的相連。

台灣與印尼雖是近鄰，有些可惜的是即便有所謂「南向政策」，但一般對印尼或者印尼人仍感不甚熟悉，甚或有一些刻板的錯誤印象。因為在印尼生活與工作多年，故起心動念希望將這些年對當地的一些人文、社會或者商業觀察記下，盼能提供在地的角度供參，讓讀者能更了解這片土地與生活其中的人們，也深盼能以此為搭起台印相知相惜、互敬互重的橋梁，貢獻微薄之力。

感謝「天下文化」團隊的支持鼓勵，才能有本書的問世；感謝編輯團隊的細心與耐心，才能讓文稿以最有組織最流暢的方式呈現；感謝美術團隊的創意與努力，才能讓這本書以最好的樣貌與大家相會。這麼多年來，衷心感謝親愛家人無條件的支持、鼓勵與包容，是他們的愛，讓我度過一次又一次的困頓與難關。也特別藉此向我的父親賴清祺先生、母親郭惠連女士致敬，他們對我當時其實是因思慮不周做出移居印尼的決定，沒有批判，只有深深的祝福，放手讓我飛，他們更是我疲憊時最溫暖安全的港灣。

養兒方知父母恩，現在的我深知身為父母，那是多麼不易。摯愛的母親於二〇二三年一月驟然離世，一直以來她是支持我向前最溫柔最強大的力量，在異鄉多年，一直未能實現母親「至少一週一起喝一次咖啡」的盼望，子欲養而親不待，實是人間至痛。除了將她的智慧與畫作記錄在《人間最美的相遇》一書（天下文化出版），我也想將此書獻給她與父親。如果此書能為台印交流帶來些許正面的助益，請將之視為我為回報親恩萬分之一所做的努力。

還要深深感謝人生路上所有善緣，在台灣，在印尼，在世界任何地方，是這些美好的相遇，才能直接間接成就此書。我滿懷感謝。

二〇二四年十一月二十五日於印尼雅加達

前言

選擇在異國 努力活在當下

二十三年前，我二十六歲，拎著兩個皮箱，背著一台筆記型電腦，來到印尼首都雅加達。

當時對於印尼，我的認知僅止於中學地理課本教過的「印尼」一課——由一萬多個島嶼組成的島國，盛產香料……，就這樣。對於印尼的印象，就是看過的新聞畫面：排華暴動、火山爆發、落後髒亂。

從小到大，我的求學生活在大部分人眼中是一帆風順的：從北一女到台大工商管理系，之後到美國紐約雪城大學攻讀企管碩士（MBA）也以第一名成績畢業。

爾後順利的在芝加哥期權交易所（Chicago Board Options Exchange, CBOE）找到工作，回台灣後進入投資銀行業，領著比同學多兩、三倍的薪水。一切似乎就這麼順遂。然而，因著在美國讀書認識、當時遠距交往的印尼華人男友（現在的先生）一句話：「我們要不要結婚？」經過十幾個輾轉難眠的夜晚後，不知哪兒來的勇氣，我毅然決定搬到印尼雅加達。

記得那時我不顧父親的憂慮、母親的淚水、親人的勸阻，也沒多想語言的不通、國情的不同、感情或許會產生的變動，向來多慮的我竟一瞬間成了單細胞生物，下定決心後竟只是一股腦兒的往前衝——以最快的速度遞辭呈、訂機票、打包行李，一個月後我就拎著兩箱行李飛抵印尼雅加達。行李除了必備的大同電鍋與衣物，還有一個鉛筆盒，裡面裝了自動鉛筆、鋼珠筆、各色原子筆芯與大小N次貼。在我的想像中，印尼該是個連這些精緻文具都很難找到的落後國度吧！

從雅加達「蘇卡諾哈達國際機場」入境印尼，首先映入眼簾的就是「蘇卡諾一哈達」雕像，以紀念開國總統蘇卡諾（Soekarno）與副總統哈達（Hatta）。

驚覺語言是生存第一要務

記得初下飛機時，放眼所及多是有著黝黑皮膚的人，我心想：「這地方怎麼印傭都出門了？」然後才又猛然想起，這是他們的國家啊！

當時還是男友的先生接我到他家，家裡的幫手端出削好的水果對我說：「喜拉幹，媽幹。」（印尼語Silahkan Makan，中文為「請吃」之意）我簡直不敢相信自己聽到的話——她對我連說了兩次國罵耶！可是態度卻又溫和有禮……，這一刻，我才突然驚覺，來到這裡，從小學習的中英台日等語言幾乎全無用武之地。印尼語，是我完全不了解的語言啊！要在此生存，語言似乎是第一要務，但這竟是當時年輕的我單細胞思考，就算輾轉了多個夜晚也沒想到的課題。

除了語言不通，初來乍到，我的人際關係也完全歸零。明明這個城市來來往往有一千多萬人口，但除了先生之外，我竟然沒有一個朋友。這種孤獨體驗已經許久未曾經歷。

在台灣時，喜歡偶爾與三五好友相聚，但在這裡，周圍全是陌生人。有天我實在受不了，決定在住家大樓的兒童遊戲場待著，心想：「不論男女老少，只要有任何人從這裡經過，我就一定要鼓起勇氣去跟他們交個朋友。」誰知道，那天我在平時熙攘的兒童遊戲場待了整整四個小時，竟然沒有任何一人前來。霎時覺得，老天真是在考驗我，打算苦我的心志吧！

當時各方面接踵而來的壓力與孤單，是從小幾乎無往不利的我首次承受，也因為自小在課業方面較為順遂的傲氣，我一直告訴自己不可示弱，內外夾攻下，竟導致自己到雅加達的第二個月就十二指腸出血。當時每日腹部疼痛不適、不停發抖冒冷汗，又看到自己排出的黑血，真是受了很大的驚嚇。

到醫院就診時，醫生不解的看著我問：「妳生活到底有什麼壓力可以大到讓自己的十二指腸出血？」真是如人飲水，冷暖自知，這豈是三言兩語就可陳述清楚？身體被擊倒，卻不敢也不願讓父母與其他人知道詳情。我告訴自己，這是自己做的決定、自己選的路，所有的一切都得自己承擔。就這樣一邊接受醫生治療（每天吞一大堆藥丸），一邊仍逼著自己快快學習、快快適應在印尼的生活，身心煎熬的折騰了好一陣子。

一晚拉了二十三次肚子

無巧不巧，約半年後，有次因為好奇心驅使，又想展現自己已融入的姿態，隨同事到路邊攤吃午餐，嘗試他們說的「超高CP值烤雞腿飯」（一隻現烤雞腿、兩塊炸豆腐、一塊炸「天貝」黃豆餅、一碗飯），口味的確特別，也屬美味，只是不知哪個環節出問題，當晚竟創下一晚拉了二十三次肚子的人生紀錄，整個晚上在浴室中度過，想著我的人生盡頭該不會就止於此了吧。當然，之後幾週新疾加舊疾，身體也不好過。就這樣過了幾年水土不服又精神緊繃的日子，直到自己誠實面對，接受身在雅加達的事實，且盡分隨緣的開展在此的人際網絡，心中的孤獨與壓力才慢慢釋放。

事實上，以人生經驗點醒我的，是一位當時年約七十歲的高雅女士，她也來自台灣，是女兒同學的外婆。

與我來到印尼的緣分相似，她是在四十多年前從台灣到美國留學，也是在求學期間與身為印尼華人的先生認識交往，爾後結婚。新婚時期在美國的生活雖穩定，但因先生仍想有一番大作為，於是希望新婚妻子能給他五年時間回印尼發展，承諾若五年內闖不出名堂即回美國。這位女士也因為年輕的勇氣來到當時這個未開發國家，她心裡盤算著，最慢五年內即可回到已辦移民的美國。誰知先生創立的飲料公司快速成長，後來成了印尼前三大的飲料公司。這番傲人的成績雖得來不易，卻也是意料之外。她的先生當然沒再提起要離開這片有事業基礎的土地，而她也在心情未就緒的狀態下，一待就是漫漫的四十多年。

好好面對自己的選擇

當她對我講述自己的故事時，只見她眼神飄向遠方，語氣中隱隱夾雜著憂鬱與懊惱。我完全可以理解她的心情：在青春亮麗人生正美的大好時光，一腳踏進當時仍是未開發國家的印尼，原本以為五年後就能離開，沒想到從此離不開。這位女士的中英文流利，但印尼文至今仍停留在基礎，這顯然說明了幾十年來她對這片土地的排斥。

她的故事，對於當時同樣未能正視這片土地的我，有如當頭棒喝。大家都說要「活在當下」，我問自己：「到底活在哪兒呢？」不肯面對、不肯接受，又沒有勇氣大破大立，還害怕會被「同化」，讓自己活在「束之高閣」的生活型態中。聽完這位前輩講述她的故事，我猶如大夢初醒。

是的，該面對與接受自己的選擇，以正面樂觀的心態好好活在當下。我不想有朝一日兩鬢銀髮時，仍在抱

晨曦中的首都雅加達。

怨年少時莽撞的決定，以及埋怨這片土地的種種不是。我要睜開我的眼，好好看看這裡，努力在這裡生活著！

後記（二〇二四年）：與這位前輩相識後的這些年，照她的女兒轉述，我竟是她唯一會主動聯絡碰面的朋友。近年來智慧型手機發展迅速，她與我聯絡的方式卻仍只停留在撥打家中電話與發送簡訊，由此大概可推想，她因為長期心情困頓局限了自己對各方面的探索，後來甚至與家人的日常互動都成問題，身心狀況每況愈下，現在還有嚴重憂鬱症。即使她處於相對較舒適的社經地位，一直以來眼中看不見任何值得欣賞或感念之處，讓自己身心受盡折磨，孩子們也能躲則逃。友人因幾年來獨力照料高齡且憂鬱的父母，情緒已到了臨界點，原本優雅愛笑的她與我碰面時，竟在公共場所痛哭不止，為母親，也為因照顧母親而好似掉入負能量黑暗深淵中的自己，訴說自己身心俱疲卻不知盡頭為何。可惜的是，精神憂鬱讓她的母親仍只專注於陳述自己在印尼的不適，絲毫未能感受女兒所感之一二。

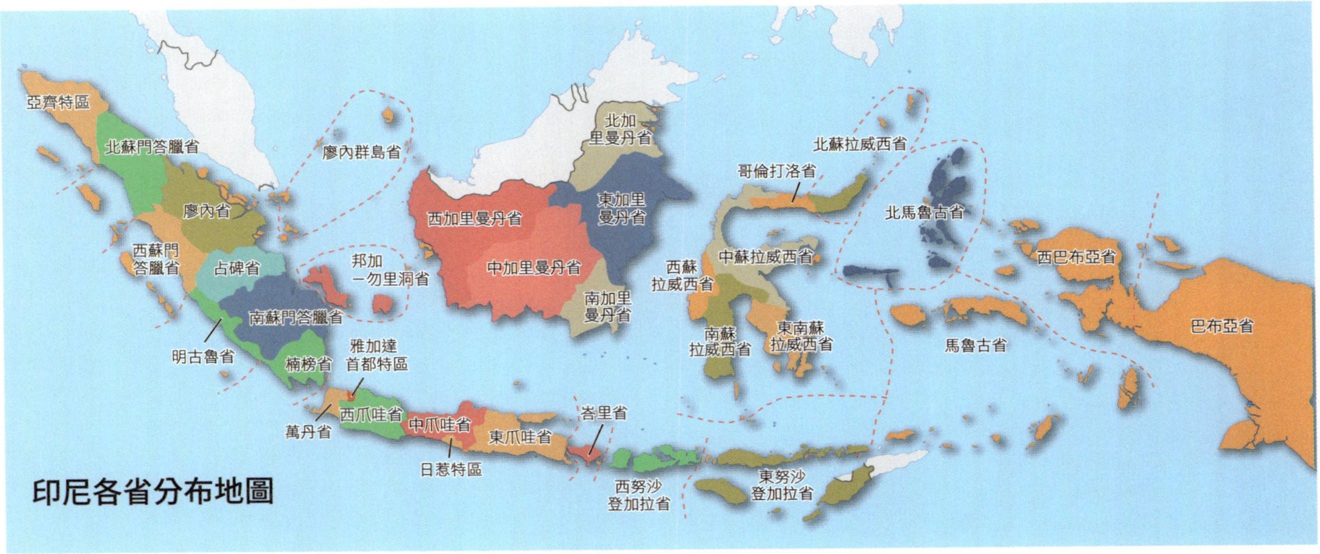
亞齊特區
北蘇門答臘省
廖內群島省
廖內省
西蘇門
答臘省
占碑省
邦加
一勿里洞省
南蘇門答臘省
明古魯省
楠榜省
雅加達
首都特區
萬丹省
西爪哇省
中爪哇省
日惹特區
東爪哇省
峇里省
西努沙
登加拉省
東努沙
登加拉省
北加
里曼丹省
東加里
曼丹省
西加里曼丹省
中加里曼丹省
南加里
曼丹省
西蘇
拉威西省
中蘇拉威西省
南蘇
拉威西省
東南蘇
拉威西省
哥倫打洛省
北蘇拉威西省
北馬魯古省
馬魯古省
西巴布亞省
巴布亞省
印尼各省分布地圖

PART 1

超乎想像的生活衝擊

想 要 真 正 融 入 在 地 生 活 ，

印尼一整年都悶熱如夏季？
奢華生活不用低調，就是要讓大家都知道？
注重見面禮節，握手貼臉才算打招呼？
伊斯蘭教徒其實不喜歡狗？

就 從 入 境 問 俗 開 始 ！

只要有一群人壯膽，即使違規也沒關係？
不太願意承認不知道，所以回答問題總是很熱心？
懂得 Basa Basi 輕鬆閒聊，才能拉近彼此距離？
生日與婚喪喜慶禮節大不同？

1 與印尼華人家庭的磨合

有大智慧的父親在我婚前即提醒我，東南亞的華人雖然與我們一樣皆屬於「廣義的華人」，但事實上，相較於成長在自由民主台灣的我們，他們的想法仍屬傳統。當時我雖自知社會歷練不深，卻仍沒將父親的話聽入耳，隨意的點頭「嗯」表示知道了。等真正落地生活後，才發現自己其實什麼都不知道。

重男輕女尤甚一般華人

比起台灣、香港、中國大陸，甚至歐美各地的華人，東南亞華人重男輕女觀念更重，尤以印尼為最。據婆婆描述，當時她在生我先生之前，連三年生了三個女兒，來自親朋好友的冷嘲熱諷讓她的心理壓力大到不得了。因此在懷第四胎（我先生）時，聽信各種建議，試盡各種偏方，夜夜驚醒求佛菩薩，只為得男。

生出男兒後，從不會甜言蜜語的公公竟然送上一束美麗的花，她心中的大石也頓時卸下，感覺完成人生中最重要的任務。台灣在一九七〇年代推行「兩個孩子恰恰好」的家庭計畫運動，但同時期的印尼華人卻與台灣老一輩的想法一樣，認為「多子多孫多福氣，生個男兒最要緊」，因此家中普遍有四、五個孩子。

購物商場內的農曆年節裝飾。

千萬別以為這樣的想法僅止於上一代。婚後我才訝異的發現，公婆對我的期盼是生四個孩子，我想法中的兩個孩子在他們的觀念裡「實在太少了」。而且當我懷第一胎四、五個月得知是女兒時，婆婆的第一個反應是「非常同情」的安慰我：「沒有關係，沒有關係，真的沒有關係。」當時我聽得一頭霧水，能有貼心的女兒實在讓我太開心了，為什麼一直安慰我「沒關係」呢？愈多的「沒關係」，聽起來關係好像大了。當懷第二胎四個月之際確認是男孩時，婆婆似乎比我還興奮，平時情緒較為平靜的她興奮的對我恭喜不停：「實在太為妳開心了！」當時我也疑惑：「有這麼誇張嗎？」

但事實就是如此。我在這裡認識的一位印尼華人朋友，她與我同年，頂著留英碩士學歷，是聰明優秀又美麗的高材生，卻因夫家與娘家的雙重壓力，為了得一男，連續五年生了五個女兒，第六胎才終於得子。看著她這麼多年的生活都在懷孕生子中度過，常為她心疼不已，她卻絲毫沒有怨言，感覺這個過程好像是天經地義，是她的使命。兒子出生後，信奉天主教的她竟還到處求神問卜，希望能找到神人為兒子取一個能帶來最大祝福力量的「中文名」，而前面五位女兒卻是連一般的中文姓名都沒有取，對待差別之大實在讓我頗為詫異。

另一位朋友，大學畢業後即結婚生子，共有四個女兒，最大的十六歲，最小的也十一歲，但是她這兩年的生活重心仍放在求得一子。老實說，將求得一子當成生命目標，實在讓我覺得有些惋惜。不過也因為我的觀念異於這裡的傳統，所以我家兩個孩子的同學知道他們只有姊弟兩人時，第一個反應是：「蛤？才兩個小孩？」

一般來說，與我同輩的華人家庭普遍有三、四個孩子，若是只有一個孩子，通常會被視為「一定有問題才這樣」；兩個孩子則「尚可被接受」，但若都是女兒卻堅持不繼續生的，面對長輩或另一半，通常都得經過一番家庭革命了。

教養觀念的迥異

與我同輩的台灣人成長在「兩個孩子恰恰好」的環境中，所以多數夫妻計劃生育一到兩個孩子非常普遍。當然考量的，還有更現實的因素——教養孩子實在需要耗費許多心力。那印尼人有這麼多孩子，怎麼照顧呢？很簡單，聘請成本仍屬低廉的保母或家事幫手幫忙（註）。

許多經濟許可的家庭或多或少都會聘請幫手，更不用說經濟實力雄厚的家庭，為一個孩子聘兩位保母的也大有人在（詳見p31〈2驚人的貧富差距與高調的社會風氣〉）。因為聘請幫手的門檻較低，父母雙方或因工作、私人因素（社交活動繁多或單純想過較輕鬆的生活等），從孩子嬰兒時期的吃喝拉撒，到國高中時期的生活看顧或陪伴接送，幾乎都讓幫手一手打理，父母（尤其是母親，因為印尼傳統「男主外，女主內」的觀念還是濃厚）多是扮演「監督」保母的角色。

我有位印尼友人生產完一個月後變得比懷孕前還瘦，我以為她是因為親自照料嬰兒勞心勞力，結果她說：「我會瘦是因為心情實在太糟了。一個月內我換了十個保母，找不到一個好的！」我心想，坐月子這麼身心俱疲的時候，竟然還要把心思精神耗費在更換保母？換作是我，大概是選擇親自動手還比較輕鬆。

不過這就是文化差異之處。在印尼，像我這樣經濟條件許可，卻從孩子出生那刻起，不倚賴幫手、凡事親力親為照料孩子的人真是屈指可數，且通常會被視為異類。此外，老二出生之後，每天我總是要抱個小嬰兒接送老大上學，而且不管到哪裡，總是身上抱著一個，手

註：在印尼城市，一位保母（印尼語Suster）的起薪現在每月約500萬印尼盾（約台幣1萬元），家事幫手（印尼語Pembantu）起薪約400萬印尼盾（約台幣8,000元）。保母起薪高於家事幫手，是因為一般認為照顧孩子需要更多的技能與時間，且雇主雇用時通常必須先講明，因為若受雇為「保母」者，通常不願意分擔家事，但受雇為「家事幫手」者，可視能力加薪偶爾幫忙照看孩子。

裡還要牽著一個。看到我這麼麻煩與辛苦，印尼的親友圈總會以「妳有事嗎」的眼光看我，講話委婉的會說：「要不要考慮請個幫手啊？這樣太辛苦了。」講話較直接的則會說：「妳瘋了嗎？幹麼把生活過成這樣？」在他們眼中，我實在是太不會生活了。

老實說，因為堅持親自教養，的確讓我在很多時刻陷入困境。比方說，在印尼絕大部分的社交場合都謝絕孩童，因為普遍認定受邀者的孩子一定有幫手照顧，大人自己出席不會構成問題。但是我遇上這類場合，多半只能選擇缺席，或是勇敢帶著孩子出席，但這時就得忍受他人表面禮貌的微笑，背後卻是「她是白目嗎？」的表情。幾次經驗後，我當然也學會如何取捨。

有台灣朋友問我：「妳為何不將孩子託交公婆或其他親友？」事實上，在印尼將孩子託交親友的不成文規矩是：託交時最好要附帶一名保母，因為照顧與看護孩子是「那名保母」的責任，受託者最多只是幫忙監督而已。像我這樣沒聘請幫手還託交孩子，就算親友接受了，心中一定不免嘀咕一番。

因為身處這樣的環境，也讓我不免思考，在這種由保母照應一切下成長的孩子，可想而知對「父母親的家庭責任」及「與父母之間的情感」自然有不同的體驗、感受與想法。若本身不是在這種環境中成長，卻考慮要與生活於這種背景的人共組家庭，雙方想法的溝通與生活模式的磨合，不論是對婚姻生活，或是對下一代的教養，勢必會有一定的差距啊。

2 驚人的貧富差距與高調的社會風氣

從小成長於倡導內斂低調的文化中，印尼普遍高調的炫耀文化常讓我適應不良。在印尼人數不及2%的華人掌控了八成以上的經濟影響力，以及多因政治力崛起的本地富商，使得印尼整體社會的貧富差距非常驚人。根據世界銀行的報告指出（二〇二三年），印尼的「吉尼係數」（註）為0.388，為亞洲國家係數最高者，若以「資產分配不均」排名，則名列世界第六——印尼最富有的四人財產總額，竟超過最窮的一億人口財產總額。

毫不避諱分享奢華生活

有位印尼友人，每次全家兩大兩小出國旅行，一定要搭頭等艙，理由是頭等艙「才能睡覺」。搭乘長程郵輪時，船上唯一一間最頂級套房一晚要價台幣10多萬元，他們也是連住十天，旅遊時用餐地點多選擇昂貴的米其林星級餐廳，花起錢來眼睛都不眨一下，這還只是

註：Gini Coefficient，判斷所得分配公平程度的指標，係數0表示所得分配平均，係數1表示所得分配完全不平均。

參加同事婚禮，同事臉上的特厚濃妝讓我幾乎認不得本人。

每一、兩個月出國假期中的一次花費而已，更別提這位太太對高級精品的瘋狂收藏，常常需付幾萬美金全額訂貨，半年、一年後才收到也不以為意。

另一位友人全家五口出國旅遊，即便只是從雅加達到日本七個小時航程，且明明天天有許多航班可以選擇，但他們次次都是包私人飛機前往，理由是這樣才有美好的家庭旅遊回憶。

還有許多社會名人，毫不掩飾的在社交媒體大方分享奢華生活，甚至政治人物的家人也不例外。相較於印尼政府頒定首都雅加達特區二〇二四年最低基本工資為每月500萬印尼盾（約台幣1萬元），還有許多不在法定基本工資規範下的家庭幫傭、保母、打零工者等，像友人這樣的開銷習慣與高調風氣，著實讓人咋舌。

我的孩子讀幼稚園時，班上有位同學是印尼某大集團第三代，他還有兩個弟弟。他們的媽媽幫每個孩子請了兩位保母，也就是三個小孩總共有六位保母，另外又再雇用一位華人擔任「保母經理」負責統管。所以他們每天來上學的陣仗，都是兩位司機開著兩輛七人座的豪華保母座車，一下車就是三個孩子、七位保母，加上兩、三位保鑣，媽媽則是負責偶爾現身點綴一下。

更讓我瞠目結舌的是，幼稚園裡有位加拿大籍老師，這位媽媽認為老師教得好，希望聘請她專任三個孩子的家庭教師，並開出每月基本薪資1萬美元，外加租房、汽車、專屬司機，以及隨時跟著這個家庭到世界各地的機票住宿等驚人條件。學校當然無法提供如此優渥的條件，只能眼睜睜看著自己培養的優秀師資就這樣被挖角了。

頻繁舉辦各種派對

富有家庭的高調還顯示在頻繁舉辦的派對上——結婚時盛大的千人邀宴、孩子出生前的產前派對、孩子出生後的滿月派對、週歲派對、孩子或父母每年的生日派對、孩子成年的「Sweet 17」生日派對、結婚紀念日派對等。這些慶祝會幾乎都是在最高級的餐廳或飯店包場，而且一定是主題派對，全部都由活動祕書整體設計，受邀者也多會被要求一定的服裝以符合主題，所以參加前最好事先詢問或了解（通常邀請函上會說明），才不會失禮。

一九九〇年代的印尼首富林紹良，二〇〇四年在新加坡的香格里拉飯店舉辦六十週年鑽石婚宴，連辦兩晚，每晚招待近兩千名賓客，包括每位賓客到新加坡的來回機票、晚宴，以及當晚住宿香格里拉飯店。當時先生與我代表公婆到新加坡出席，那種車水馬龍、盛大豪華的場面讓我至今難忘。

高調的風氣，還顯示在參與上述各種宴會的裝扮與服裝上。首先是大濃妝，這是風氣，也是禮貌，妝化得愈濃代表與會者愈慎重、愈重視這個場合。以我自己為例，結婚那天臉上的妝就動用了兩個人畫了整整三個小時，原本細長的眼睛被一圈圈塗著，睫毛接了又接，完工後感覺自己像隻塗著厚妝、睜著超級大眼的駱駝，完全不是本人了。千萬別以為濃妝是富有人士的專利。在印尼，就連大樓的女性清潔人員、警衛、超市收銀員等，也常看到是頂著濃妝上工。我幾乎沒見過有哪一個國家的女性，這麼注重以濃妝展示對工作的尊重、對參與場合的慎重。

高貴髮型代表重視

再來是頭髮。在宴會中，女子不論年紀、髮型，頭髮必須往上下左右吹得高聳，原則上是以頭皮為原點，將頭髮吹高約五到十公分不等，之後還要噴上大量定型液，如此一來，花了一到兩小時吹高的「高貴」髮型才能處變不驚、文風不動。

來到印尼後，我第一次參與的正式場合就是自己的婚宴，當我看著場中許多這樣的女士來往穿梭，第一個聯想到的就是小時候電視綜藝節目裡著名的「檳榔姐妹花」，實在不明白這種髮型的美感到底在哪裡，但也真多虧了她們，舒緩我當日緊張的情緒。

現在年輕一輩已不太時興把頭髮吹得像「河東獅吼」貌，但髮尾的大波浪卷幾乎是必備的。不只參加宴會，有時只是女性友人之間平日的午餐或假日聚會，這樣精心梳理的頭髮似乎依然是共同的默契。

服裝方面，參與正式場合，男士多會穿著Batik（印尼傳統蠟染服飾，詳見p137〈28印尼的驕傲——Batik〉）。女士則是穿晚禮服，而且是有亮片、有亮點、有剪裁設計的晚禮服，就像奧斯卡頒獎典禮前眾女星走紅毯的穿著。在台灣，女士可以穿自認漂亮的洋裝、套裝或任何衣服參加任何宴會，只要覺得舒服得體即可，但在這裡，這種穿著總顯得格格不入。

向來我一直堅持做自己，所以總依著在台灣的習慣穿著參加婚宴等場合。有次穿了自以為得體漂亮的連身洋裝參加一位印尼好友妹妹的婚禮，當友人穿著類似卡通《美女與野獸》中美女跳舞時的大黃色禮服來招呼我，從她的眼神中我知道，這樣簡單的連身洋裝對於她熱忱的邀請，真是失禮了。

3 厚道與單純的直線思考邏輯

在印尼的超市，有時我會碰到如下的狀況，挑選芒果時，工作人員在身旁用嘴型小聲告訴我：「芒果很酸，不要買。」然後我就會放下手中的芒果。在選雞肉時，負責肉類區的工作人員壓低聲量對我說：「這些雞肉已經放兩天了，不新鮮，傍晚新貨會進來，妳明天再來吧！」有次我指著其他的雞種肉品說：「那我買這種有機的放山雞吧！今晚想煮雞湯。」工作人員回：「這種有機的貴得很不合理，肉又不好吃，妳今天還是別買了，煮別的湯，明天再來好嗎？」有時到麵包店買麵包，我會隨口問：「這麵包什麼時候做的？」店員先是回答：「剛剛。」之後又會自己接著說：「其實是昨天下午。」

諸如此類的例子真是不勝枚舉。我一方面為他們的熱情關心而感動，另一方面也常想：「要是他們的老闆知道員工這麼誠實，不知是高興還是不高興？」

我常覺得絕大部分印尼本地人（原住民）有種天生的厚道與單純，思考少有拐彎抹角的狡猾，多的是直線思考。舉例來說，在這裡買冰淇淋，一球、兩球、三球，可各加一種、兩種或三種配料，所以買三球冰淇淋，就是要加「三份」或「三種」配料。如果我想「買三球但只要兩種配料，請給我各一半分量即可」，對多數店員而言會非常困擾，因為他們覺得三球就是要給「三份」配料，所以會明確請問，到底是哪種配料給一份，哪種配料給兩份，反正總共就是要三份。我在印尼不同地方試過很多次，屢試不爽，三份就是三份，無法有「一種配料一半分量」這種做法。

雅加達某大樓鏡面玻璃反射出周遭大樓筆直的景象。

守規定也守秩序

有一陣子我很喜歡到一家甜點店吃仙草去火氣，最常點有四種配料的「招牌仙草」。有次我對店員說：「比較不喜歡某種配料，可不可以不加，但芋圓多給我兩顆？」若是在台灣，店員一定會很靈巧的處理讓客人滿意歡喜，有時甚至還會說：「沒關係，多加給妳啦。」但在印尼，店員的回答一定是「不行」，就算我少加一種配料，要多加芋圓就要多加錢，因為老闆規定芋圓就是給兩顆。後來我也學乖了，知道最省時省力的購買方法，就是廢話不多說，照著單子上點就對了。在這個地方，要認清「給人方便，就是給自己方便」。

也正因為印尼本地人的直線邏輯，反倒讓我覺得在印尼購物非常受到尊重。這裡的店員，微笑招呼是必有的，而且絕對不會因為試穿好多次、詢問太多問題、占用他們許多時間（如請他們找貨或取貨等），最後卻什麼也沒買而給客人臉色看。以他們的直線邏輯思維，看待這類的事很單純——客人看不到合意的，當然不會買。就算沒做成交易，步出店門時，店員也一定會微笑輕輕說聲：「謝謝！歡迎再度光臨！」這種普遍大度的溫暖貼心，在其他國家也很少見到。

曾經看過一篇文章比較中國與美國，內容大意是中國人口較多，智商高的聰明人比例也高，但為什麼目前的世界掌權者仍是美國呢？作者認為：中國就是因為聰明人太多，不守序的比例反而較高，整體社會便無法安定有序。反之，美國人聰明比例似乎沒那麼高，但是大部分沒那麼聰明的人卻願意認分的遵守所有規則，因而整體社會由聰明人制定合理完善的規則，大部分的人只要遵循，這個國家便能強大。看到這篇文章，讓我想到擁有直線思考模式的多數印尼人民，也許照這位作者的分析，印尼也很有機會成為世界強國呢？

4 誰說印尼四季如夏？

僑居雅加達二十多年，我起床的時間幾乎每天都維持在早上五點半或更早，因為我總將與太陽比早起視為生活一大樂事。但每年約一月到六月，起床時常常天色已亮，而七月到十二月早晨起床準備早餐時，天色卻仍暗如黑夜。記得求學時，地理課上到「印尼」，課文介紹氣候以「印尼位於赤道，四季如夏」一語帶過，讓人誤以為印尼只有一個季節，不似他國有春夏秋冬，來到這裡後才發現，其實不然。

比台灣夏季涼爽宜人

事實上，印尼絕大部分領土處於赤道以南，包括印尼人口最多的島嶼爪哇島。因此若是北半球的夏日，正是南半球的冬日，也因此在台灣讓人站著不動也飆汗的夏季攝氏三十七度高溫，在印尼卻是較舒適涼爽的天氣（約二十四到二十八度）。另外，印尼還有些地勢較高的地區，如距首都雅加達車程不到兩小時的人口第四大城萬隆市（Bandung）年均溫為十八到二十八度，氣候甚是宜人。

印尼國旗與印尼國家博物館。印尼國旗長寬比為3：2，上面為紅色橫帶，代表勇氣，下面為白色橫帶，代表聖潔。

有年盛夏返台一趟，在室外行走真如在熱騰騰的大烤箱中，常熱到兩眼發昏。某日早晨，到附近早餐店納個涼吃早餐，忽然聽見一位客人與店主聊天，店主抱怨天氣熱得不像話，這位客人突然指著在店中幫忙的印尼幫手說：「這樣就叫熱？那你問她印尼不是更熱？」聽到「印尼」，我自然豎起耳朵。店主說：「她說過印尼沒這麼熱。」說著還拿起手機查天氣：「你看，雅加達現在二十八度耶。」（當時台北氣溫三十六度，我聽了也順便滑了一下手機，沒錯，雅加達現在二十八度。）沒想到那位客人繼續說：「這天氣測量標準是在他們那裡高山上的茅草屋裡嗎？怎麼可能？如果這麼涼，那你問問你那位印尼幫手，她怎麼這麼黑？」

我簡直不敢相信在人文薈萃的台灣首善之都台北，在公共場所會出現這樣赤裸裸的對話，忍不住抬頭一望，卻見那位印尼幫手面紅耳赤低著頭走進廚房，不知為何頓時我感到羞愧無比，感覺應找洞鑽進去的好像是我自己。若照這樣的邏輯，這世上白人黑人的地域性分配豈非全都不合理了？

讓人冷到發抖的雨季

事實上，每年的十一月到隔年二月為印尼的雨季，熱帶的雨不下則已，一下驚人。雨季常能整天都下著滂沱大雨，甚或接連幾天傾盆大雨，平均氣溫瞬間即可降到二十四到二十八度，這時我出門通常會加件薄外套，但若看到當地印尼人穿上毛衣、戴上毛帽，甚或穿上Gore-Tex防水大外套，千萬別吃驚，對於從小慣生於熱帶的他們，這樣氣溫的雨天有時真是會冷到發抖呢。

公司的同事在雨季時，幾乎人人穿著一件大外套上班，那陣仗有些像是台灣的初冬一般。剛開始我常看傻了眼，直到某年一位女同事用她非常冰冷的手握住我的手說：「請問可以把辦公室的冷氣溫度調高些嗎？真的覺得好冷。」我看了一眼辦公室冷氣溫度顯示，確定明明還是平日設定的環保溫度「二十六度」，這時才真正理解，不同地方長大的人，對於所謂的「水土」適應，的確存在著不小的差異，實在無法以自身的經驗去想像別人的感受。也因此，就算在夏季搭機時，看到一起登機的印尼人多穿上厚重的毛衣外套，我也可以理解機上溫度之於他們「體感溫度」的不同了。

有些初來乍到印尼的人，可能會以為在印尼找不到秋冬服飾。事實不然，賣場或店家的服飾銷售實際上會根據氣候而有所調整。比如現在在印尼的各大國際服飾品牌如日本平價的UNIQLO、西班牙品牌ZARA等，七月中開始就秋裝上市，想來跟該品牌本國的換季腳步應大致一樣，而且剛好符合印尼目前的天候需求，且三個月後也將推出冬裝系列，那時印尼雨季也將來到，一切都配合得剛剛好呢。

在雅加達雨季的早晨，偶爾我是被窗外的「涼風」涼醒的。如果聽到我這樣說，不知道台北那位早餐店客人嘴裡的豆漿會不會噴出來？或者他會堅信，其實我是住在印尼高山上的茅草屋裡呢？

5 只有握手、擁抱，不算打招呼

記得剛到雅加達，其中一件不適應卻天天必須碰到的事，就是「見面打招呼」。在台灣儒家思想環境中成長，我們一般不與陌生人有任何肢體接觸，若遇到剛認識的人，頂多點個頭，微微笑，說聲：「你好！」除非一些正式場合，也許需要互相握個手，但也僅此而已。

注重見面的禮節

在印尼卻很注重見面的禮節。對於初次碰面的人，互相握手說聲：「你好嗎？」（印尼語 Apa Kabar）握手後，手再輕輕觸碰自己胸前一下，以此表示「已將對方的招呼收到心中」。對於印尼人來說，這是個再自然不過的連續動作，但我常是握了手後，手就自動放下，等看到對方的手輕放胸前，才又快快將手伸起在胸前輕放一下，不然真是失禮了。就這樣常常練習，久了也成為習慣，有時自己當旁觀者看著別人互打招呼時，還覺得這是個優雅的動作呢。

但如果和初次見面者是長輩晚輩關係時，禮節又不同。記得第一次參加公司旅遊，一位同事帶著她七、

近年來當地已有許多24小時營業的便利商店。

八歲的小孩來跟我打招呼，我伸出手後，小孩把我的手輕握住，然後順勢將我的手往上帶，輕觸他的額頭，當時我稍稍呆了一下，覺得這好像是童話故事裡王子邀公主跳舞的姿勢，只是對方是小孩子，而我也不是什麼公主。後來才明白，這是晚輩對長輩，或是對於心中尊敬之人的見面禮。

擁抱不能取代打招呼

而熟識的女性朋友之間的招呼方式，就是比較西化的親貼臉頰：握住手後，先貼右臉、再左臉、再右臉。印尼人也許久居熱帶，本性比較熱情大方，常是見過一次面就算認識或熟識了。所以我常碰到一種狀況：

被見過面但是不熟的女性朋友握住了手就開始貼臉頰，一貼、兩貼、三貼。一開始我總感到尷尬，因為對我而言那是多麼親密熟識的舉動，所以常呆若木雞的杵在原地。雖然感覺不自在，但臉上仍要勉強微笑。

有幾次，在意料之外的場合遇見當地好友，我興奮的打招呼時，還是習慣性的直接給個大大緊緊的擁抱，這時會感覺擁抱中，有個來自對方稍稍的小推力，提醒再怎麼擁抱，還是得繼續進行貼臉三次才算完整的打了招呼啊。

另外還有一種常見的招呼方式，是雙手合十，身體則呈現稍微鞠躬的姿勢，通常多是伊斯蘭教徒對初次見面的人的招呼方式，在飯店、商店、餐廳等迎賓時最為常見。

還有，若要穿越人群向前方某個人打招呼，通常的禮節是身體微微鞠躬狀，伸出右手輕放身體前，這是一種禮貌的「借過」方式。不只是正式場合如此，比如在電影院內要找座位須經過已入座的觀眾前，或是從電梯最裡邊要往外出電梯時，常常可以看到印尼人這麼做。比起一些大剌剌東撞西碰說「借過」的人，我覺得印尼人的「借過」實在溫文儒雅多了。

入境問俗，我想不論在哪一個國度，了解見面問候的禮節都是重要的。畢竟這展現了對在地文化的理解與尊重，對於未來可能發展出的友誼也有正面助益。

6 農曆年穿大紅添喜氣

華人農曆新年的印尼語為「Imlek」，發音有如福建話的「陰曆」，對會說閩南話的人應該覺得特別親切。在印尼強人蘇哈托掌權時期（一九六七年至一九九八年），以「加強同化以利國家統一」為由，禁止一切有關中華文化的發展，所有可能的小火苗都極盡所能的撲滅。但是蘇哈托下台後，印尼政府漸漸鬆綁對華人不平等的規定（如無法參政），也明定修改對華人的稱謂，比方說，以前稱華人為「支那」（印尼語Cina），帶歧視語意，現已頒訂法律改稱「中華」（印尼語Tiong Hoa，音同福建話的「中華」）。

隨著時代進步與國際情勢的劇烈變動，再加上掌控印尼八成以上經濟的華人多有迫切重燃中華文化的渴望，印尼政府在二〇〇四年還破天荒的將農曆新年大年初一訂定為國定假日，此後農曆新年在印尼的年味就一年比一年更濃厚。

記得我剛到雅加達時，除了除夕夜許多中餐廳客滿外，實在嗅不到什麼年味。但多年後的今天，幾乎各大購物中心、辦公大樓、公共場所，基本上都是將聖誕節裝飾拆卸後，就直接換上有濃濃農曆年味的布置，播放的也多是中文歌曲。也就是在農曆年前一個月，大家就已經在迎接著農曆年的到來，濃厚的年節氣氛，常讓我忘了自己置身印尼，其排場的盛大，比起伊斯蘭教新年前與從十一月底開始迎接的聖誕節，已是不相上下。

送禮的大節日

許多在此經商的華人，已將農曆新年塑造成另一股強大商機，因此農曆年現在已成為印尼的送禮三大節日之一（只排在伊斯蘭教新年、聖誕節之後）。如同台灣的文化，農曆新年到來的前兩週是互相送禮的高峰。華人親友間的互送，或送給有商務、工作往來的華人客戶及夥伴。

送的禮物從最大宗各種口味的印尼千層糕（印尼語Kue Lapis）、傳統過年小點心（如小巧可愛內包鳳梨餡的小餅Natar），到西式蛋糕、布朗尼、水果禮盒，甚至傳統炸肉丸禮盒（印尼語Bakso Goreng）、水果優格禮盒等都有，每年各商家推出的禮品內容與包裝也不斷推陳出新，讓人目不暇給，驚喜連連。再加上近年來在印尼廣受歡迎的電子商城與Gojek服務（詳見p53〈7在車陣中老去〉），讓送禮更為便捷。更有甚者，愈來愈多更大手筆的華人，甚至會藉著農曆新年致贈小禮給所有工作夥伴或家中幫手，不論華人與否，人人都有獎。

這一個月，餐廳的生意也特別好，尤其是有中式裝潢的餐廳，常常可見一大群親友們的年前聚餐，尤其是女士

現今華人的農曆年節氣氛在印尼非常濃厚。

們，清一色都會將聚餐穿著（Dress Code）定調為中式旗袍，所以這一個月內，基本上在印尼華人朋友圈的各種社交媒體，尤其是Instagram，可說都被旗袍式的聚餐照洗版，照片裡各式各樣的花旗袍襯著各個精心打扮美豔不可方物的女士們，常讓我好似快要老花的眼睛更花了。

當地一位服裝設計師曾與我分享，說農曆年前三個月是她一年之中最忙碌的時候，因為許多女士為求旗袍與眾不同，總喜歡特別設計訂製，又為了因應不同聚會，所以一人常要準備多套。這樣看起來，某些印尼華人女士們對「傳統服飾」的堅持也許更勝他國華人呢。

老實說，印尼這樣較「濃厚」的農曆年味，我仍有些不習慣，但也只有這一個月，在購物中心或超市等公共場所播放的都是中文歌曲。多年前較常聽到的是鄧麗君的歌或F4的「流星雨」，近幾年則偶爾會聽到周杰倫、蔡依林、張學友的歌，還有小時候沒特別喜歡但現在聽來別有風味的「咚咚隆咚鏘」等過年曲目。這種

「佳音繞耳」的親切感，才真能讓我感受到過年的喜悅。

與台灣不同的過年習慣

印尼農曆年還有些與台灣不一樣的習俗，像是：

■特愛穿紅衣

台灣農曆新年時「穿新衣、戴新帽、踩新鞋、迎新年」的風氣，主要代表「新意、新氣象」，一般顏色樣式不拘。不過在印尼的華人，過農曆年清一色喜歡穿傳統代表喜氣的大紅色、鮮紅色衣服，男士或穿紅色中山裝或任何紅色服飾，女士多數仍喜歡紅色系列的旗袍樣式服飾，許多還不忘踩雙大紅高跟鞋，總之喜歡用紅色表示大喜，表達自己不忘本之意。華人農曆新年將至之時，也可見百貨商場將許多大紅色系列的服飾擺在顯眼之處，就連在印尼的歐美品牌服飾如ZARA、H&M、Marks and Spencer等，也會特意挑選紅色系衣服在模特兒身上展示，看起來一片喜氣洋洋。

■除夕團圓飯

目前台灣普遍仍是到夫家圍爐吃團圓飯，女兒照傳統是「初二回娘家」，但是印尼華人家庭沒有「初二回娘家」這個傳統，且真實情況可能讓人覺得現實有些「殘酷」。如果女方娘家相較於夫家屬於經濟強勢的一方，女婿則會跟著太太回娘家吃除夕團圓飯，初一女婿才會帶著家人向自己父母拜年。若女方娘家屬於經濟較弱勢的一方，那麼就照傳統在夫家吃團圓飯，初一回自己娘家拜年。若是雙方不相上下，那麼就要事先討論好以求雙方最大公約數，因為在印尼，華人農曆新年只放初一一天，初二就要正常上班。

■發紅包的時機

台灣普遍於除夕夜發紅包，所以當晚可以睡在「壓歲錢」上。但印尼華人認為，大年初一才是發紅包最佳時機。剛開始我總愛堅持在除夕夜發紅包，後來發現領到紅包的人表情感覺好像有些莫名其妙，「孤臣無力可回天」，現在我也隨俗在大年初一才發紅包了。除了親人之間的紅包，通常對於周遭熟人，如居所大廈內的警衛、清潔人員、工作人員，家裡的幫手們（家事幫手、保母、司機等），基本上只要有見到，都會給個紅包讓大家沾沾喜氣，意思意思（紅包金額由發放者自由心證，沒有固定行情）。如果是居住在獨門獨戶的，大年初一門一開，常會有住處周遭的孩子們群聚，華人屋主也總會發放一些小紅包（每個紅包印尼盾2萬至10萬不等），基本上是見者有分，人人歡喜。

每年初一到公婆家的路上，我們總會經過一戶當地赫赫有名的大財主，他發紅包的大手筆經過口耳相傳後，年初一聚集在他家附近的人群一年勝過一年，人數多到他還要情商警察在初一這天到家門口維持秩序，由此可見場面的浩大。當然，那幾位警察的紅包也是定然不能少。或許正因為如此，現在農曆新年不只是華人期

東南亞華人必吃的年菜「撈魚生」。

待的新年，慢慢也成為大家都會期待的節日。

■過年必備年菜

台灣的必備年菜或有蘿蔔糕、餃子等，但這些都不會出現在印尼華人的年菜裡。印尼華人首道必備年菜是「撈魚生」（新加坡與馬來西亞華人也是如此）。所謂「撈魚生」是指一碟集合各色蔬菜，如高麗菜絲、小黃瓜絲、紅蘿蔔絲、薑絲或豆芽等的料理，上面再鋪上多片生魚片（多為鮭魚片），並撒上碎花生，最後淋上酸甜醬汁。準備時，各種材料會逐一加到碟子上，每加一樣材料都要說一句吉祥話，如年年有餘、甜甜蜜蜜等。當所有材料加完，圍桌的所有人就會拿起筷子，將所有食材夾高並用力攪和，據說將食材夾得愈高，攪得愈亂，來年運勢愈旺。

清明節與中秋節習俗大不同

※ 清明節

・祭哪邊的祖：一般而言，清明祭祖的時間與準備方式、物品等與台灣雷同，不同之處是，如果夫家與娘家選擇的祭祖日期不同，那麼女兒兩邊都可參與。但若祭祖日相同，女兒究竟是回娘家祭祖，抑或是跟隨夫家祭祖，就看哪方的經濟力較強勢了。

・墓碑上的刻字：我第一次參加夫家的清明掃墓時，看到大大的墓碑上，除了刻著安息先祖的名字之外，竟把大家庭內所有孩子、孫子的全名也都一起刻在墓碑上。公公還怕我看不清楚先生的名字，特別跑到墓碑前指著某個姓名說：「妳看妳看，他的名字在這啊！」老實說當時實在是受了點驚嚇。

※ 中秋節

・點燈籠：從小在台灣過中秋節，家人團聚賞月、吃月餅、文旦、一起烤肉等，溫暖開心，但在印尼、新加坡、馬來西亞的華人，中秋節的慶祝活動卻是「提燈籠」，學校也是這麼教，節日活動也是這麼辦。我問過好多華人，沒人知道原因，都說是祖先口耳相傳，還訝異的問我：「為什麼台灣中秋節不點燈籠呢？」我總是告訴他們：「台灣是元宵節才提燈籠啊！」但這種對話常是這樣不了了之，因為對於印尼華人而言，除夕與初一就是過新年了，「初二回娘家」都早已式微，更別提過年十五天後的元宵節了。

7 在車陣中老去

記得我來到雅加達後第一次買家電，明明與對方預約的送貨時間是早上九點，可是真正送達的時間竟是傍晚六點。過程中我打了不下二十次電話，每次得到的答案都是「再一下就到」。一次次的相信，讓我在家從早等到晚。當我氣急敗壞為終於送達的運送工人開門時，他們臉上竟仍掛著笑容說：「哇，今天路上真是塞爆了！」我突然覺得好慚愧——他們在路上得不斷交替踩踏煞車油門，忍受塞車之苦，臉上雖有疲憊卻無不耐。

事實上，首都雅加達區塞車情況是世界出名的，所以印尼人遲到的理由千篇一律都是「塞車」（印尼語Macet），且不會有任何人對這個理由感到質疑。但近年隨著Google地圖的使用，大家可以隨時查詢路況，路程是否順暢與預估行程時間一目了然，塞車也漸漸不能成為遲到的好理由了。

根據二〇二四年資料，雅加達首都特區有戶籍登記的人口為一千一百四十萬，「大雅加達都會區」(註1)（如同台北市加新北市的概念）的人口則高達三千兩百萬，為全球目前第二大都會區，僅次於日本東京。與大台北地區（台北市與新北市合計）登記的六百五十萬人口相比，雅加達實在是個廣大且擁擠的首都，但這一個大城市最讓人詬病的，就是公共交通運輸系統尚未健全，市民常開玩笑說：「我們將在車陣中老去。」

深陷交通黑暗期

剛移居雅加達的前幾年，公車網絡還不夠完整，且各式公車老舊（常見先進國家汰換「不堪使用」的公車轉「致贈」印尼），甚至老舊到連前後車門都掉了的大烏賊公車仍多有所見，加上許多汽車大廠如Toyota在印尼設有組裝工廠，低階汽車相較便宜（1萬2千多美元就可購得一輛五人座車），比起搭乘不定時又擁擠老舊的公車，一般大眾出門大多是自行騎摩托車，中產階級以上則多自行開車或雇用私人司機代勞。經濟條件更好者，家裡有四、五輛車是常態（男女主人各一輛，另外兩、三輛專門接送孩子往返學校、參加活動等）。

試想這麼多人口、有這麼多車每天行駛在路上，雅加達真的不塞車也難。我碰過最誇張的一次經驗是某年雨季雨下特別大的一晚，原本從公司回家的正常時間為四十五分鐘，但我在車上足足坐了六個小時才到家，在台灣應該可以從台北開到屏東了吧。那晚我望著車窗外的傾盆大雨，車子寸步難移，要不是雨下得太大，真想

註1：大雅加達都會區，印尼文為Jabodetabek，為Jakarta（雅加達）、Bogor（茂物）、Depok（德博）、Tangerang（丹格朗）和Bekasi（勿加泗）五區域的縮寫。

打傘走回家，而且也早該到了。坐在不動的車子裡，感覺自己都快發霉了。

幸好這樣黑暗的交通自二〇〇四年起雅加達的公車快捷系統（Bus Rapid Transit, BRT，或稱Transjakarta）開始營運後，已逐漸獲得改善，不但添購許多新型公車，車資也是普羅大眾都可負擔的（註2），且有可供下載的應用程式「TJ:Transjakarta」，讓乘客可隨時利用3C裝置查看公車動態，也有助鼓勵大家多多搭乘，更寄望以此減輕讓大家詬病的雅加達空汙問題。

此外，還有地鐵的興建。事實上，興建地鐵的想法早在蘇哈托時代就被提出，但真正付諸實行的是二〇一二年擔任雅加達首長的前總統佐科威（Joko Widodo，二〇一四年至二〇二四年擔任總統）。他在任時即強力推展此項計畫（MRT Jakarta），低廉的票價其實與採用日本鐵路技術的高昂造價不成比例，差額全由雅加達政府補貼，目的只希望能有助於改善令人頭痛的交通問題（註3）。只是目前仍處動工期間，且開通的路線其實與

註2：雅加達的BRT是東南亞第一個BRT系統，至今共46條路線，全長251公里，是全世界最長的BRT系統。早上5點到7點的車資為2,000印尼盾（約台幣4元），早上7點以後車資為3,500印尼盾（約台幣7元）。根據2024年底紀錄顯示，每日乘載乘客為113萬人次，年載客量達2億8千萬人次。目前整個BRT系統有共4,300輛公車投入營運，其中已陸續更換成電動車，目標為2027年底前有五成為電動車，2030年底前全部更換為電動車。

註3：雅加達地鐵於2019年第一階段通車，目前為一條路線，15公里，13個車站，還有7個車站仍在建設中，第二階段預計於2025年通車，第三、第四階段預計分別於2027年、2029年通車。目前單程票價最低為3,000印尼盾（約台幣6元），最高為1萬4千印尼盾（約台幣28元）。雅加達地鐵的即時訊息可下載應用程式：「MyMRTJ」

BRT路線多有重疊，尚不知對改善交通是否真能有顯著貢獻。

因應塞車而生的特殊產業

由於雅加達的塞車情況惡名昭彰，所以也開展出一些特別的行業：

■私人司機（印尼語Sopir Pribadi）

在這裡，不必是大富大貴的家庭，只要有能力負擔司機一個月基本薪資約500萬印尼盾以上（約台幣1萬元[註4]），許多市民寧願雇用私人司機幫忙駕車，不想把精力花在開車塞車上，也因而出現許多「私人司機租賃公司」，提供各式條件的司機（如可選擇年紀或英文口語能力等），為個人或公司做短期或長期的服務。

■機動摩托車服務（印尼語Ojek）

雅加達壅塞的交通狀況，造就一種叫做「Ojek」的特別交通工具，就是「機動摩托車服務」。在大街小巷，每隔一些區段，總會在路旁街燈上或大樹上看到綁著一塊寫著「Ojek」的牌子，大部分都不是什麼正式的招牌，就是一塊普通鐵板上用黑筆或紅筆手寫幾個字。在這塊招牌下會群聚幾輛摩托車供人招乘，類似計程車

註4：根據公司或個人條件，司機薪水或有不同，但通常基本月薪總額介於500萬至800萬印尼盾之間，約台幣1萬元至1萬6千元。

左：Grab購併了Uber（東南亞市場），成為東南亞最大的獨角獸。
右：Gojek為市占率第二的競爭者。

的概念，只是他們騎的是摩托車。上車前講好地點、說好價錢，戴上安全帽，這些摩托車騎士就可以把乘客送到該地點。收費原則上是1萬5千印尼盾（約台幣30元）起跳，價錢根據距離遠近、難易而定，只是沒有計程錶，價錢是騎士開價，乘客當然也可試著講價。在大塞車又趕時間的情況下，這也不失為另一種選擇。

二〇一五年，因Ojek的啟發，一名年輕創業家創立了「Gojek」，只要在任何3C產品下載「Gojek」應用程式，就可隨時隨地透過此軟體叫摩托車、計程車、取件、送貨、請人按摩、打掃等，一趟服務的基本費用只收取1萬5千印尼盾（約台幣30元），這對於許多不想把時間花在車陣中的人真是一大福音。比如某天想吃某間餐廳的餐點，但又不想塞在路上，這時只要打電話向餐廳訂好餐，再請Gojek派人到餐廳取貨送到家中，或是直接由Gojek軟體訂餐並送餐，不但快速省時，而且收費實在很平價。

也由於這樣快速方便的服務受到廣大的迴響，現在全印尼已有兩百萬Gojek騎士與司機，Gojek應用程式下載已達一億九千萬次。Gojek的商務不斷快速擴增，也有自己的電子商城，顧客同樣可從軟體直接選貨、訂貨並要求送貨。

這塊商業大餅競爭者也很快的如雨後春筍般冒出，其中Grab原本是市占率第二的服務公司（有趣的是，這兩位創業家是哈佛大學的同窗呢，只是據說已互不往來），在二〇一八年購併了我們所熟知來自美國的Uber（東南亞市場），至此Grab成為東南亞最大的獨角獸。

但二〇二一年五月，Gojek與印尼最大電子商城Tokopedia宣布合併成為「GoTo Group」，將同時開發印尼、越南、泰國、新加坡等國電子商務與電子金融市場，「GoTo Group」成為印尼市值最高的新創公司。而二〇二四年初至今，Grab又與「GoTo Group」進行討論合併的可能性。

■路上購物

曾有位外國客戶跟我說，他覺得塞車在雅加達是很有趣的經驗，因為車陣中還有小販會往來叫賣報紙、雜誌、飲料、小吃，甚至給小朋友的玩具或是工藝品等，他說這種「路上購物」（On-Road Shopping）比看不到實品的網路購物（On-Line Shopping）有趣多了。在車陣中可看看東西，還可以與小販講講價，解解悶，當然偶一為之是有趣，但應該沒有人希望真的「在車陣中老去」吧！

8 大人小孩都愛油炸與辛辣食物

印尼人非常喜歡油炸食物，這由路上攤販有將近一半以上都是賣油炸食物（印尼語Gorengan）可看出。

滿盤閃亮油膩的炸物

記得我剛開始在雅加達上班時，公司同事好意說要讓我試試印尼的「零食」，就讓「辦公室男孩」（Office Boy[註]）到街上向某個指名的攤販購買，買回來後還很貼心的裝盛到盤子上拿給我，叫我一定要試試。

我一看，哇！全部都是炸成閃亮金、油膩膩的炸物，每塊炸物還滴流出金黃的炸油，整個盤底都是溜滑的油。我完全看不出這些炸物是什麼，因為全都被裹著超厚的麵粉，只能看到一塊塊不同形狀的炸成品。

同事說：「這裡面有地瓜、香蕉、餛飩，都好好吃，快吃快吃！」我有些驚恐的嚥了一大口口水。這一大盤炸物，好像叫我一個人吃完一整桶的家庭號肯德基

註：Office Boy，印尼語簡稱「OB」，類似台灣的「工友」。在印尼幾乎每間公司都會有Office Boy，專門幫忙跑腿辦雜事或買東西、訂便當等。

左：傳統料理烤魚常會搭配「不計成本」的辣椒。
右：餐廳內的「商業午餐」，盤中不同菜色搭配不同辣椒。

炸雞啊！感覺非同小可，因此我當然要說：「大家一起分享吧！」話一說完，幾個同事一人捏走一兩塊炸物，盤子一下就見底了。大家吃得嘴巴油膩膩還邊笑著問我：「好吃嗎？」當下我只感覺自己三天的油脂量應已俱足。

這些年只要到公婆家用餐，餐桌上也多有炸物：裹著玉米粒的麵粉團，炸！裹著蝦子的麵粉團，炸！雞腿，炸！馬鈴薯泥團，炸！若到印尼朋友家做客，準備的菜餚也多有炸物，當然，小朋友最開心了。

無炸不成餐

也因為油炸食物深受大眾喜愛，印尼專賣油炸餐飲的肯德基、Fish & Co.，或是專賣日式天婦羅等餐廳，生意總是門庭若市，近年幾家韓國來的韓式炸雞連鎖店也深受歡迎。即使是粥品（包括印式雞肉粥與廣式粥品），也一定會備有一種印尼式油炸小餅乾（印尼語Krupuk），讓食用者自行加入粥中。就算再簡單的麵店，也一定會提供炸餛飩、炸水餃、炸魚餅、炸蝦餅等，真讓人有「無炸不成餐」的感覺。

飯後甜點「炸香蕉」(印尼語Pisang Goreng)。

有次生日，依照公司文化，午餐預計訂便當請同事吃。當時日式丼飯料理連鎖店「吉野家」(Yoshinoya)剛入駐印尼，外帶便當比其他一般便當價位稍高，因為強調日式高品質管理。本來計畫訂吉野家讓同事們試試新口味，沒想到同事們看過菜單後，反應是否可以訂購印尼本地另一家價位較低的日式餐盒連鎖店，原因是：吉野家的餐盒只有肉與蔬菜，並無炸物，而另一家提供各種炸物，他們比較喜歡。這種事當然要皆大歡喜，所以後來就改訂較便宜的本地日式便當了。現在，印尼的吉野家也提供各式炸物便當供顧客選擇，還真是有別於在日本與台灣近年走的「輕食風」呢。

另外，印尼人也喜歡重口味的食物，尤其對於辣。對喜歡偶爾吃麻辣鍋的我，許多印尼料理的辣還真是有些難消受。比方說，有道幾乎是全部印尼人都喜歡的料理「巴東飯」(印尼語Nasi Padang，也有人翻譯為「椰漿巴東」，因為其中許多配料是用椰漿煮成)，我吃了一次之後，胃痛了三天，之後完全不敢再試，但是印尼的朋友認為我的胃反應真是「太誇張了」。

除此之外，印尼有種小辣椒(印尼語Cabe Rawit，學名是「鳥眼辣椒」)，印尼人特別喜歡在吃油炸點心或是吃飯時配這種小辣椒一起入口，覺得這樣才有味道。這種辣椒比我們平常使用的辣椒辣嗆幾倍，看著他們一口接一口，我心裡只有佩服。所以當我看到一些印尼朋友吃飯時，不斷往飯裡湯裡加辣椒醬、出國旅行時會自備幾罐辣椒醬隨行，真是一點也不會大驚小怪了。

9 群體力量大

記得初到雅加達第一個星期的某個晚上，先生開車載著我，在交通號誌由紅燈轉綠燈時要往前行，沒想到該是紅燈禁行的另一向，突然衝出一輛完全沒有減速的摩托車，以很快的速度撞上我們的車，騎士當場跌落，難以起身，並痛苦的呻吟著。這時附近往來的路人全跑過來圍觀，合力幫忙把騎士抬上我們的車子後座，讓我們把他送到附近醫院。

前往醫院的那段路對我而言，真是奇長無比。在這陌生的城市，我根本不認得路，已習慣台北夜色總有璀璨的燈光，這裡的馬路卻只有幾盞勉強撐著的昏黃路燈，車裡還躺著一個痛苦呻吟的陌生人，完全不知他在說什麼。我渾身顫抖，望著身旁開車的先生冒著冷汗專注的駕駛，我大氣都不敢喘一下。我知道，從小在新加坡與美國成長的他，對印尼這個環境的了解，其實沒有勝過我太多。

親戚鄰居全都出面

我們到了醫院處理完大致事項已是深夜十二點。

當時騎士已在病床歇息，但他的周圍站了十幾個人，聲稱是他的親戚、鄰居。一群人七嘴八舌氣憤填膺的與先生理論。最後結論是，我們不但要負擔騎士所有的醫藥費，還要支付他接下來無法工作日子的所有薪水。

當時的我什麼都聽不懂，說不出，只能看著那群人情緒激動的模樣。在深夜陌生的城市、看似不先進的醫院裡，我第一次覺得有些害怕，但更多的是不解：明明是騎士不遵守交通規則造成的後果，為什麼圍觀路人的激動矛頭是對著我們？救護車呢？警察呢？為什麼這麼多人卻沒人聯絡我當時根本不清楚的急救系統？明明是騎士犯錯，為什麼最後是這樣的景況？

這是我第一次見識到在印尼不成文的「群體力量」，當然後來也體會到更多「群體力量」在印尼生活的影響力。

人多就不怕違規

如果在路上碰到前方不明狀況而車流停止，這時只要有其中一輛車按喇叭，接著一定會有一整群車同時按喇叭，然後群起的喇叭聲不絕於耳，就會逼得前方引發狀況的人加速處理（如有車亂停、亂轉、車拋錨等就會快速移車，有交通爭執就快速解決）。任何造成車流停止的駕駛人都知道「敬畏」這種群體力量，當下就是不作他想，設法快速解決，以平眾怒。只有解決了，車流順暢了，喇叭聲才會平息。

同樣的，如果在沒有斑馬線、紅綠燈的地方，有行

雅加達國會大門前時常有抗議活動。

人想強行穿越馬路，單單一、兩人通常行不通，可是若有五、六位以上的人集結成群，只要當中一人對來車高舉手掌示意「停」，就算是違規，馬路上行進的車輛仍會停下，「禮讓」這「群」人先穿越才繼續前行。這就是在印尼不成文的「群體力量」。

回想起剛到雅加達第一週發生的車禍，明明違規闖紅燈加速撞上我們的是機車騎士，如果在法令嚴明的國家，即便他受了傷，也是咎由自取。但在印尼則不同，當時騎士也許自知理虧，所以我們送他到醫院後，他就聯絡了親朋好友及鄰居。結果來了十多人，在醫院大廳將我們團團圍住，七嘴八舌的訴説騎士受傷後的生活會產生的困境，以及我們應當負起的「責任」。當時我先生雖然試圖解釋整件事的來龍去脈，但是他與我只有兩人，勢單力薄，再加上我當時不諳印尼語，更顯形弱。「群體力量」扭轉了是非曲直，顛倒了因果，最終勝出。至今我仍清晰記得，那晚來的人，身形雖然全都很瘦弱，但想來是因為「群體」壯了膽，眼神多有凶惡威脅之感。事實上我隱約可以感受到，如果不照他們開出的條件，說不定我們會遭受某種程度的人身攻擊呢。

這種群體力量也發揮在印尼的工會文化上（詳見p189〈40工會力量大〉）。像是當資方與工會針對特定議題必須談判時，最常見的狀況是，工會在推派代表時，明明會議名單上說好是三名代表，但最後出席的通常都是七、八位以上，這是倚賴「群體力量」的另一實例。印尼人相信「人多好辦事」。

圍毆者竟無罪

多年前印尼有一則新聞，內容大意是印尼某大土地開發商因為要興建購物商場，可是預定地上有一個貧民區都是釘子戶，說什麼都不肯搬離，後來此開發商用錢收買貧民區的一位居民，讓他去縱火，把整片貧民區都燒了，商場因而得以順利開工。但縱火者事後被揪出，還被貧民區居民圍毆而亡。

這些圍毆者非但沒有遭到逮捕，也沒有被判任何罪行，因為當時在印尼不成文的共識是，如果有人被集體「圍毆」，表示此人做了犯眾怒之事，即使被毆者重傷甚或死亡，圍毆者都是無罪的，警察或司法單位也不會做任何處置。這也是為什麼在更久之前的一九九八年排華暴動中，發生多起暴徒群起對人攻擊或砸毀店家事件後，這些人也不需承擔任何刑責。除了當時牽涉到部分政治因素外，另一方面也是因為社會這種不成文的「群體力量」共識——不對集體的行動做任何懲處。

其實，「水能載舟亦能覆舟」，印尼人倚賴「群體力量」說來有利有弊，這種集體行為常讓我聯想起乖乖列隊的企鵝們——好像只要跟著大家的腳步就對了。雖然我不甚苟同，但偶爾覺得這種「團結法」有點可愛，只是若讓有心人士利用，更加容易起連動作用，實在不可不慎。

近年來，印尼社會與法治對此現象已漸有覺醒，遇上「群眾事件」，警察與法治單位會展開更詳盡的調查，以求接近事實真相，懲兇罰惡。只是矯正在印尼行之已久的「共識」仍需費時，且印尼警察的角色與公允度依然時常受到質疑（詳見p91〈18警察是人民保母？〉），要完全做到如法治社會般公平公正，還有一段漫長的路。

10 不願意承認不知道

印尼除了有禮的語言之外，這裡人們的良善，還展現在對陌生人的親切友善，最可感受到的就是問路時刻。首都雅加達建立於一五二七年，至今（二〇二五年）已有四百九十八年的歷史，雖然近幾年來現代化的高樓大廈以飛快的速度增加，但畢竟城市建立於將近五百年前，故尚無較完善的都市計畫。有別於各國新興現代化都市的棋盤式整齊筆直的大道，雅加達特區內有許多蜿蜒的大小道路，有時甚至還會有重複的門牌號碼，更增添了尋路的困難度，因而對於前往陌生的目的地，尤其是住宅區的房子，問路真是家常便飯。

熱心回答，親切指路

在這裡問路的對象，通常是各個小區內（類似台灣的鄰里村等小區域）的警衛、小攤販，或是這個國家特有的停車管理員（主要工作為幫忙找停車位、協助停車與照管有限範圍內的車輛安全）。有趣的是，只要是問路，每一個被問的人都是親切和藹，一派輕鬆自信，很肯定的告知往某個方向走後左轉右轉等。多年來我碰到

住宅小區內的「警衛」通常是問路對象，只是他們的回答不一定正確。

的經驗是，這些人有一半以上其實根本不知道怎麼走，甚至根本沒有聽過目的地，但是他們親切自信的回答，總能讓人誤以為跟著走就對了。他們絕對不會「不負責任」的說「不知道」，總是會指出一條路讓你走，至於照著指示能不能到達，就只能碰運氣了。

這種若直接回答「不知道」就太無禮，或其實只是不願意承認「不知道」的文化，一開始常讓我火冒三丈，尤其是時間緊迫的時候，我寧願對方的回應是「知之為知之，不知為不知，是知也。」後來漸漸了解、習慣了，就會多問個三五個人綜合判斷一下，也大致能到達目的地了。

即使現在有Google Map，在這充滿蜿蜒小巷的城市裡有些時候還是派不上用場，因為住宅區內許多道路是單行道，而且住家若有特殊活動如聚會、身後事等，有權要求管區警衛暫時封鎖某些道路，如此一來，附近整個交通就會大改道，這是Google Map不能預見的。

有次我在雨季下著滂沱大雨的傍晚需要到某處，車子在沒有路燈照明的新地區彎來繞去，灰天暗地、雨中視線又差，經過一些淹水區車行速度緩慢，此時趕快請教Google Map，果然速速指出一條「一路通暢的藍色明路」，我喜出望外，請司機照著走，以為找到一條捷徑，沒想到一到那，發現眼前根本看不見路，只見水早已將這條小路淹沒成一條滔滔黃河，根本無法通行，難怪Google地圖上顯示這條路「暢通無阻」，因為根本一部車都沒有。費了九牛二虎之力繞到這條「藍色明路」的我，只好倒車慢慢又走回頭路了……，自此以後，也學得了在此看Google Map不可完全相信。

事實上不只問路，在許多場合的詢問也常碰到類似情況，回答「不知道」的人少之又少，一定多少會給些資訊，這時總不免要耐著性子，多方詢問，並加入自己的判斷才好。比如買電器，如果問銷售人員型號A與B的不同為何，有時他們說的與說明書所寫會不一樣，此時我多半選擇相信說明書，因為銷售人員多半也是「親切自信的」給出他們自由心證的答案，可惜未必與事實相符。只是伸手不打笑臉人，看著一張張認真微笑回答的臉，有時就算有些怒氣，也只能摸摸鼻子自己消化消化就算了吧。

11 表達謝意，別忘了給小費

整體而言，印尼是個講求「禮貌」的國度，這樣的「禮貌」包含了普遍卻無明訂的「小費文化」。這裡所謂的小費，不是美國動輒15%～20%、若沒付或金額不足還會被餐廳服務生追討的那種「義務性小費」。這裡的「小費」金額不多，隨意即可，但重要的是要記得給，而且要給得自然，給得尊重，把紙鈔「若隱若現」的握在手中，用右手輕輕遞到對方手中（伊斯蘭教徒認為左手是不淨的，詳見p89〈17右手的禮節〉），最好還可多加句「謝謝」（印尼語Terima Kasih，或更簡單的Makasih「謝了」）就更完美了。

小費金額自由心證

以雅加達價位中上的男士專業理髮店為例，理髮金額約20萬印尼盾（約台幣400元），理完髮後，通常給理髮師2萬印尼盾（約台幣40元）的小費，理髮師一定會點頭微鞠躬表示謝意，因為給小費的這個當下，就會被視為展現了我們的謝意。女士的美容院亦然，只是稍微複雜些，通常對幫忙洗頭、按摩或修指甲的助理會各

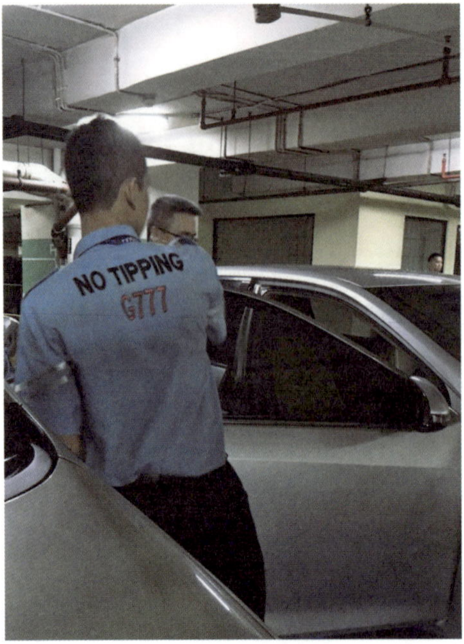

身著「請不要給小費」(No Tipping) 制服的工作人員。

再多給一些小費，完全視個人對於服務滿意度而定，重要的是，對每個人都要「記得表達謝意」。若是美髮設計師，則通常視設計師資深等級而定。

生活上需給小費的情境比比皆是：如機場幫忙抬推行李的工作人員、停車場幫忙指揮停車的工作人員、餐廳服務生等。

餐廳的收費單據通常有一欄是服務費（Service Charge，5%、7%或10%不等），但那是付給餐廳收銀檯的。離開餐廳前，不要忘了在桌上留下一些小費給服務生，小費多寡則視餐廳價位與服務品質而定。當然，如果沒有給就離開，服務生也不會追出來要，但心中大概會覺得碰上一個「不上道」或「還沒上道」、不懂人情的新到外來者。

無意中的日行一善

另外，到家中幫忙修繕的水電工人、送貨人員等，除了應付的款項外，各別給每位工作人員一些「飲料費」或「香菸費」也是普遍的習慣，但因為小費的金額沒有明訂，通常只能自由心證，看看如何皆大歡喜了。

記得我剛到印尼時還不太熟悉各式紙鈔幣值，有位到家中修繕的工人，工作完成後，我給了他一張1萬印尼盾（當時約1美元）的小費，至今我還記得他離開時對我大大鞠躬九十度，臉上也展現了超級燦爛的笑容。那天他離開後，我想找一張證件翻看錢包時，才突然明白為何他行這麼慎重的大禮，又有如此陽光般的笑靨——原來我剛剛給出的不是暗紅色紙鈔（1萬印尼盾），而是一張亮紅色紙鈔（印尼紙鈔的最大面額，10萬印尼盾，約10美元，大概是當時那位工作人員快一成的月薪）——原來我在不知情之下日行一善了啊。

有趣的是，在某些公共場所，會看到「禁給小費」（No Tipping）的標示，或有些老闆會讓員工穿上背後印有「禁給小費」字樣的衣服。這時可千萬別以為真的不用給了。這些地方的工作人員會「禮貌性」推託一下說「不需要」，但其實小費仍是被預期也會被微笑接受的，當然也不會有人去糾正給予或收受者，畢竟禮多人不怪，這樣的標示就只是心照不宣了。

12 一份紅包，就能攜家帶眷參加婚禮

在印尼參加婚禮，對我來說是一種新奇的體驗，因為不只是舉辦婚宴的形式，連包紅包的禮數都跟台灣不太相同。

這裡大部分的婚宴是採「自助式用餐」（Buffet）方式進行，不論場地大小或場地為何，也許是高級五星級飯店的宴會廳，或是一般商業大樓的會議廳，又或是住宅社區的公共場地。雖然近年來以圓桌宴席（一人固定一座位）方式舉辦的也逐漸增加，但一般而言，好客熱情的印尼人還是比較偏好採取自助式用餐方式進行，如此能邀請且能參與的賓客人數更多，更顯喜氣熱鬧。

自助式用餐的宴會現場大都是自由入席，只會擺幾張圓桌供親屬或有需要的人使用（年老或行動不便者），其他人取餐後都是站著用餐，比較像西方宴會的社交方式。若是在飯店舉行，自助餐點當然由飯店供應，若在其他場地，則由外燴公司負責。因為不受座位限制，餐點也是自由取用，許多收到請帖的人常會攜家帶眷（甚或帶上家中保母、司機等）一起參加。

若在台灣參加婚禮，我們通常會根據出席人數包紅

包，但在印尼則是以一份喜帖為單位，紅包金額多寡是以與發帖者的親疏遠近而定，並非參與人數。目前行情大約是，交情一般大概包50萬印尼盾（約台幣1,000元）不等的紅包，一人參加是這個金額，帶上一家五口也是這個金額。如果關係更親近的，紅包金額就是50萬至100萬印尼盾（約台幣1,000元～2,000元）不等，關係非常親近的親戚也許會包200萬至500萬印尼盾（約台幣4,000元～1萬元），但同樣的，一人參加婚禮或全家老少都出動，紅包金額都是一樣。發帖人比較在乎的是對方來參與婚禮的這份心意，一份請帖，若受邀者能帶愈多家人出席，代表受邀者的祝福情意愈深厚。

職業食客闖入婚禮

在台灣有人開玩笑說，經濟不好時辦場婚禮可以賺些錢。這在印尼是不太可能的，事實上有時連基本損益兩平都很難達到。以我自己的婚禮為例，到場的賓客據說是兩千名，但是婚禮結束後整理紅包，有放2萬印尼盾（約台幣40元）的，甚至還有幾包裡面竟塞了幾張衛生紙，再查查紀錄，根本是不認識的職業食客（註）也來共襄盛舉了，讓人哭笑不得。

註：在印尼，有些職業食客專門在婚禮等場合，穿上算是得體的衣服，以魚目混珠的紅包，攜家帶眷在婚禮飽餐一頓，甚至打包食物外帶，尤其是愈高級的飯店、愈盛大的婚禮，這種情況愈常見，因為賓客人數眾多，有時誰也不認得誰，但因為是喜事，就算被抓包了大家也甚少追究。不過近年來飯店安檢愈趨嚴格，這樣的職業食客也漸漸減少了。

我自己婚禮。據說參與賓客為2千名，但後來查紀錄，竟然職業食客也來共襄盛舉了。

另外，如果喜帖上印有「RSVP」（需預約）的字樣，代表這場婚禮或主題宴會是採圓桌入座方式，不是上述的自助式。收到這種喜帖的人就必須回覆告知將出席的人數（通常限兩人），因為圓桌人數控制較精準嚴格。但不論幾人出席，紅包行情如同上述。圓桌宴席的場合，基本上職業食客就無法進入了。

同事間的隨喜合包

另一個常見給紅包的時機，就是慶賀親朋好友喜獲麟兒。除了親友間的祝福，通常所屬企業或組織也會發給紅包，一般根據行業別或公司各自規定，再依據職位高低，紅包金額也不同。除了公司正式發給的祝賀紅包外，印尼普遍的公司文化是同事間也會「隨喜」合包一個紅包與送禮，尤其對經濟狀況較拮据的員工，如工友、警衛、清潔人員等更是注重，由此也可看出印尼人天性良善的一面。

相對的，如有需要參加身後告別式的白包場合，情況與喜事紅包場合雷同，白包行情也可與紅包的金額類比。一張白帖，受帖者願意帶上到場致意的人數愈多，同樣表示情意愈深厚。不同的是，這樣的場合，倒是沒聽說過有職業食客混入其中了。

若家中有人往生，所屬企業或組織也會發給白包，一般行情也與紅包金額類似，同事間通常也會「隨喜」合包一個白包，尤其對經濟狀況較吃緊的員工。另外，家中若有人急症或重病，同事朋友間也多會自發性合包「救急費」。事實上這些都無規章明定，但這種自發互助的精神，不僅讓人感受到溫暖，也更容易凝聚同事朋友間的情感。當然，上述金額只是參考用，少了有些失禮，多一些一定讓人更歡喜。

13 與眾不同的慶賀禮盒與花板

禮多人不怪，更何況印尼是個講究禮節的國度。在印尼送賀禮與花籃的場合與在台灣大同小異：逢年過節、婚喪喜慶，都是講究禮節的。不同的是，在這裡過的「年」與「節」，會因宗教或族群而有不同，如朋友間或是公司行號互贈年禮，應要了解受贈者是過哪個年。如果受贈者是伊斯蘭教徒（多是印尼本地人，也有部分信仰伊斯蘭教的華人），那麼就該在伊斯蘭教新年前送禮（齋戒月後迎來伊斯蘭教新年）；若受贈者是華人，那麼送禮的大日子就是農曆年前。如果搞錯時間，可就有些失禮了。還有聖誕節也是另一個送禮大節，致贈的對象通常是基督徒。

在台灣我們熟悉的中秋節、端午節等送禮節日，以往在印尼不那麼受重視，但近幾年由於華文文化興起，許多飯店與中西式餐廳也開始推出各式月餅禮盒與粽子，甚至可看到由中國、香港、新加坡、馬來西亞等地進口的月餅禮盒。華人在印尼雖只占約2%的人口，總人數卻也有約六百萬（約比新加坡全國總人口稍多），購買力強，市場不容小覷。可惜的是，到目前為止，印尼市面上還是見不到我認為口味最美味創新、最豐富多元的台灣月餅如綠豆椪、蛋黃酥等。我覺得世界最好吃的月餅，這裡的人還是無緣嚐到。

禮盒愈炫愈受歡迎

這些節日所送的，有些是印尼本地傳統的「禮盒」，但第一次收到或看到這種「禮盒」時，台灣人可能會有些驚嚇，因為造型其實有如在台灣傳統身後事場合可見的「罐頭塔」：外型為大三角造型，底下鋪層木架，上面堆疊一些餅乾、糖果、飲料、罐頭等，最上面再因節日不同而有不同裝飾：農曆年可能會貼個福字或掛個中國結、伊斯蘭教新年可能會貼個黃色與綠色的裝飾品（伊斯蘭教新年的主色為黃色與綠色）、聖誕節可能貼個聖誕裝飾。當然堆疊的東西因內容與數量不同而有價差，種類也包羅萬象，可以有食物、碗碟組、茶具組、家中飾品組等。由於這塊送禮市場需求相當龐大，現在許多餐廳或西式甜點店也相繼推出許多包裝設計新穎漂亮的禮盒，逐漸受歡迎，尤其經濟能力較好的族群更是趨之若鶩，看起來愈炫，愈符合「高調」氣氛的，愈受到追捧。

印尼的慶賀「花板」也很特別。我第一次見識到是在自己婚禮當天，看著飯店外一面面巨幅長方狀的「花板」貼牆排排站，每個花板的樣式皆同——外圈以鮮花點綴，內圈以小花拼貼裝飾，還有祝福的文字。雖然是喜慶場合，但怎麼看都好似台灣「音容宛在」的花圈。

左：喜慶節日的慶賀花板。
右：伊斯蘭教新年賀禮。

不同的是，在台灣是大圓形，在印尼是長方形。如果是送到身後事的場合，花板樣式也一樣，差別只在於喜慶場合花板上的花色多為鮮紅、粉紅、鮮黃色，身後事場合所選的花色多偏白色與黃橘色。

在不同場合穿梭的花板

我曾看過花店工作人員把用過的喜慶場合花板上的紅花拆下，再換上偏黃白色系的花，中間的字修改一下，看來是即將要送去另個悲傷場合……，同樣的板子與鮮花可重複使用，其實也是某種程度的環保吧。我常想，這些花板若有覺知，也真是看遍了人世間的悲歡離合。花板們在紅白場中忙碌穿梭，有時想著不免有些疙瘩，但又再想，人生的生老病死原本就是再自然不過的事了，這些小枝節，也許不用太在意了。

另外，印尼有名的「千層糕」也是相當受歡迎的賀禮。不單是因為層層疊出的蛋糕有步步高升的美意，更重要的是這種非常耗時耗力、需一次又一次、一層又一層烘焙出的傳統蛋糕有著大家都讚嘆的綿密口感與特殊的香味。剛開始我「吃米不知米價」，覺得千層糕美味卻不知它的價位。直到需備禮送人，到各大千層糕店巡禮後才知道，一個25×25平方公分的原味千層糕，要價是70萬印尼盾起跳（約台幣1,400元）。如果是「改良式」口味，例如添加黑棗、杏仁等，價格就更高了。

特別的是，或許是受傳統正方形千層糕的影響，印尼許多生日蛋糕都是做成「正方形」，有別於我們在台灣常見的圓形生日蛋糕。且這裡的生日蛋糕喜歡用大量的巧克力、甜花生醬等重甜口味，愈甜愈受歡迎。比如我工作的公司每個月都有舉辦慶生，負責的同事們每個月訂的都是各種巧克力蛋糕，我曾提議要不要試試其他口味，但得到的回應是，廠家不同，巧克力蛋糕的口味也不同，所以選了一輪最後總還是選擇巧克力或提拉米蘇口味，慶祝活動後蛋糕總被大家旋風式的一掃而空，完全不會「巧克力疲乏」，這樣的堅持也讓我覺得頗為有趣。

儘管印尼賀禮的形式與風俗或有不同，但送禮的心意，想來都是一樣的溫暖吧。

14 生日聚餐是壽星買單

在台灣若要幫親友慶生聚餐，通常壽星的餐費是由大家合攤，也有生日祝賀之意。記得多年前我第一次受邀參加印尼友人的生日聚餐，心中想著依照台灣習慣，要與其他四位朋友一起分攤餐費，因此壽星買單時，我很「台式有禮」的跟她搶帳單，還望著其他朋友「提醒」：「怎麼可以讓壽星買單呢？」但很快的我就發現自己在孤軍奮戰，其他四位印尼朋友一點都沒有要分攤的意思，還用奇怪的眼神看著我……。

後來我才知道，在印尼若明言是生日聚餐，通常是由壽星買單，請大家用餐，意在讓受邀的朋友大家開心就好，通常受邀者也會備份生日禮送給壽星。後來較明白印尼的風俗後，回想起第一次參加生日聚餐時的舉動，真覺自己的失禮，而其他朋友對我「白目」的舉動保持微笑靜默，也真的是寬容了。

慶生不可提前過

另外，在台灣若要慶祝生日，就是生日當天或提前過，不傾向生日後補過。但在印尼風俗民情恰恰相反，

友人的生日聚餐場地。

慶祝生日就是要在生日當天或生日之後，絕對不可以提前過。

所以若在印尼生活，想為印尼朋友或同事慶生，千萬記得最好是當日或之後，否則一番美意反倒會讓對方不快。相對的，若受邀生日聚餐或宴會，也千萬別忘了帶份生日賀禮。

15 Basa Basi 隨意聊聊

也許是生活在熱帶氣候國家，印尼人大多特別熱情，最顯而易見的是他們喜歡聊天。就算是初次見面，也多喜歡天南地北隨意談談，這是印尼人表達親切善意的方式。談天的話題也許是最近的新聞，但更多的是有關個人的問題：住哪？結婚了嗎？有孩子嗎？幾個？幾歲？……，多數重隱私的西方人不習慣也不太喜歡這樣的對談，在台灣，我們對初識者也大都盡量不碰觸私人話題，但是印尼人特別喜歡。他們的本意也不是想探人隱私，只是想拉近距離，「快熟」一點罷了。

記得孩子到新學校開學的第一天，站在我身邊的一位媽媽與我聊起來，三五句後就問我知不知道哪裡做人工受孕的成功機率高些？然後就指著她女兒對我說：「她就是做出來的，做好久。」當時真是讓我臉紅好一陣，因為我以為這應該是非常私密的話題，我們才初次見面啊，好像有些「交淺言深」了。

另外，若時隔一陣子見到同一人，對方又重複問同樣的問題，也不要覺得訝異或不快，因為這只是一種隨意問問聊聊的習慣與文化，許多人並不一定把他們聽

左：餐會場所前有栩栩如生的科莫多龍（印尼語Komodo）木雕。科莫多龍為世界現存體型最大的蜥蜴，約2公尺左右，多位於印尼「科莫多島」。
右：椰子葉染成黃色編成竿子，掛路旁或建物前，告知這裡將辦婚禮。

到的答案記在心裡，甚至沒把整個對話記在腦海裡，說過、聊過就算了。印尼語有個其他語言無法直譯的詞：「Basa Basi」（中文發音：把撒把西），指的就是這種沒把心思放在其中的隨意對話。比如問某人：「剛剛你們聚會聊了些什麼？」很常聽到的回答就是：「也沒什麼，只是Basa Basi罷了。」

「順便」聊正事

老實說，像我這樣生性比較嚴謹的人，實在很不擅長Basa Basi，總覺得與人對談，當用耳用心用誠意，這種相較之下無耳無心的對話，常覺得浪費生命，不要也罷。但在印尼工作或生活，這反而是必備的。比如拜訪客戶或某些場合的聚會，每個人一定都會Basa Basi一下，如果不這麼做，倒顯得見外冷漠，氣氛會不夠熱絡，談正事時好像雙方也不太有勁。

例如有次與印尼國營銀行的高層主管相約午餐，飯吃了兩個小時東聊西扯，對方什麼話題都談，就是不說正題，眼看著一盤盤料理早已見底，飲料也續了兩三次，終於在對方向服務生說要買單後，「順便」提出正題並討論，大概不到十分鐘就討論結束，大家握手言歡結束聚餐。不過還好結論是令人歡喜的，這也或許說明Basa Basi實在是必要的。

有位我在工作場合認識的印尼朋友，第一次會面她就跟我說：「找時間一起喝咖啡吧！」接下來第二、三次的碰面也這麼說，直到第四次碰面時，她說：「哎呀！我每次約妳，妳都好忙，下次一定要一起喝咖啡喔！」但其實我從沒接過她任何確切的邀約。這種Basa Basi的對話，我也只好Basa Basi微笑回她：「那當然！下次一起喝喔！」就這樣過了漫漫十年，我們總是一約再約，但還是一次咖啡都沒喝成，連我都覺得有些誇張有趣了。

16 寄買文化展現情誼

印尼人特別愛「寄買」(印尼語Titip)東西，託買與被託買的人，多以此展現彼此的高度情誼。如果有人要到外地或出國，他們一定會詢問周遭親友，有沒有需要幫忙帶回的東西，即使是私人時間較少的公務出差，或只是在當地短暫停留仍是如此。通常，被詢問的親朋好友也一定會請對方託帶當地的物品，這是雙方互表熟稔與信任的主要方式之一。

有次一位印尼朋友要到巴黎，她也是習慣性詢問親友，但沒想到，最後她竟然從巴黎幫不同朋友帶回共十四個精品包包。這些精品包每個均有超大的包裝盒，為防有失，她全部裝進登機的手提行李。耗力不說，這些奢侈品總額超過一定價值，入印尼海關還要報繳奢侈稅，但因為沒人知道她得繳奢侈稅，所以每個人也都只還她精品包的費用，奢侈稅她也只好自己默默吞下，更別提其中還有位朋友認為她購買的顏色與指定的有出入而堅決不付款收包。

後來這位去巴黎的朋友告訴我，以後她去歐洲前一定會保密，也不會打卡或發照片在任何社群媒體（如Facebook、Instagram）了。其實在我看來，若窒礙難行，只要委婉的拒絕親友即可，但看來在這樣的文化下，保密行蹤是更「輕鬆」的做法。

印尼友人喜歡託我帶回台灣的鳳梨酥，她若去外地也會送來當地特產，如一整箱冷凍直送的印尼傳統薑黃烤雞。

這種寄買、託買文化聽起來好像有些麻煩，但這是互相的，許多友誼或關係就是藉著這種方式奠定的。我每次要回台灣，這裡的印尼朋友們常會託我帶些鳳梨酥、太陽餅，甚至台灣製的貼身衣物等，老實說這些占行李空間又占重量的東西，讓我有點煩惱，因為我自己想帶的東西其實也不少，但是我慢慢發現，收到我帶回東西的朋友們，會馬上把我看做「自己人」，以後不管她們去哪，一定會問問我需不需要當地什麼物品。雖然我每次都說不需要，但這些朋友卻總一定會帶些東西給我，因為在這樣的「寄買文化」裡，我已被她們確認是「自己人」了。在印尼，若想以較快的速度建立起友誼與人際網路，這實在不失為有效的方法之一。

17 右手的禮節

如果初到印尼，就會發現機場的廁所與台灣相當不同，不論是蹲式或坐式的馬桶，旁邊一定會有個小小蓮蓬頭。如果廁所沒有這個裝置，也一定會有個小水龍頭，底下放個裝滿水的水桶與勺子。在印尼，不論是公共場所的廁所，或是私人住家的盥洗室，很有可能沒準

以咖啡豆拼排而成的圖像。伊斯蘭教徒認為右手是潔淨的。

備衛生紙，但這樣的裝置是必備的，因為伊斯蘭教徒在如廁後，習慣用水把身體的如廁處清洗乾淨。右手拿水（蓮蓬頭或裝水勺子），輔助清洗的就是左手。這也是為什麼他們視右手為潔淨，左手為汙穢，其實與他們的衛生習慣有關。

所以在印尼會特別注重用右手的禮節，不論握手、吃飯、傳遞物品皆為右手，如果用左手，會被視為相當無禮。有次購物，剛好在結帳時有手機來電，我習慣性的以右手接起手機，在店員告訴我金額後，自然的用空著的左手遞信用卡給她，當下看店員遲疑了一下，我馬上「醒悟」，快速的將手機換到左手，再用右手遞信用卡，店員微笑收下，還跟我說聲謝謝。從此以後，我都會特別留意右手的禮節，現在則早已習慣成自然了。

18 警察是人民保母？

第一次接觸到印尼的警察，實在不是什麼愉快的經驗。記得那也是發生在剛到印尼的第一年。某日先生與我需到日本大使館辦理一些事項，但是大使館內不准停車，所以我們把車停在距大使館步行五分鐘的凱悅飯店（Grand Hyatt Hotel），然後走過去。誰知在這短短的路程，竟恰巧碰上一位精神似乎有問題的人，突如其來的朝行人們丟出一罐礦泉水，卻正好砸在先生臉上，然後他竟又衝過來，揪住先生衣領，朝他的臉猛揮拳。先生的眼鏡不僅被打掉，鼻子與嘴巴都被這名路人打得鮮血直流，整件襯衫血跡斑斑。

求助警察卻被無視

我被突如其來的景象嚇壞了，只是一直尖叫，路上行人全部閃避，先生抓住我的手往飯店方向跑，想快快遠離那名路人，我飽受驚嚇的看著先生的血不停的從臉上流下，真是不敢相信這種電影情節竟然就發生在我們身上。

好不容易到飯店大門，兩位荷槍警察站在門口，我

一名警察正指揮著一群身著警察制服的幼稚園小朋友過馬路。

用當時有限的印尼話告訴他們：「剛剛遇到一個人，無緣無故把我先生打成這樣，他很危險，可不可以請你們快點過去處理？」

誰知其中一名警察只信步了一下，朝我們來的方向望了一眼說：「喔，那是個瘋子，我也不能做什麼。」我對警察再說一次：「那人很危險！」我以為警察至少可以做些什麼，誰知那位警察只是淡淡笑了一下：「飯店三樓有醫務室，你們去那裡止血吧。」當然，止血要緊，我也沒空多說了。

醫務室幫先生大致止血後建議我們去大醫院，那次他的鼻梁莫名其妙被打斷了，卻沒有一個人對那位路人做任何處置，如打電話告知相關單位，並給予安置等措施。後來這裡的朋友告訴我，我的處理方法不對，應該要先掏出一些錢，最少10萬印尼盾（約台幣200元），交給警察，再告訴他事發經過，那麼至少這位荷槍警察會走近些去察看，也許還會聯絡人來處理。

我問：「警察領納稅人民的錢，我還得付錢才能請他幫忙？」朋友聳聳肩：「這就是印尼的警察。因為他們之中有一些人也是透過賄賂走後門才當上警察，警察薪水不高，又有一些財務方面的『人情債』須歸還，所以許多人是看錢辦事的。」

辦案費也可能追加

同樣的道理，常聽聞若有人或公司因為遭偷竊或強盜或被詐欺而有財務損失，報警處理時，印尼警察第一個問題是：「大約損失多少？」然後根據損失金額多寡，明白告知應該要給警察一定金額的「辦案費」，因為「案子實在太多，很難決定要先辦什麼案子。」就算用現金繳了「辦案費」後，辦案過程多半還是推拖拉，過程中又偶有追加款項的要求，因為得請「上司」用更大權限加速處理。但就算如此，也不保證案件可以查至水落石出，所以決定要在哪個階段主動撤銷案件以設停損點就見仁見智了。

此外，日常生活中最隨處可見的，就是「交通警察」對於取締違規實在是不遺餘力。但人民也都心知肚明，這麼盡力的取締違規最大動力實是為自己「找些生活費」。比方說，騎車沒戴安全帽，交警有權力吊銷駕照。一旦駕照被吊銷諸事麻煩，有時還得上法院，所以大部分騎士或駕駛若在路上被警察攔下，通常都是陪著打哈哈，再請警察「幫幫忙」，私下遞上5萬至10萬

（機車騎士價碼，約台幣100元～200元）或10萬至20萬（汽車駕駛價碼，約台幣200元～400元）不等的印尼盾，警察通常都會快速收下避免節外生枝，然後和藹的對騎士或駕駛拍拍肩、握握手，親切的說：「下次別再犯囉！」以此圓滿收場。

只給一點也可以

有次某日先生開車，行到某處看警察招手示意停車，先生自忖沒有過錯，心想也許是招別輛車，就繼續行進上高架橋。沒想到那位招手的警察騎上他的摩托車狂追我們，竟也上了禁行摩托車的高架橋，追到後還不顧安危邊騎邊拍打我們的車，示意停下，我們只好停在路肩。警察沒好氣的說剛剛先生太晚打方向燈，這樣容易造成後面車流不順，要求檢查身分證、駕照、行照等是否齊全正確。

檢查後，警察發現無可挑剔便說：「剛剛我要你們停車，你們沒停，這樣不尊重警察，依法我可以吊銷你的駕照。」先生對於這種無理取鬧非常惱怒，卻只是平靜的回答：「好，我知道錯了，請您吊銷吧。」（先生寧願自己麻煩，也不願意付錢給這樣找麻煩的警察。）警察呆了一下，很不解卻「耐心」的解釋：「你被我吊銷駕照非常麻煩，其實你可以好好的道個歉，請我幫個忙。」先生的固執顯然警察是不清楚的，先生說：「我沒有犯錯，不想道歉，就吊銷駕照吧。」這時警察有些惱怒了：「你只要請我幫個忙，隨便你給多少，一點也可以，不要大家這麼麻煩。」先生還是平靜的說：「沒關係，您覺得我有錯，就吊銷駕照吧。」結果警察暴怒的拍了車子一下就轉身離開，當場我真是看傻眼了。

但是自前任總統佐科威上任以來，他在二〇一五年核定提高警察基本薪資30%（註），並給予許多優惠福利，就是冀望可以藉此改善警察收賄的風氣，多年貪腐積弊要改實屬不易，但至少踏出了第一步。可惜至今將近十年過去，警察薪資雖提升，拿錢才辦事的風氣仍在，一般社會大眾對警察也多表面敬畏卻打從心底不屑，人民保母想要贏回人民的信心與尊敬，看來還有段漫漫長路。

註：2016年印尼最基層員警的月薪加各項額外津貼與交通費等，月領共460萬印尼盾，約台幣1萬2千元（按當時匯率）。但至2024年，印尼警察薪資根據教育程度與位階不同，年薪與福利總額已增至大致介於台幣43萬5千元（月均為3萬6千元）至74萬5千元（月均為6萬2千元），可看出印尼政府欲提升警察福利的用意。

19 伊斯蘭教徒不喜歡狗

眾所周知，伊斯蘭教徒不喜歡豬，除此之外，他們通常也不喜歡狗，這與伊斯蘭教《可蘭經》裡的一些記載有關。除非狗是經過訓練，可為人服務如救災、看守門戶安全、幫助狩獵，或幫人工作（如執行軍務）等，否則伊斯蘭教法制是禁止把狗當寵物養在家中；狗主人也需注意，協助工作的狗不可與人有親密的接觸，更要特別注意避免沾染狗的唾液與排泄物。在他們的認知裡，狗是「被教義禁止的」（阿拉伯語／英語 Haram），因此在印尼，許多信仰伊斯蘭教的家事幫手若應徵工作時，發現該雇主家中養狗（通常雇主非伊斯蘭教徒），或工作範疇需要照顧狗，幾乎都不願受雇。

我有個印尼華人朋友愛狗成癡，家中共養了二十多隻狗，他們雇用八位家事幫手專門打理這些狗，當然也因為考量伊斯蘭教的教義，所以雇用的幫手特別挑選來自峇里島、信仰印度教的人，因而至今與狗相處相安無事，朋友也得以繼續過著養狗的快樂生活。

另有一位台灣友人被外派至印尼工作，將愛犬從台灣一起帶來，沒多久就焦急的與我分享，說他帶著狗想

雅加達有名的寵物街，什麼寵物都有，就是不會有狗。

租屋，結果被多位屋主拒絕，尤其許多住宅大廈根本不允許養狗，讓他甚為苦惱。後來真是好不容易才找到可以接受養狗的屋主與住處，這大概是沒來過印尼的人比較無法想像的。

由此不難想見，若聽見印尼人罵人：「你是狗嗎？」即是最鄙夷不屑的意思了，若遭人用「狗」辱罵，也代表是最極致的羞辱了。相對的，貓在這裡就好命多了，這可由印尼的木雕製品有相當多樣「貓造型」的飾品即可看出。來過印尼旅遊的人應對當地許多各式可愛貓造型的紀念品愛不釋手，但絕對看不到任何一件以狗為造型的作品。這些在在都顯示出狗在這個伊斯蘭教世界不受歡迎的程度，這也是許多家中養狗當寵物的人無法理解，卻必須試著體諒的。

20 宰牲節有感

對伊斯蘭教徒而言，繼伊斯蘭教新年後最重要的大節日就是「宰牲節」（Eid al-Adha）。傳統上，宰牲節與伊斯蘭教新年假期一樣，都是全家團聚的日子。其重要性與家人團聚的精神，就好比我們華人的中秋節。只是，我們在中秋節是剝柚子、嚐月餅、吃烤肉，伊斯蘭教徒在宰牲節這一天上午，會群聚進行非常神聖的宰牲儀式，此時預備被犧牲的「牲口」為四隻腳的動物，最常見的代表是牛與羊。

宰牲儀式或在自家，或是參與住處附近清真寺所舉辦的儀式（首都雅加達即有超過三千座大小不一的清真寺）。在進行祝禱儀式後，依符合《可蘭經》教義的方式，將牲口放血宰殺，之後再將所得肉食與家人及較窮困者分食。會有這樣的宰牲傳統，源自伊斯蘭教的《可蘭經》記載，故事中提到真主為了考驗某位先知，命令他把自己的兒子殺死以為祭祀供品，這位先知完全服從，正準備將兒子殺死時，真主已感受該先知的真心誠意，便命令天使及時送來一隻羊代替先知的兒子受死。此典故延續至今，而有了現在的宰牲節。

記得初到印尼的首個宰牲節，當日上午我需赴某個邀約，但因對約定地點陌生，車子在幾條小巷內穿梭找路（當時並無智慧型手機，也無Google地圖），結果愛看窗外景色的我竟在毫無心理準備的狀況下，正好目睹幾戶人家一起宰牲的景況。因為巷弄原本就窄小，又正值這樣熱鬧群聚的宰牲節慶，當時車子卡在其中進退兩難，我為著要看路況，也無法將雙眼緊閉，只好看著宰牲儀式活生生的在眼前進行。平時我是連螞蟻都不想殺的人，看到這樣的場景，當下真想嚎啕大哭。儀式完成後，附近路面真的只能用「血流成河」形容，心中那種驚恐的感覺也至今難忘。

被以「愚癡」看待的自己

也因為看到這樣的場面，當時我心中認定印尼是個民風未開的落後野蠻國家，也驚訝於人民的「愚蠢無知」。直到數年之後，有次與印尼友人剛巧乘坐同一飛機航班，航程中因為遇到強烈亂流，眼見空姐因機身劇烈搖晃跌跤，前座一位年輕媽媽懷中的嬰兒也因劇烈搖晃掉出襁褓落地大哭，心中不免驚慌害怕，口中不斷唸著佛號，而且隨著機身晃動加劇，我愈唸愈大聲，據説聲音大到座位距離我兩排的友人都聽得一清二楚。

那日下機後，這位信奉基督教的友人笑著對我説：「我的天啊！平時看妳好像是聰明人，怎麼剛剛竟會唸佛唸這麼大聲？」我不解的問：「妳的意思是？」友人笑説：「妳怎會相信在那樣的情況下唸那些東西有幫助

宰牲節前路邊會有販賣牛羊的「快閃店」。

呢？真是愚癡呀！我想我們算熟，就直說了，哈哈。」

當時我的心頭一震，雖然我自知有許多不足之處，卻也沒想過會被人用「愚癡」形容。霎時，突然想起這些年來，我豈不是用這樣的眼光與態度去評斷伊斯蘭教的宰牲節？一時之間，汗顏不已。不同的宗教信仰，來自不同的時空背景，有各自傳承而下的歷史文化，其實就是形式不同，本質都冀望能帶給信仰者精神上的寄託與力量，如若實在無法體會理解，相互尊重卻是最基本的禮節。

彰顯「犧牲」的宰牲節

宰牲節欲彰顯的是「犧牲」的價值，即「願為他人犧牲奉獻」的精神。在宰牲節前夕，買賣牛羊的市價相對較高：以首都雅加達為例，購買一頭小羊約需350萬印尼盾（約台幣7,000元），購買一頭身型普通的牛約需2,500萬至2,700萬不等印尼盾（約台幣5萬元～5萬4千元），約當首都雅加達人均月收入1,750美金（二〇二四年），這樣的價格實在不菲。因而願意在宰牲節購買牛羊宰殺，與眾人分食的個人或家庭，實是發了大願，願為照顧更多人而努力的。這樣「捨得」、不獨善其身的善舉，豈不動人？

每年此時，印尼總統會在總統府附近的國家清真寺進行神聖的祈禱與宰牲儀式。通常象徵犧牲的，都是頭體格壯碩的牛。民間企業也通常會對企業所在區域內的清真寺或地方政府單位（如鄉鎮公所），捐贈牛羊以進行宰牲儀式，這似乎已成為不成文的企業社會責任的一環。每年宰牲節前一個月開始，在某些路邊就可看到有些臨時搭起的場所，聚集了許多待價而沽的牛羊，宰牲節後這些場所必自動拆除，好像一年一次的「快閃店」。多年前，同事邀請我一起參加捐贈儀式，也許是自我心理作用，這些牛羊的眼神對我而言與「慷慨赴義」還是有些差距，對這樣的捐贈儀式，膽小的我還是只能在心裡祝福了。

PART 2

深入感受風土魅力

抱 持 好 奇 的 探 索 心 ，

無車日、爵士音樂節……娛樂生活其實很精采？
來回新加坡就像一日輕鬆來回台北高雄？
因為榮譽感，每週五全國必穿 Batik ？
這裡人人都愛喝咖啡，處處都有咖啡香？

挖 掘 源 源 不 絕 的 動 人 之 處 ！

一年 27 天國定假日，所有宗教的重要節日都放假？
伊斯蘭婦女包頭巾不只是一種流行時尚？
國慶日真的是全民普天同慶、舉國歡騰？
可愛的小小兵 Minions 說的也是印尼語？

21 坎坷而勤奮的早期印尼華人

根據二〇二四年最新資料顯示，印尼人口為二億八千四百萬人，其中華人只占不及2%；比起鄰國馬來西亞華人占總人口數的22%（約七百萬人口），新加坡華人占總人口數約75%（約四百多萬人口），華人在印尼實在算是超級少數民族。

早期來到印尼的華人多來自中國的福建與廣東兩省。根據學生時期的地理課本所述，這兩省山多地貧，生活不易，所以在二十世紀初，許多人為了討生活，離鄉背井向外發展新天地，印尼即是落腳的選擇之一。

以我的公公為例，他的父親在中國因生活至為艱苦，不得不向外奮力一搏，來到舉目無親的印尼，尋求可能的生存契機。到印尼後，他以拉黃包車維生，遇見同為中國輾轉至此討生活的同鄉，大家相互扶持，共組家庭，生活辛苦卻有十多個孩子，讓整個家庭的生活陷入困境。公公曾回憶，當時才八歲的他因家中窮困沒東西吃，想出門找可以果腹的食物，結果離開家整整七天竟無人發現，也沒人尋找他，由此可知當時整個家庭混亂的狀況。

印尼當地的各式甜點，可看出華人文化（紅龜糕）與當地原住民文化的交互影響。

在如此困苦的環境下，公公靠著父親勉力支持與自己拚命打零工，才堅持到高中教育。之後又靠著自己無比毅力與聰慧，三十歲時有了自己的第一間工廠。不過，創業維艱，他曾經日日打拚，連續六年沒有過農曆新年。現在他創立的鋼鐵集團是印尼知名鋼鐵集團之一，並跨足房地產業，還重建禁華文時代被關閉的母校。儘管事業有成，至今仍不忘來時路的艱辛，始終過著勤儉的生活。

華人與印尼原住民的矛盾衝突

現在印尼的前百大企業集團有近八成是華人創立掌

控，新加坡銀行調查報告也顯示，印尼八成以上的經濟為印尼華人所掌控。除了因為華人傳統的勤儉聰敏，另一個強而有力的「助力」，就是華人在印尼歷史上一直以來都受到欺壓。

早在十七世紀荷蘭統治印尼時期，荷蘭人認為華人聰明勤勉而重用許多華人，並將他們視為與印尼當地原住民矛盾的緩衝者，但也因此埋下印尼原住民對華人的不滿，認定他們是殖民統治的支持者。然而，一七四〇年印尼史上著名的「紅溪慘案」（巴城大屠殺），起因是印尼多處發生反荷蘭的叛亂，荷蘭人懷疑許多華人參與其中，於是對華人進行三天的大屠殺，據說當時應有近萬名華人被殺。印尼華人夾在殖民統治者與原住民之間，可說處境艱難。

之後，當中國共產黨於一九三〇年代興起，印尼華人分為兩派，一派挺當時的中國國民黨，一派挺共產黨。一九四五年印尼脫離荷蘭與日本殖民獨立後，新政府將荷蘭與日本公司便宜賣出，華人接手許多這類公司。隨著印尼經濟被華人進一步控制，許多原住民對新政府的不滿加深，逼迫當時的印尼新總統蘇卡諾（註）（Soekarno）對華人開始訂定諸多限制的條文，這也造成大量印尼華人選擇「回歸」中國或移居香港、台灣。

但很快的，這些印尼華人發現在這些地方也未能

註：1945年至1967年擔任總統，1970年過世，印尼獨立後的首任總統，被稱為印尼建國的「國父」。

受到認同，因此又有些人輾轉搬遷到新加坡或馬來西亞。以我公公為例，當時有艘承載印尼華人「回祖國中國」的船，公公的父親經濟上只夠將公公與他的大哥送上船，但公公在船開前一刻因掛念仍在印尼的大家庭而跳下船，自此留在印尼發展。他的大哥（先生與我稱之為伯父）抱著夢想隨船回到中國，但發展竟是處處碰壁極其不順，多年後還是公公想辦法幫助他離開中國，再回到印尼。當年選擇留在印尼的公公，事業反倒略有成就，這是雙方始料未及的。

蘇哈托總統時期的排華運動

到了印尼強人蘇哈托總統在位三十一年時期，他以政治力限制印尼華人在政治、軍事、學術等領域發展，關閉華校、禁華文，禁止一切有關中華文化的聚會與活動。那個時期可說是華人文化的黑暗期，尤以一九九八年五月駭人的排華暴動為最。印尼華人也由於諸多限制，只能往經貿、製造業求生存，反而成了後來印尼經濟多為華人掌控的推力。

在此時期，政府也強迫華人用印尼名取代中文名字，這對許多華人而言簡直是滅其家族史的羞辱，但「人在屋簷下，不得不低頭」，他們也只能接受。雖然改用印尼文名字，但大部分華人仍會保留中文名字。例如曾為世界華人首富的林紹良先生，他自取的印尼名字為「Sudono Salim」，卻仍保留其中文姓名「Liem Swie Liong」，即「林紹良」，但這是以他的家鄉中國福建省福清地方的方言發音。至於印尼華人第二代或第三代，就算成長在中文被禁的環境中，也多會幫孩子取中文名。印尼華人朋友若遇見會中文的人，多半很喜歡介紹自己的中文本姓與本名。成長於禁華文年代的華人，就算中文發音不一定標準、也不了解名字的意義，但每每提到自己的中文姓名時，總有那麼一份特殊的情感，好像經歷了大風大浪後，至少還抓住了文化的根。

這些種種不友善的歧視規定，隨著蘇哈托下台也一一被解禁。許多華人創業成功的第一代，現多已交棒到第二代或第三代。儘管第一代的創業家早已功成名就，但幾十年在印尼的辛苦血汗史仍歷歷在目，這也是為何大部分的華人移民第一代仍習慣過著克勤克儉的生活。舉例來說，我有位印尼朋友已百歲的曾祖母是來自中國的孤兒，她的兒子（也就是朋友的祖父）後來創立了印尼赫赫有名的跨產業大集團，曾祖母以子為貴，生活早已優渥無虞，但仍習慣收集一些用過的塑膠袋、寶特瓶等，總覺得它們還可以「賣錢」；泡麵的調理包一次也只用半包，剩下半包一定留到下次再用，絕不浪費。這樣的生活習慣延續至今，不難想像當初艱困的生活環境，對這位老奶奶留下多麼巨大深刻的影響。

22 受西方影響更深的新一代華人

成長於印尼強人蘇哈托掌權時期的華人，由於華文教育被禁，文化根源在「統一」政策下幾乎被磨滅，因此這段期間出生成長的華人，若經濟條件許可，多被父母送至鄰近的新加坡、澳洲，甚至歐美求學；即便留在印尼，也會選擇國際學校或較為西化的基督教、天主教學校就讀。因而在這段時期成長的華人，也就是所謂的印尼華人第二代或第三代，有許多受西方影響更甚東方文化。

新一代華人必經的文化陣痛期

這些受西方影響較深的新一代印尼華人現有許多已是社會中堅分子，但他們的共通點是：英文說得比印尼文好，無法聽說中文，且對西方文化有更多嚮往，對印尼反而有許多不適應與較強烈的批判態度。畢竟在成長過程中，他們與這片土地和當地文化的連結並不深。

但即便如此，華人傳統家族傳承的觀念仍根深柢固，而且更甚台灣。因此在外成長的新一代華人，被召回印尼接掌家族企業，或單純與年邁父母相伴的大有人

辦公大樓農曆年節的裝飾。「Cong Xi Fa Cai」（恭喜發財）已成為通用的印尼語彙。

在。我的印尼華人朋友圈中，許多都是這種成長過程，儘管有些人不是心甘情願，卻難違抗長輩的意願。

這些剛回國的新一代印尼華人，都會經歷所謂的「文化衝擊」陣痛期。許多開始接掌企業的朋友，遇到最大的問題是溝通，尤其是與工廠第一線勞工的溝通，因為他們的印尼語不算流利也不太道地，無法直接了解員工的語言與文化，總是需要透過翻譯及解釋，所以容易與員工有誤解甚至對立。

以我先生為例，每次需要在正式場合演講時，他總是先擬英文演講稿，再特別請人用正式的印尼文法語句翻譯成印尼文講稿，畢竟他在印尼受的教育只到小學二年級，以如此淺薄的印尼文造詣實在無法登大雅之堂。當然，隨著時間推展與個人的努力，與員工、環境之間需要磨合的問題愈來愈少，工作與生活自然也會漸上軌道，漸入佳境。

人總是在歷史的錯誤中學習，因此，新一代華人對於自己下一代的教育，除了英文以外，也開始注重印尼文與中文教育。選擇三語學校，或是聘請印尼文與中文老師當家教都是時下的趨勢，為的就是希望他們的孩子可以不必重蹈覆轍。

首位當上首都雅加達特區首長的華人——鍾萬學

在對華人已逐漸友善的大環境下，華人除了在經濟與企業表現亮眼外，在政治領域也逐漸有機會嶄露頭角，其中最具指標性的人物就是擔任第十七屆（二〇一四年至二〇一七年）首都雅加達特區首長的鍾萬學（印尼文名字為Basuki Tjahaja Purnama，但印尼人慣稱他為Ahok，為客家語的「阿學」）。他是華人、基督徒，卻掌管全世界最大伊斯蘭教國家的首都。

二〇一二年，擔任總統前的佐科威與鍾萬學合作搭檔競選雅加達首長，他們清廉、勤政愛民的形象深植民心，最終贏得大選，佐科威即任雅加達首長，鍾萬學任副首長。

二〇一四年，佐科威獲黨派提名競選印尼總統並贏得大選，七月就任總統，鍾萬學因而繼任為雅加達首長。他鐵腕掃蕩市政弊端、勤政親民，聲望如日中天。他更宣布不參加任何黨派，計劃要獨立參選二〇一七年的首長選舉。當時印尼選委會規定，必須獲得五十三萬公民的連署支持才可獨立參選，但短短時間內，鍾萬學即獲得超過一百萬公民的連署支持，已確定可獨立參選邁向連任之路，由此可見他在民間的高支持度。相對於蘇哈托掌權時期對華人的種種歧視限制，鍾萬學無疑成為印尼華人歷史上的指標性人物。

但二〇一六年九月底，鍾萬學決定接受前印尼總統梅嘉娃蒂（Megawati Sukarnoputri）（註1）所領導的政黨徵召，成為該黨推薦的雅加達首長候選人。

二〇一七年的雅加達首長選舉可謂印尼華人在歷史上對政治空前沸騰的一年。為了支持印尼有史以來第一位參選首都雅加達首長的基督教華人候選人鍾萬學，印尼華人可謂空前團結，從支持參選的連署、選舉經費的贊助、競選志工的組織動員、選前的強力拉票催票等，當時的鍾萬學就如一塊超強力磁鐵，將在印尼如散沙般的華人牢牢吸附一起，他所凝聚的不只是冀望勝選的力量，還有著從未有過的榮辱與共感，與華人在印尼未來的新希望。華人圈內輿論甚至樂觀表示，因為這股鍾萬學旋風，說不定不用二十年，印尼的總理將會是華人。

令人遺憾的是，後來鍾萬學因為在選舉場合不小心疑似以言語「汙衊」伊斯蘭教聖典《可蘭經》，被對手有機可乘大做文章，不但輸了選舉，之後更因而鋃鐺入獄。未想不久，又爆出鍾萬學在獄中因冷暖自知的個人家庭問題申請離婚訴訟，獲法院判離。

鍾萬學服刑兩年後獲釋出獄。出獄後的聲明之一，出人意外的希望社會大眾從此捨棄對他慣有的華語暱稱

註1：為印尼國父蘇卡諾的長女，第五任總統，任期2001年至2004年，領導「印尼民主奮鬥黨」（The Indonesian Democratic Party of Struggle, PDIP）。

「Ahok」(阿學),改以印尼名縮寫「BTP」稱呼他,另一項讓人跌破眼鏡的聲明是,他將與小他三十歲,擔任法警的女友結婚,雖然女友同為基督教,卻是印尼原住民而非華人血統,且曾是他前妻的隨扈。這樣讓人措手不及、霧裡看花的感情關係,在社會上掀起軒然大波,所有對他政績的感念、對他個人的憐惜,在他再婚且新婚太太高調在社交媒體上,不吝展現富足愉悅的物質與新婚生活後,幾乎消滅殆盡。印尼華人圈對他在政治發展上的企盼,至此可說戛然而止。

少了像鍾萬學這樣指標性的華人政治人物,再加上導致他入獄的宗教議題仍讓人記憶猶新,印尼華人對於政治的關心度似乎又被打回原形——華人在印尼歷來以經商為主,總覺得「政治」是「他們」(原住民)的事,不管選誰都一樣。

後起之秀日漸崛起

但近年來參選國會議員與地方議員的華人比起以往仍多了一些,尤其是華人集中居住的地區,漸有年輕世代的華人有著初生之犢不畏虎的勇氣,打著建立新印尼的口號,試著用非傳統的選舉方式打選戰(如選舉經費靠集資捐款等),在這樣艱困且參雜宗教種族等複雜的大環境下,著實不易。

但正如當時任誰都無法想像身為非裔的歐巴馬能夠勝選擔任美國總統,誰又知道或許哪天印尼華人也能在政治上擔任領頭羊?人類歷史的道路,本就是這樣一步一腳印慢慢累積走出，事事無法一蹴而就。印尼如若能秉持建國與立憲精神（印尼語Pancasila。其精神包括印尼全國團結統一、為全印尼人民實現社會正義等），相信新世代的華裔必能為印尼政治注入不同的新氣象。

自一九九九年起，有多名優秀華人被不同時期的總統任命為內閣的部長，其中較著名的包括：曾任國家發展部長的郭建義（註2）、首位入閣的女性華人馮慧蘭（註3）。此外，湯連旺（註4）擔任部長時才四十五歲，是印尼歷史上最年輕的華人部長，也可說是「新一代華人」的代表之一。他的成長期同樣是華人受到壓抑的年代，所以三歲至十歲是在德國長大，之後因家庭因素回到印尼，大學時期又再到美國哈佛大學就學，因此他的英文與德文相當流利。我曾有機會聽他本人的現場演講，感受到他的聰慧及風采，但連我這個外國人也可以聽出他的印尼文講起來倒比較像是第二外國語了。近年來則以曾擔任貿易部長呂有恩（註5）為最讓人知曉的華人部長。

各行各業華人菁英

另外，近年受到眾人矚目的印尼華人，在體壇有曾

註2：Kwik Kian Gie，1999年至2000年為經濟部長，2001年至2004年為國家發展部長。

註3：Mari Elka Pangestu，2004年至2011年任商業部長，2011年至2014年任旅遊與創意經濟部長。

註4：Thomas Trikasih Lembong，2015年至2016年任商業部長、2016年至2019年任投資部長。

註5：Enggartiasto Lukita，2016年至2019年擔任貿易部長。

獲二〇一八年亞運羽球男單冠軍的克里斯蒂（Jonatan Christi），因精采的球技與帥氣的外型（有許多台灣球迷認為神似台灣知名男演員）擁有幾百萬IG粉絲，也是媒體寵兒。還有年輕賽車手哈里恩多（Rio Haryanto），他是印尼第一位F1賽車手，在國際級賽事屢創佳績，受到國際媒體的注意，美國CNN也曾特別專訪他。印尼政府與印尼國營石油公司Pertamina強力支持並贊助他參與各項賽事，在國際場合，他也不只一次提到自己代表印尼參賽，以身為印尼人為榮。他的賽車技巧、成績與愛國形象深植人心，讓他在印尼有大批粉絲，當然，印尼也以他為榮。

此外，演藝圈的華人演員、歌手也逐漸受到大眾的注意與喜愛，包括受到年輕世代追捧與國際矚目的歌手如布萊恩．伊曼紐（Rich Brian）。

雖然新一代華人在印尼的語言和文化上或多或少仍存有隔閡，但也可見他們努力磨合與調適，進而願為這片土地貢獻心力。畢竟過往的一切只是整個大時代的問題，華人的家族與事業，還是在這裡風雨不搖的生根與開枝展葉。相較於第一代印尼華人許多仍心懷「祖國」（中國），第二代與第三代的華人在此又開創出另一番新的風貌，對印尼這片土地的認同感也更加深厚。

23 西化的首都——東南亞最大的城市

記得我剛到雅加達那年，一位好朋友去峇里島度假前，特別先到雅加達看我，他離開前對我說了一句話：「日子不好過，要好好過啊！」當時我的眼淚真是快掉出來了。但近年來，許多朋友不約而同紛紛到雅加達出差，碰面時都會很驚訝的告訴我：「雅加達比想像中進步與國際化。」

雅加達為印尼的首都，在印尼稱為「雅加達首都特區」（印尼語簡稱DKI Jakarta，即Daerah Khusus Ibu Kota Jakarta）。根據二〇二四年資料統計，雅加達市有戶籍登記的人口為一千一百四十萬人[註]，為東南亞最大的城市。而「大雅加達都會區」的人口則超過三千兩百萬人，目前為全球第二大都會區，僅次於日本東京。

雅加達特區的硬體方面，處處可見設計新穎的高樓大廈櫛比鱗次。根據二〇二三年底的資料顯示，全雅加達共一百七十五座大型購物中心，是全世界擁有最多購物中心的城市，這也是為何前任總統佐科威在二〇一三

註：華人占雅加達人口比例約為5.5%，高居印尼各地之首。

左：雅加達證交所前的捷運站。
右：雅加達的電影院。

年擔任雅加達首長任內，已宣布雅加達特區將不再核發任何購物中心的營建執照，至今亦然。

知名品牌紛紛開展旗艦店

也就是因為市場大、購物中心數量驚人，許多世界知名品牌一定會在雅加達駐足。例如近年來很夯的西班牙流行服飾品牌ZARA，二〇一一年於台灣的台北101正式展店，可說是台灣那一年服飾界的大事，但其實ZARA早在二〇〇五年已於雅加達展店，至今也有多家分店，且每間分店都是「旗艦店」規模，可說印尼的ZARA在亞洲應算前輩了。

又如深受許多人喜愛的日本國民品牌UNIQLO也於二〇一三年在雅加達市開了全東南亞最大的旗艦店，且號稱全世界最大的UNIQLO Outlet也在二〇二四年開幕。一般而言，許多歐美品牌在雅加達的拓店速度高於亞洲品牌，這個城市受歐美西化影響較深也由此可見。

除此之外，我也驚訝的發現，許多歐美的院線電影在印尼常常是同步上映，甚至早於鄰近的新加坡或台灣。這與前文提到現今已成為社會中堅分子的新一代息息相關，因為他們之中許多人在成長期間是至歐美接受教育，這些電影院業者對西方國家娛樂事業的脈動，似乎更為敏銳。還有許多世界級的娛樂表演，如百老匯的經典歌劇、迪士尼系列表演、歐美歌手巨星演唱會等，雅加達現在幾乎是他們亞洲巡迴活動的必到之處，就算票價常高於他們在其他國家的演出，仍是場場爆滿，座無虛席。

更早接納西方思潮

在軟體方面，許多市政措施也為這座首都增添亮點，例如自二〇〇七年起，雅加達的最主要道路「蘇迪爾曼大道」（Jalan Jenderal Sudirman），將每週日上午六點至十一點訂為無車日（Car-Free Day），許多市民會利用週日上午在這條約十公里的大道上散步、慢跑、騎腳踏車，享受難得安靜無汙染的週日清晨。其實剛開始施行時是計劃兩週一次，但因為這項措施大受市民歡迎，因此從二〇一二年五月開始改為每週日實施。像此類推廣無車日以減少地球汙染的概念，源於一九九五年歐洲國家，二〇〇〇年起由歐美國家向世界各國推廣，印尼首都顯然很快就接受了這股世界風潮。

再舉例來說，二〇一六年三月起，以雅加達為首的印尼共二十二座城市開始推行購物使用環保袋，對購物塑膠袋隨袋徵收每袋200印尼盾（約台幣0.4元）的費用，以此推廣愛護地球的環保概念。直至現在，在雅加達幾乎很難找到會提供塑膠袋的店家，即便付費也沒有，如果沒有自備購物袋，就算額外付費，取得的皆是紙袋。除此之外，絕大部分餐飲店家也不再提供塑膠吸管，只提供紙製吸管，或完全不提供。在以拚經濟為前提的開發中國家推廣歐美已開發國家的環保概念實屬不易，但顯然雅加達仍為此盡份心力。

值得一提的是，雅加達自二〇〇五年起，每年三月的第一個週五、六、日都會舉辦「國際爵士音樂節」（Jakarta International Java Jazz Festival），這是目前全球最大的爵士音樂節。音樂節一連三天，常吸引全球爵士音樂愛好者至此，許多國際巨星也常在此時到雅加達共襄盛舉。國際爵士音樂節至今已成功舉辦近二十年，早已成為雅加達的重要元素之一，由此也可看出這個城市受西方影響的程度了。

雅加達在地理上分成中區、東區、西區、南區、北區五個區。

• 中區（Jakarta Pusat）：
為政治經濟中心。許多政府單位包括總統府、中央銀行，以及獨立紀念碑、國立博物館等都位於此，為五區範圍最小的一區。

• 東區（Jakarta Timur）：
多為住宅區及小型工業區。著名的「印尼縮影公園」（Taman Mini Indonesia Indah）也位於這一區。

• 西區（Jakarta Barat）：
舊中國城位於此區，留有許多荷蘭時期的建築，為雅加達市舊城區的一部分，現為舊式住商混合區域。

• 南區（Jakarta Selatan）：
為雅加達市最新興現代化的區域，有最多新式商業大樓、大型購物中心與較高級的住宅區域。

• 北區（Jakarta Utara）：
五區中唯一靠海的區域，有海港，也為雅加達市舊城區的一部分。目前印尼最大的綜合樂園「尋夢園」（Ancol Dreamland）位於此。

24 一心希望擁有土地與房子

在印尼，對於住家的傳統觀念是「有土斯有財」，至今仍普遍如此。以自住用途而言，在經濟能力許可之下，買下有全權土地權的「房子」絕對是首選，土地自有權少的高樓大廈或公寓，通常不是第一輪的考量範圍。這項價值觀不論是大城市或鄉村皆同。

這也是為什麼在首都雅加達特區，就算近年來土地價格已翻漲五、六倍之多，但在許多北區與南區精華地段，仍可見許多占地寬廣的豪宅大院。這些奢華的房子多屬於經濟能力金字塔頂端的人所擁有，他們一方面希望住在市區便利舒適區域，一方面仍受傳統觀念影響，認為「房子」才是長治久安的居住環境。這樣的大豪宅，通常需要由三十名至六十名建築工人，費時兩年到三年不等才能建造完成。但是就算花費再高、費時再久，對於這些金字塔頂端的印尼富人而言，都是此生必要之舉，沒有其他商討的餘地。

忍受上班不便也要買房子

至於廣大中產階級抱持的想法亦如此。在市區內，中產階級的收入即便負擔得起某些公寓或大廈，但絕大部分人還是寧可忍受上班交通不便，選擇在市郊或是鄰近的衛星城市購置房子。

比方說，如果25萬美元可以在市區（但非精華地段）買到一戶權狀約三十坪的大廈住宅，也可在鄰近衛星城市買到三房約四、五十坪的單層或兩層式房子，絕大部分印尼人還是會選擇後者，就算每天通勤得花單程一個半至兩個小時（需搭火車再轉乘公車、再走路或是自駕），下班後又得再花同樣時間從市區回家也無所謂。如果遇到大塞車（或因有交通事故、集會遊行，又或者單純遇上卡車與貨車送貨高峰），加上碰到雨季（豪雨造成能見度不佳，或是造成嚴重積水，導致火車公車暫時停駛等問題），回家路程會更顯遙遠。

若在台灣或其他國家，像這樣耗時耗力的通勤，可能會讓人思考放棄郊區較寬敞的居住空間而選擇住在生活便利的市區大廈，但印尼人的考量並非如此，「擁有土地與房子」的重要性，遠高過一切不便。有些在市區工作的印尼人還有另一個變通做法就是，週一至週五住在市區內租賃的小套房，週末才回家與家人相聚。各人與各個家庭考量或有不同，但以「有房」為想法的出發點卻是相同的。

至於獨棟房子要怎麼打理呢？許多中產家庭或多或少會有一至兩名家事幫手，幫忙家事與整理維護房子。一般市區內的豪宅大房平均都聘有四、五位家事幫手，甚至更多。有位印尼朋友的家占地廣大，甚至還有自己

左：高爾夫球場旁的豪宅區。
右：自擁遊艇的住家（遊艇停泊於「後院」）。

的藝廊、私人招待所、健身房、游泳池等，家中包括家事幫手、園丁、警衛等共聘有四十位工作人員，以讓住家隨時保持在最佳狀態。當然，還須另聘經理管理這些工作人員。對我來說，光是想怎麼管理這些人，就需要耗費許多腦細胞了吧。

外地賺錢，回鄉蓋房

曾有些台灣朋友問我：「聽說印尼移工在台灣工作三年，回印尼就可以蓋房子是真的嗎？」事實上，許多到國外工作的印尼人多來自較偏遠的鄉下，在這樣較未開發的發展中鄉村，2,000萬印尼盾（約台幣4萬元）的確就可以讓他們為自己蓋一幢兩房、有衛浴、可遮風避雨的簡單房子。許多在國外的印尼移工，或是在印尼大城市工作的人，將錢匯回家鄉，除了供養家人的基本生活之外，建造屬於自己的房子絕對是首要任務。通常若房子建好了，他們離鄉背井在外地工作的動力也會大大削弱，一心只想趕快回鄉。

近年來由於受到西化影響，有些曾在西方國家受教育、工作、生活的新一代慢慢可以接受，甚至喜愛住在市區大廈更甚獨棟房子。一方面大廈多有保全與管理，安全上感覺更有保障，另一方面對家事幫手的需求也降低，生活上即可省去許多不必要的煩惱，因此市區內許多住宅大廈應運而生。目標族群多為單身的小套房，及有一房、兩房需求的小家庭（多為投資用途，尤以出租外派至印尼工作的外國人為最）。另一快速成長的，為坪數較大的豪華大廈（坪數七十坪以上至兩百多坪），多為自住，若出租也以外國駐印尼工作的高階主管為主。最適合一般家庭的二至三房、三十至五十坪的公寓大廈反而為數不多，因為如上所述，可以負擔這類公寓大廈的家庭還是寧願買房子。

25 與新加坡的一日生活圈

印尼共由一萬七千五百零八個島嶼組成，幅員廣闊。若以首都雅加達為出發點，國內航線飛觀光勝地峇里島需一小時四十分鐘，但飛國際航線到新加坡只一小時二十分鐘。因此許多中高收入者往返新加坡如家常便飯，甚至是當日往返，就好比我們搭高鐵台北、高雄當日往返一般。

吸引印尼人來消費

記得曾看過新加坡已故總理李光耀的訪談，其中一段他談到印尼與新加坡的關係。他特別提到印尼華人，認為他們在印尼的歷史上受過強烈排擠與不平等待遇，因此不安全感特別強烈。新加坡是離印尼最近的國家之一，最重要的是新加坡華人比例占75%的絕對多數，所以當時他的想法就是將新加坡建設成一個穩定安全先進的國家，進而吸引印尼人放心來此消費，更重要的是將資產存放於此。

曾聽過幾位來自新加坡不同銀行的理財專員提過，這些銀行不論是私人理財部門或公司財務部門，最少有

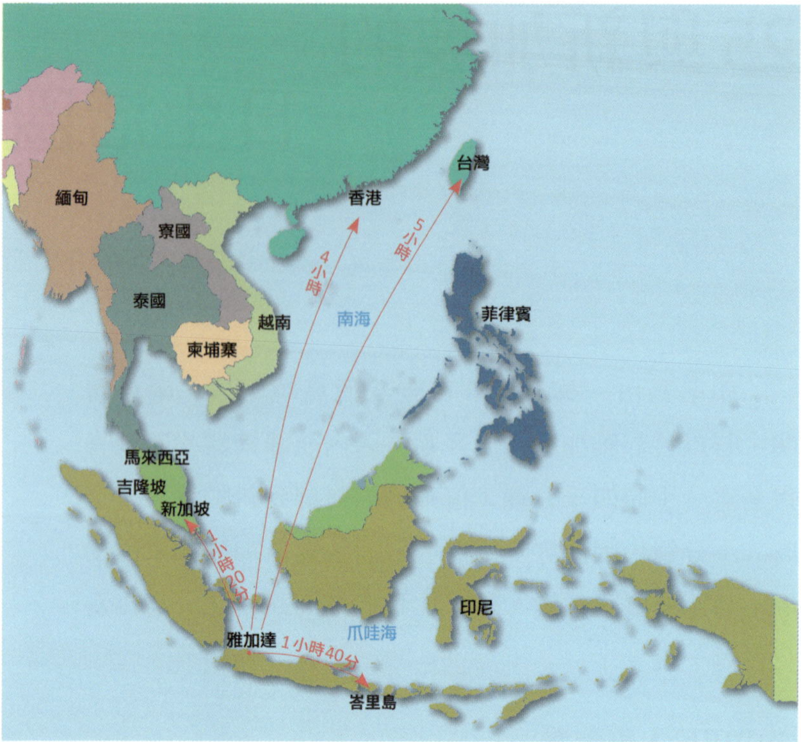

雅加達到新加坡、峇里島、香港與台灣的飛行時間。

三分之一以上的營收來自印尼的個人或企業，另外三分之一來自中國與印度，只有三分之一是新加坡本地的客戶。

在房地產上也是如此。新加坡有著世界第一且成功的「住者有其屋」政策，八成以上的新加坡人都會購買政府補助建設並調節價格的「政府租屋」，而相對比較昂貴的私人住宅大廈，根據房仲業者指出，超過三分之一以上的擁有者都是印尼人。

再者，只要遇到印尼的國定假日，在新加坡最繁華的烏節路上與許多重要據點，聽到的語言至少一半以上是印尼語。記得有次印尼的國定假日我也到新加坡，因故需到醫院就診，結果環顧前後左右都是說著印尼語的印尼人，霎時間，還真忘了自己已經飛到新加坡了。由此可知，新加坡在印尼人的心中，成功塑造了其安全穩固的避風港形象，相對的，印尼對於新加坡的經濟而言，可謂一大支柱。

視新加坡為第二個家

曾有新加坡友人打趣說，如果老後，她寧願病死也不願就醫，因為對多數新加坡人而言，醫療費用其實相對昂貴。但是許多印尼人卻特別倚賴新加坡的醫療，最常聽到的就是搭機飛到新加坡看病、做健康檢查，甚至醫美。記得有次需要看眼科醫生，詢問印尼一些朋友眼科醫生的資訊，結果收到的推薦都是在新加坡的眼科醫生，我問：「雅加達有沒有推薦的醫生？」多是搖搖頭抱歉，要我問問其他朋友。當時為了眼睛安全起見，竟也是乖乖飛了新加坡一趟。

另外，一些在這的女性朋友也常新加坡一日遊——先做醫美，吃個午餐，逛個街，然後充滿元氣開心的回來。忙碌的商務人士，若在新加坡有重要會議（許多企業會把東南亞事業總部設在新加坡），也可開會後當天往返。長週末或國定假期，許多人選擇的度假地點也多是新加坡。

新加坡對於許多中高收入的印尼人而言，不大像另一個國家，反倒比較像是第二個家。許多孩子成長到一個階段若選擇出國讀書，鄰近的新加坡幾乎是首選，因為在印尼的父母若想探望在新加坡就學的孩子，感覺真是「若比鄰」。或者有些經濟較寬裕的長輩到了退休年齡，決定移居新加坡養老，家中年輕一輩則接手工作在印尼繼續打拚，若想彼此探訪也不覺得遙遠困難。

由於印新航程旅客需求量大，印尼飛新加坡的航班真有如台灣高鐵班次。以首都雅加達飛新加坡的班機為例，國營的印尼航空、新加坡航空幾乎每小時一班飛機，再加上其他四家印尼主要國內航空，以及其他各國航空公司提供由雅加達到新加坡轉機的航程（如德國航空、阿聯酋航空等），班次雖多，卻仍班班客滿。若遇到長假，數個月前幾乎所有航班都會被預訂一空，即使新冠疫情後票價飛漲，盛況依舊，由此可見印尼與新加坡連結之深，來往之密了。

附帶一提，因為交往頻繁，許多新加坡人如果碰見印尼來的人，他們也喜歡在日常用語中摻著一些印尼語（馬來語）以示親切。比如在新加坡美食街，可能會聽到店家老闆問：「要在這『媽幹』（印尼語Makan，吃），還是要打包（外帶）？」「要加蛋還是『摳宋』？」（印尼語Kosong，空，就是不加）說者聽者問答如流，感覺真是默契十足。印尼護照進出新加坡完全免簽證（停留三十天），不需特別額外申請也能使用自動電子通關，感覺真是一家親呀。

26影響深遠的爪哇文化——敬老尊賢與忍耐

之前一位印尼友人剛結束首次至台灣的一週自由行。本擔心不諳中文的她不知此行是否盡興，但她回來後興奮的與我分享，台灣豐富多采的景色、友善熱情的人民，與讓她一次次驚豔的在地食物……，恨不得能快快安排第二度的台灣行。她說在旅遊過的所有擁有華人文化的地區，包括新加坡、香港、中國等地，台灣社會獨有的謙遜有禮，讓她打從心底欣賞不已！這次的台灣行也促使她第一次有強烈的動能，希望能好好學習中文。這雖非我第一次聽到去過台灣的印尼友人對故鄉的稱讚，但這樣的美言真是怎樣都不嫌多。

台灣社會文化蘊含相較他地更加敦厚的氣息，我想是歷史與環境等諸多因素經過長時間的融匯而成。不可否認，中華文化自古以來的儒家思想也是因素之一。就好比影響現今印尼整體社會最大的「爪哇文化」，其實也是印尼多種族的文化之一。

爪哇島為印尼與全世界人口最多的島嶼，人口占全印尼的57%，島上人口超過一億五千萬，首都雅加達也位於爪哇島上。爪哇文化敬老尊賢的傳統，不僅僅展現在語言（爪哇語為印尼最大的方言之一，正統爪哇語對於長輩、平輩與晚輩的用語皆有不同），更展現在一般的日常禮儀中，與儒家傳統的教導不謀而合。如若有機會與來自東南亞不同國家的人接觸，大概可以感受到除了以佛教立國的泰國人，印尼人的待人進退禮節與台灣敦厚有禮的文化，其實相對相似。

懂得忍耐的爪哇人

爪哇文化中提倡的「忍耐」文化也進而影響印尼整體社會。有個不成文的統計，印尼在上位的政治人物，幾乎清一色是爪哇人，原因是比起其他族群，爪哇人更懂得「忍耐」，更懂得蟄伏蹲等，良機一到即一躍而起，趁勢掌握。比如擔任總統十年的佐科威曾任中爪哇的梭羅（Surakarta）市長，爾後競選並贏得擔任首都雅加達首長，之後於二〇一四年首度競選總統，以清廉親民開明的形象，在其他政治老將中脫穎而出，贏得選舉，並一直深受多數選民喜愛。他有中爪哇人特有的內斂性格，思考與說話速度比起一般政治人物相對較慢，多給人「謀定而後動」的沉穩印象。就任以來，許多原本預期可能釀成社會風暴的動亂，後來都由他帶領的政府將其雷聲大雨點小的處理完畢，一次次為社會國家堆疊起得來不易的人民信任感。

此外，「爪哇人」是企業最愛聘用的「種族」首選，也是家事幫手或孩子保母的首選。這些都是基於對爪哇文化的信心，一般認為在爪哇文化中薰陶成長的爪

印尼隨處可見大大小小的圓頂清真寺，以及特意打造高起的廣播設備，讓誦經聲可以無遠弗屆清晰的播送。

哇人，相較之下更懂禮節、更易相處、更有耐心耐力。

在印尼，「忍耐，忍耐」(印尼語Sabar, Sabar) 也常出現在日常對話中——若有雙方在討論中爭持起來，旁邊的人一定提醒著說「忍耐，忍耐」；在雨季常有的漫長車陣中，車裡的人也會互相提醒著「忍耐，忍耐」，無需亂鳴喇叭、破口大罵，以免欲速則不達。又或者被子女氣到頭冒青煙的父母，也常需互相或自我提醒「忍耐，忍耐」。或許因為聽到的頻率太高，這也是我學習印尼文最先學會的幾個單字之一，而且發現使用率奇高無比，每次使用時，周遭印尼人總會對我點點頭，發出會心一笑，好似讚許我也懂得這樣的文化了。

其實這樣的爪哇文化也只是印尼三百多種族的文化之一，這些所有支系的文化，隨著歷史洪流，建構匯聚而成現今外人眼中所謂的「印尼文化」。也許在印尼已住了多年，多少受了「忍耐，忍耐」的文化影響，許多讓人可能針鋒相對、破口大罵的議題，現在我也多半希望或習慣以稍微緩和的情緒來討論。

這也讓我不禁回想起大學時修「台灣史」一門課時，常常聽得我熱淚盈眶，因為這門課讓我第一次了解生於斯、長於斯的故鄉，所經歷各種磨難的歷史。當時雖然感覺整個成長期的思想架構處於崩解狀態，對於這樣的課程卻滿懷深深的感動與感謝。但近幾年來，台灣某些政治力量一直力推所謂「去中國化」，雖然古今中外的政治本有各自的算計，我個人卻不贊成某些矯枉過正的做法。我們的文化根源或許不同，但是台灣多年的歷史，中華文化的匯入與影響卻是不可磨滅的事實，這也間接造就了我們現有的社會文化，發展出一股在其他華人地區沒有的文化氛圍。

國人都引以為傲的奧斯卡金像獎導演李安，我們總不斷強調他是「台灣之光」，但是李安導演在各式受訪中不只一次提到，自己導戲的想法受到成長時期的家庭教育影響甚多甚遠，其中包括儒家思想與中庸之道。試想，若將導演思想與個人文化中的所謂「中華文化」去除，李安導演是否還能成為那位成就讓人望其項背的國際大導演就不得而知了。

台灣文化在世界上是如此獨一無二，是中華千年文化、本島在地文化、南島語系文化，與現今包括許多新住民在內更多元的文化薈萃而成，不論去除其中哪一部分，都不能代表完整的「台灣文化」。若我們能彼此珍惜，能互納互重，匯聚而出豐富強大的文化力量，定能讓世人刮目相看。

27 令人讚嘆的藝術美感

第一次聽到印尼國歌（Indonesia Raya），老實說讓我大為吃驚。簡單易懂的歌詞，配上單純卻優美的旋律，不僅讓人輕易琅琅上口，更深深打動人心，這樣的歌曲做為國歌真是再適合不過了。這也讓我決心敞開胸懷，好好欣賞這個國家人民所創造出的藝術風華。

讓人驚豔的觀光宣導短片

如果習慣收看國際新聞台如CNN，或是國際財經頻道如CNBC、Bloomberg，有非常高的機率可以觀賞到由印尼政府所拍攝，宣傳印尼旅遊與投資印尼的短片。大家應該會非常驚訝的發現，短短一分多鐘的短片，竟然可以拍得如此流暢引人，該有的美麗畫面、重點資訊、該傳達的意境都深刻且清楚的呈現出來。如果以我多年前的輕視眼光來看這些影片，一定會瞠目結舌，不敢相信印尼人可以拍出這樣絕對登得上國際舞台大雅之堂的宣傳短片，但現在的我一點都不訝異，因為這就是印尼孕育出的藝術眼光。

印尼的藝術美感，也展現在小店或商場的設計布

左：某咖啡廳為訂位顧客準備的訂位名牌。名牌為庭園中撿拾的大樹葉製成。
右：老屋改建而成的餐廳，保留老屋中庭的老樹，使之成為藝術裝飾的元素之一。

置中。像是首都雅加達的咖啡文化非常興盛，除了一般國際知名的連鎖咖啡店林立，各式特色咖啡店也隨處可見，尤以雅加達南區最為密集。每到一家新的咖啡店，除了咖啡香，更能享受視覺的饗宴——簡易高雅、奢華大氣、原始質樸……，其整體設計包括店面、室內、餐具、菜單等，各有特色，實在讓人目不暇給。

我感覺這裡的設計師或創業者特別有創意，除了本地文化的薰陶、歐洲殖民時期的影響，以及許多留學歐美或深受西化影響的新一代觀點，互相交疊融合，醞釀出的眼光與設計能量，非常讓人驚豔。

再看看為數眾多的購物中心，其因應各種節日如伊斯蘭教新年、華人農曆年、國慶日、聖誕節等所做的各種裝飾布置，以及平時各式主題布置，常讓我情不自禁一再拍照留影，因為當中的創意十足。

各式餐廳也是如此，比如雅加達某幾家鼎泰豐餐廳，燈飾就是小籠包狀，外觀設計好似超級大蒸籠，裝潢顯眼高雅，主題又明確，這樣的設計，真讓我忍不住想推薦給在其他國家的鼎泰豐餐廳參考。許多餐廳的裝潢設計也多各有千秋，也許是印尼人工與裝潢物料仍是相對便宜，因此設計師可發揮運用的空間更大，這裡的人工作態度又是出名的慢工出細活，因而當完工後，總是讓人眼睛為之一亮。

聞名全球的爵士音樂神童

近期印尼藝術界最具代表性的人，應首推現年才二十一歲的爵士音樂神童喬伊·亞歷山大（Joey Alexander）。他六歲開始學爵士鋼琴，十歲受邀到美國紐約林肯表演藝術中心演出，一夜成名，十一歲推出第一張爵士音樂專輯，並獲得二〇一六年葛萊美獎最佳爵士即興獨奏、最佳爵士樂器專輯提名，是葛萊美獎有史以來最年輕的被提名人（十二歲）。後來各地邀約演出不斷，二〇一六年五月，他更受邀到白宮表演拿手的爵士鋼琴。看著他彈奏爵士樂，輕鬆卻又融入的神情，彷彿一切都是自然天成，毫無矯情造作之感，這也是我對印尼藝術精神的感受。

又如印尼的青少年兒童合唱團（The Resonanz children's choir）繼二〇一五年在美國舊金山、匈牙利、香港等地參賽獲獎，更在二〇一六年七月遠赴義大利威尼斯參加全世界合唱比賽獲得世界冠軍。小時候我曾參加過台北市立交響樂團附設兒童合唱團，在電視機前欣賞他們的表演曲目後，都忍不住起身鼓掌。

這個由四十二位國小、國中孩子組成的合唱團，全都是自發性參加，不是義務，沒有強迫，練習時間都在週六日。如果不是源於孩子與家庭本身對藝術的喜愛與執著，這個合唱團的成立與練習大概都成問題，更別提國際級賽事的獲獎了。

所謂藝術，就是融在生活中的美感。印尼除了眾所周知的Batik（詳見p137〈28印尼的驕傲——Batik〉）與其創新文化展現的美、精緻的木雕、銀雕或質樸或壯麗或狂野的油畫作品，也在許多場合的布置中隨處可見，自然點綴著，一點都不突兀做作，就好似本來就該擺在此時此地此景中。我感覺這種眼光是天生獨到的，因而尤為佩服。

許多台灣人喜歡到峇里島旅遊，不論選擇住飯店或民宿或Villa（別墅型），應該常會驚豔於一景一物無論以何種角度拍攝，都有濃烈出色的藝術氣息，這也是為什麼如此多的外國人喜歡到此地度假或辦婚禮，因為實在別具風格。事實上，不只是峇里島，在印尼幾乎所有的飯店，不論市中心區，或是觀光度假區，其散發出的美感氣息，都容易讓人為之著迷。

28印尼的驕傲——Batik

「Batik」是印尼傳統的蠟染服飾，現在這個字則泛指任何有傳統蠟染花色的所有物品，包括衣物、紡織品（如桌巾、各式大小背包、裝飾品）等。在印尼所有正式場合，男士的衣著清一色是穿Batik。例如印尼總統出國參加重要的「G20國際高峰會」時，一下空軍一號讓所有媒體記者拍到的第一幕，一定是穿著Batik，而總統接見外賓時，除非特殊的一些國際禮儀需著西裝，否則也一定是穿著Batik。

穿著Batik表達尊重

女士們參加正式場合就有較多選擇，不過穿著有Batik圖案的改良式禮服普遍還是最受歡迎。比如學生的畢業典禮，大部分女學生會選擇穿著Batik傳統服飾參加，以表示對典禮的尊重且更具意義。若遇國家重大紀念日，如國慶日、卡蒂妮日（Kartini Day）（註），學校

註：每年的4月21日，為紀念生於1879年的卡蒂妮（Raden Ajeng Kartini）女士，她是印尼第一位為爭取女性可受平等教育而奮鬥的女英雄。

左：印尼許多正式場合會要求穿著Batik。
右上：樂器行內展示以Batik做為設計元素的吉他與吉他背袋。
右下：印尼的UNIQLO推出的Batik服飾。

師生與所有公家機關人員一定會穿著Batik以表達尊敬與紀念之意。一般民間企業並不會硬性規定，但在國家重要節日，穿上Batik幾乎是社會大眾不成文的共識。

其實印尼有這種全國共識，是由二〇〇九年開始強化的。那一年，馬來西亞竟向聯合國教科文組織（UNESCO）申請承認Batik為馬來西亞的文化遺產，此舉讓印尼群情激憤，舉國沸騰，因為印尼人認為這項傳統手藝（以加熱融化的蠟，點染繪於紡織品上）是至少一千四百年前由祖先傳承下來。所以印尼政府向UNESCO抗議，並展開與馬來西亞政府一連串的抗爭與拉鋸戰。直至該年十月，UNESCO宣布認證Batik實為印尼文化遺產，印尼在這場文化戰爭中獲勝，當時的總統即宣布，隔天（週五）全國都穿著Batik，以此展示國家的勝利與驕傲。那個週五為二〇〇九年十月二日，從此政府也將每年的十月二日訂定為「Batik日」（Batik Day），當天全國都會自發性的穿上Batik。

用認真尊敬的態度欣賞Batik

也是從那時起，印尼公立機關即規定所有工作人員於每週五穿著Batik上班，許多民間企業也群起響應，有些企業是明訂要求員工每週五必穿Batik，有些企業雖無明訂，員工也都自動自發響應，包括許多被外派到印尼的外國人，每週五上班也不穿西裝襯衫領帶，而是Batik。從二〇〇九年至今行之多年，每週五的Batik日也早已成為全民日常。更有甚者，印尼工業部長甚至在二〇二四年中宣布，工業部的公務員每週四個工作日需著Batik，以更強化Batik帶來的國家認同感。

說來慚愧，剛到這片土地的最初幾年，看到Batik這種蠟染的花布衣裳，總聯想到以前台灣鄉土劇中「黑道大哥」的花襯衫，當時對這種衣服真是怎麼看都不順眼，所以當一些場合要求需要穿Batik時，我能逃則逃，不能逃就還是硬著頭皮「做自己」，不穿就是不穿，不管他人眼光。直到有次跟著孩子學校的校外教學到「雅加達紡織博物館」(Museum Tekstil Jakarta),聽著館內人員介紹,看著館內人員實際示範,如何用火慢慢將蠟加熱融化,如何用器具耐心的將蠟一點一點的滴繪在布料上,再慢慢以此做成繁複花樣的圖案——各種花草樹木、蝶魚鳥獸……,那一剎那,我真是慚愧到無地自容。如此美麗、了不起的技藝,之前我到底是以何種狹隘不屑的眼光在看待?自此以後,我才開始以認真尊敬的態度欣賞Batik,當然,也開始選購Batik,該以Batik出席的場合,一定二話不說的穿上,以表達對出席場合與這片土地歷史與文化的尊重。

開始選購Batik後,也才慢慢了解Batik還分成好多種類:費時費工手繪的(通常就是獨一無二的)、平面印出的,棉製的、絲製的,花色較簡單的、設計繁複的……,根據不同種類,價格也有明顯差異。男士的Batik衫從一般市場內一件15萬印尼盾(約台幣300元,工廠整批大量印製)到一件要價1千萬印尼盾以上(約台幣2萬元以上)的都有。近年來還有許多本地知名的服裝設計師,將各式新潮的元素注入Batik,設計出許多令人讚嘆的服裝與周邊商品。

現在若有機會需要致贈外國友人禮品,以Batik為基礎設計的相關商品已成為我的首選。後來更發現,在印尼如果穿上Batik出席有重要商討議題的場合,不知是碰巧或是因為對方感受「人不親服裝親」,成功機率好像大大提升呢。

29 世界知名的咖啡文化

根據國際咖啡組織（International Coffee Organization）最新的資料統計，印尼為繼巴西、越南、哥倫比亞之後，世界第四大咖啡生產國。印尼目前年產咖啡約七十六萬噸（二〇二三年），其中相較於外銷，內需市場逐漸增強，內銷占全年產量由十年前的35%提升到近年的40%，其餘60%外銷至美國、日本、歐洲、埃及等地。在所有農產品中，咖啡是除了棕櫚油、橡膠、可可外，為印尼賺得外匯最多的農產大宗。

獨特濃郁的咖啡

咖啡在印尼的種植源於十七世紀荷蘭占領印尼，荷蘭人將咖啡樹的種植技術帶到印尼。印尼國土橫跨赤道，許多島嶼又是多山地勢，特殊的氣候與水土，據說是適合咖啡生長的幾近完美之地，也因此孕育出非常特殊又濃稠的咖啡。印尼的許多島都以種植咖啡而聞名，如蘇門答臘島（Sumatra）、蘇拉威西島（Sulawesi）、爪哇島、峇里島、弗洛勒斯島（Flores）等，生產出的咖啡種類也多以島嶼名稱命名，比如蘇門答臘咖啡、蘇

著名咖啡連鎖店推出的早餐套餐之一：印尼傳統雞肉粥（印尼語Bubur Ayam）與咖啡。

拉威西咖啡、爪哇咖啡、峇里咖啡等。

所有印尼產的咖啡種類中，最昂貴的是「麝香咖啡」（印尼語Kopi Luwak），它同時也是全世界最貴的咖啡。麝香咖啡這名稱非源自島嶼，而是源自麝香貓。製成方式是讓麝香貓吃下咖啡果實，之後在半消化的情況下讓麝香貓排便出來，麝香貓糞中有半消化的咖啡豆，據說這些咖啡豆的蛋白質結構因為麝香貓體內的消化酵素而改變，能去除一些酸味，使得製成的咖啡更順口好喝。因為麝香咖啡的高價值（淨重一百克要價約至少台幣1,000元），使得許多咖啡農趨之若鶩。

但近年來歐美保育人士調查後發現，許多咖啡農的做法是將多隻麝香貓關在狹小的籠裡，只餵食咖啡豆（一般野生麝香貓會自己覓食野果、昆蟲等其他食物），許多麝香貓因而營養不良，或是體內咖啡因太高而導致行為異常，保育人士對此殘忍的方式多有批評，因而提出拒喝麝香咖啡，只是許多對咖啡有特殊愛好者仍偏好此道。

多種咖啡任君品嚐

印尼的咖啡文化盛行，可從各式超市內一定有一大區擺放各式各樣的印尼咖啡看出。每一種類的咖啡一定分成三種包裝：咖啡豆（Roasted Beans）、咖啡顆粒（Medium Fine Grind），以及研磨過的咖啡粉（Coffee Powder），近年也隨潮流推出方便沖泡的「耳掛包」，讓顧客各取所需。另外，咖啡豆又分為「阿拉比卡種」（Arabica）與「羅巴斯塔種」（Robusta），通常阿拉比卡種咖啡豆價格較為昂貴，因為它的口感較適中，內含的咖啡因也比羅巴斯塔種咖啡豆少了約七成。除了咖啡豆外，印尼的即溶咖啡品牌與各式咖啡糖之豐盛更是不在話下。

而這裡除了有我們所熟知的許多國際咖啡連鎖店品牌，各式各樣各具特色的咖啡店也是隨處可見，尤其在首都雅加達的中區與南區。其密度之高，選擇之多，常讓外國遊客覺得很驚喜。愛談天說地的印尼人，開會或是平常聚會特別喜歡約在咖啡店，所以咖啡店常是高朋滿座。有趣的是，這些咖啡店內提供的餐點各有千秋，有美式、印尼式、歐式甚或中式，但共同特點就是有多種咖啡任君選擇。

除了咖啡店，一般也可常見路邊傳統的小攤販或小雜貨店販賣單包的即溶咖啡包（一包3,000印尼盾，約台幣6元），有時攤販或小雜貨店也提供熱水，讓顧客即泡即沖熱咖啡（便利包加熱水，一杯8,000印尼盾，約台幣16元），因此常可見來往的行人、機車騎士或司機會順手買一杯帶著喝。

在印尼，這種即溶咖啡包幾乎在所有工作場合也是必備的，公司企業必定會撥預算準備，還包括糖、奶精等，供員工自由取用。因為咖啡價格非常普羅，幾乎人人負擔得起，所以喝咖啡對印尼人來說，實在是再自然不過的事了，有時走在路上或在辦公室內，都可聞到附近飄來的咖啡香呢。

由於全球對咖啡的需求量強勁，在二〇二三年甚至供不應求，印尼政府也與咖啡農合作，致力於從土地與技術給予支持，期望提升咖啡產量，但因為近年來氣候變遷導致某些地方咖啡的收成延遲或減少，另外或有些咖啡農選擇轉而種植經濟效益更高更穩定的棕櫚樹，故咖啡產量並未如預期的增加。

如果有機會到印尼，可別忘了喝上幾杯咖啡，或帶上幾包咖啡，品嚐這世界知名的咖啡香！

30 豐富多采的娛樂生活

如果未到過印尼，大概會被近年來信奉伊斯蘭教女性多數包頭巾的印象影響，想像印尼是個相對保守、單調無趣的地方，但是如果剛好有機會到此工作或生活，大概多會驚豔於此地娛樂生活的豐富多采。

伊斯蘭教義教導不可飲酒，所以某些亞洲國家（如日本、韓國）或是歐美澳等西方國家喜歡的飲酒派對等，在此地並不多見（除非是外國人或非伊斯蘭教居多數的場合，又或者隱密的私人招待所除外），當然酒駕肇事的社會情事也相對少許多。一般上班族因為交通時間費時費力，週間工作後的空檔頂多就是社交聚餐，週末與假日幾乎都會排定及參與自己喜愛的休閒娛樂，比起許多習慣性加班的亞洲國家，印尼的工作氛圍更傾向取得工作與生活的平衡。

在市中心大道漫步

如果以首都雅加達為例，週末清晨常見許多人在「雅加達國際體育場」（Jakarta International Stadium，印尼最大的體育場）占地甚廣的交通管制區域內健走、慢

左：週日清晨的重機隊與攝影愛好者。
右上：雅加達國際機場內配合牆上滅火器的創意繪圖（潛水活動）。
右下：雅加達週日常有馬拉松活動。

跑及進行各項運動如足球、棒球、羽球等。除此之外，p116〈23西化的首都〉一文提到的雅加達行之有年的「無車日」，每週日早六點至十一點不允許任何車輛進入平日最繁忙的市中心大道，就是希望讓大家有機會自在安全的在這個時段與這些路段慢跑、健走或騎腳踏車。這已成為首都雅加達居民日常生活的一部分，大人小孩都喜歡，也常常吸引外地、外島來的民眾一起參與。

此外，週日清晨也常常看到各個自行車隊、重機車隊，甚至高檔跑車團在一些主要街道進行「團練」或只是大夥一起輕鬆相聚，還有幾乎每個月都有不同單位或團體主辦的馬拉松，報名參與人數也非常可觀。路上如此精采，愛好攝影的個人或組織也就隨處可見，盡情隨時捕捉不同的人物與瞬間。

海上運動也不遑多讓

除了「陸」上活動，雅加達的北區靠海，假日偶可見「划舟」團體「出游」，也可見租乘遊艇（或自擁遊艇）者趁著風和日麗出海觀景。除了這樣的「海上」活動，「海下」的潛水活動也是許多「樂水的智者」心之嚮往。

印尼是世界上最大的群島國家，所擁有的海洋面積為土地的四倍大，海域從印度洋橫跨太平洋，故豐富的海洋物種讓全世界的潛水愛好者稱之為「潛水的天堂」，不只本地人，許多外國遊客也特別喜歡專程到印尼各個島嶼潛水。印尼有許多水肺潛水（SCUBA Diving）與浮潛教練班，上過一些基本課程訓練，就可以在專業協助下，潛入豐富多采的海洋世界。

我有位泰國好友非常喜愛水肺潛水活動，在泰國幾乎每個月都要排出時間去潛水，但自從多年前來印尼潛水，之後每年都一定要來一兩次，而且每次都去不同的地方，每次潛水後她都不厭其煩的告訴我：「印尼的海實在太美了！」我想一個有二十多年潛水經驗、也到過多國潛水的愛好者都如此讚嘆，那麼「天堂」之名絕非浪得虛名。

印尼不只有三萬四千英里的超長海岸線，也有許多大大小小高高低低的山。週末或長假時，本地「樂山的智者」也不在少數，許多地方都已開闢了健行登山步道，甚至有些是通往有名的火山，通常距離不短，也不易行走，有些因為地勢較高還會非常冷，但經歷了一些辛苦後所見的遼闊美景，絕對值得好好收藏在心中。

另外值得一提的是，相較於其他已開發國家，在印尼打高爾夫球的費用相對便宜，且所在之處多風景宜人，位於地勢較高處的高球場更不在少數，氣溫也相當涼爽舒適，故吸引許多國內外的高球愛好者。光是首都大雅加達區就有三十五個高爾夫球場，週末假日常人滿為患，許多球場需要事先預約，如果當天才臨時起意，到球場向隅的機會就非常高了。有些外派到此的外國人，尤其來自日本、韓國等，常常外派時間已到卻主動申請再留下的主要原因，據說多是因為希望有更多時間繼續享受在印尼的高爾夫球活動。

如果遇到長週末或是長假，印尼不同城市、不同島嶼都有其各自不同的特殊景觀、歷史人文與食物特產可深入挖掘，只要能抱著一顆好奇的探索心，定能驚嘆於這個國家自然與人文的豐富多樣，感受這個國家源源不絕的動人之處！

31 和諧平等的宗教氣氛

眾所皆知，印尼為世界第一大伊斯蘭教國家，但其實印尼社會是個信仰文化相當多元的國家（註1）。近年來因為恐怖主義猖狂，總讓人誤以為伊斯蘭教好鬥好戰，事實上除了極為少數極端以宗教為名的滋事分子，我感受到的是，所有宗教在印尼是和諧共處的。

結婚需有宗教證婚儀式

這個伊斯蘭教大國對人民的宗教選擇是尊重、大度的，但對人民需有宗教信仰則相當堅持。他們認為每個人一定要選擇某一宗教歸屬，所以印尼的國民身分證上有「宗教欄位」，而且不許空白。

另外，國家法律明定，結婚雙方須有共同宗教，而且必須在該宗教的代表地點（基督教和天主教於教堂、

註1：根據2023年資料統計，印尼人民約有87%信奉伊斯蘭教、7.4%信奉基督教、3%天主教、1.7%印度教，0.7%佛教、0.03%孔教（信奉孔子）、0.05%為其他少數宗教。其中根據歷史記載，首先傳入印尼的宗教其實是佛教，所以世界七大奇景之一的「婆羅浮屠」——世界最大佛寺與佛塔群可能建於西元8～9世紀的印尼中爪哇。

2024年9月初，天主教教宗睽違30多年再訪印尼，並與印尼伊斯蘭教宗教領袖於位在雅加達也是東南亞最大的「伊斯蒂柯拉清真寺」會面，留下歷史性鏡頭。（照片取自電視台轉播）

佛教於佛寺、伊斯蘭教則是於「宗教事務辦公室」，印尼文Kantor Urusan Agama, KUA）舉行該宗教的證婚儀式，儀式完成後會發予證書，憑著這份宗教儀式證書，法律上才認可是真正的婚姻，才可辦理之後法定的結婚證書，否則將無法受理。

若是信仰不同宗教者決定要結婚，雙方必須協調達成共識，信仰共同宗教。舉例來説，某位信奉伊斯蘭教的男士與信奉佛教的女士決定結婚（這種情況常見於印尼本地男士與印尼華人女士的結合），如協調結果是信奉伊斯蘭教，雙方就需要宗教證婚儀式，儀式完成，才能申請成為正式法定夫妻，女士身分證上的宗教欄位也需修正成伊斯蘭教。這樣的規定當然有利有弊，但我想，這對於一個家庭乃至社會的基本穩定，也許或多或少會發揮作用。

在印尼，隨處可見清真寺，或大或小，或簡單或豪華，全都來自人民虔誠的捐獻建造而成。基督教、天主教徒居住密度稍高的地區（尤其是華人區與外國人區），教堂也是不少，佛教與印度寺院則屬於少數。雖然心中敬仰的神明不同，但教導人民存好心做好事的基本方向想來應是一致的。我想這個國家對宗教的堅持確實有其道理：一個有真誠信仰的人，理論上應較敬天畏地，也許也不致於有太傷天害理的行為吧。

所有重大宗教節日都放假

印尼對於「宗教平等」還有一個特別有趣的現象，就是所有宗教的重大節日，通通訂定為國定假日。每年除了根據伊斯蘭曆法中幾個重大節日定為國定假日，基督教的復活節、聖誕節，佛教的佛誕節、印度教的新年等，全部都是國定假日。這也造就印尼成為東協國家中國定假日最多的國家。以二〇二四年為例，一年就有二十七天國定假日（這還不包含彈性放假日），而鄰近的新加坡一年只有十一天國定假日。以此而言，或許會讓在其他國家工作者有些羨慕吧。反倒是一些民族英雄誕辰、教師節、母親節（印尼的母親節為十二月二十二日），全國只慶祝不放假。由此可知，這個國家多麼重視宗教啊！

剛到印尼時，我最不習慣的其中一件事，就是清真寺每日清晨四點半就開始一天的第一次祈禱（印尼語Sholat）誦經，每日五次（註2），而且每間清真寺一定裝有擴音器，一座座清真寺唱誦的聲音透過一個個超大擴音器此起彼落，真是不絕於耳，當時我每每聽到清真寺傳出的誦經聲就醒來，一直到他們唱誦完畢，也不一定能再入睡，覺得有些惱人。後來漸漸的，就算聽到誦經聲還是可以繼續我的睡夢，到現在，除非自己醒來，這些誦經聲已無法把我從睡夢中喚醒。也許是聽久了，大腦耳朵都已習以為常了。就算還是不懂他們唱誦的《可蘭經》內容（阿拉伯文），這些唱誦的音調竟偶爾能讓我感到內心平靜呢。

避免衍生宗教或種族衝突的決心

有些遺憾的是，二〇一六年七月底在印尼蘇門答臘島北部靠近印尼第三大城棉蘭（Medan）[註3]的小城市丹戎巴萊（Tanjong Balai），有位華人婦女到家中附近的清真寺抗議誦經的廣播音量擾人，希望他們可以調低廣播聲量，但雙方溝通方式與內容趨於火爆，導致有些清真寺的擁護者欲搗毀這位女士的住家，但地方警察予以保護，所以這些人轉而燒毀當地三間佛寺，並破壞一些華人宗廟等聚會場所。印尼政府相當重視此事件，擔心衍生成為宗教與種族衝突，因此以超高效率逮捕肇事者，將之定位為個人間的衝突，並派大批警力與軍力前

註2：清真寺每日唱誦經文五次，各地根據日出日落時間略不同，大致為：早上4點半、中午12點、下午3點半、下午6點、晚上7點。

註3：印尼第五大城，位於北蘇門答臘省，約有50萬華人。因為地理位置距首都雅加達遙遠，故當時禁華文學習的法令在此地執行較不嚴格，因此棉蘭華人家庭仍多說華文，甚至學習華文。有趣的是，棉蘭華人的福建方言腔調相當接近台灣的閩南話，因此若在印尼聽到棉蘭人說福建話會覺得特別有親切感。

往鎮守情勢，事件兩天內即被控制降溫。由此可見，印尼政府強調所有宗教應和平共處的決心。

二〇二四年九月初，天主教教宗睽違三十多年後再訪印尼，並與印尼伊斯蘭教宗教領袖於位在雅加達、也是東南亞最大的「伊斯蒂柯拉清真寺」（Istiqlal Mosque）會面，並發表共同宣言，呼籲宗教和諧，勿將宗教武器化。的確，宗教應是撫慰人心，給人希望，實不該成為互相殺戮、互墮黑暗的藉口。願這歷史的一刻，能帶給人類深刻的提醒。

32 伊斯蘭教女性都包頭巾？

不知道大家是否注意到，現在台灣以包頭巾展現自己宗教信仰的印尼女移工迅速增加？二十多年前我初到印尼時，信奉伊斯蘭教的女性包頭巾是少數，現在比例則狂升至80%以上，這股潮流其實是跟隨著世界最大的伊斯蘭教國家印尼近年來的流行趨勢。

現在在工作場合、公共場所，舉目所見，各式各樣色彩豐富、風格各異的頭巾常在眼前飄逸而過，總吸引我忍不住多看兩眼。老實說，本來就不太趕流行的我實在沒想過，原以為簡單樸素的穆斯林頭巾也可如此千變萬化。數年前，因為印尼本地幾位當紅演藝界人士開始戴上頭巾，公關照片、拍攝影片、從事演藝事業時，都將頭巾納入整體設計的一環，霎時間頭巾好似在整個印尼社會爆紅，成為時尚的象徵，就好比英國凱特王妃穿過的衣服總是搶購一空般。

曾有機會與印尼最大女性雜誌《*Femina*》[註]總編輯餐敘，她擔任總編輯一職至今已超過二十年（二〇二四年十月剛卸職），對於印尼多年來的時尚脈動，以及女性生活與思維等，可算是最佳見證者。我們談到這

左：「包頭巾」已成為時尚的表徵。
右：與剛卸職的印尼最大女性雜誌《*Femina*》總編輯（左）合影。

股頭巾潮，她提及在自己成長的一九七〇至一九八〇年代，包頭巾在印尼社會其實非常少見。在她的學生時代，即使是在校規嚴謹的學校，連女學生包頭巾都屈指可數。她說印尼的傳統女性，尤其是長者，通常穿著樸素，所謂包頭巾（印尼語Kerudung），也只是輕輕地蓋住頭，與現在許多女性所使用的頭巾（印尼語Hijab或Jilbab，此形式的頭巾是需要蓋住《可蘭經》規定需要遮蓋的身體部分，比如頭、頸、胸部等）非常不同。

包頭巾的趨勢始於一九八〇年代末期至一九九〇年代初，尤其是強人蘇哈托總統下台後，政府教育部門

註：《*Femina*》雜誌內容涵蓋政經議題、家庭、健康、流行資訊、食譜等，自1972年創辦以來廣受讀者喜愛。讀者7成為職業婦女，3成為女性創業家；之前隸屬於Femina Group，旗下共14種雜誌，現更名為Prana Group。

將「包頭巾」明訂為「可接受」的學生制服一環（蘇哈托總統執政時期曾有段期間禁止所有公立學校學生包頭巾），雖然教育部門規定的立意是讓學生們可以依意志自由選擇是否包頭巾，但多數學校卻將此規定解釋成鼓勵學生包頭巾，包頭巾因而逐漸成為社會共識。尤其近些年來，又受到較保守的伊斯蘭教如中東國家，以及其他國家某些保守伊斯蘭教團體的影響，包頭巾的風氣更勝以往。現在，在印尼包頭巾的女性幾乎已隨處可見。

這位總編輯雖是伊斯蘭教徒，卻不包頭巾，她認為是否包頭巾，與選擇宗教一樣，皆是個人的自由。她總是藉著各種機會鼓勵女性要學習接受以及包容每個個體的不同，希望女性該為自己多做思考，並做出屬於自己的決定。

這位國立印尼大學畢業，且曾在國外包括美國史丹佛大學研習各種課程的高階知識分子，總是盡己之力提醒女性獨立思考判斷的重要，不需盲從，並相信自己的決定與力量。她說印尼向來是世界上最兼容並蓄的伊斯蘭教國家，她希望自己的國家能一直維持如此大度。

她的愛國之切，令我動容。原來看似單純、時尚的「頭巾」，背後竟也暗藏著一股推動女性思維、宗教，甚至國家將何去何從的力量。

33 瀟灑處理身後事

在印尼生活多年，若讓我指出印尼人最讓我敬佩之處，大概就是他們對待生死的豁達態度。本地伊斯蘭教徒對於身後事的灑脱處理讓人欽佩——在人往生後二十四小時內埋葬等事宜一定處理完畢，除非極少數特別要求，如等待遠方親人回來看最後一面。

他們認為肉體生命結束，就該瀟灑的與這世界道別。這與我們台灣在傳統上需要仔細擇日處理身後事的文化，實在大相逕庭。而在印尼的華人，也許多少受本地伊斯蘭教徒交互影響，身後事的處理，不論宗教，一般也是短暫一至三天內就會完成，連帶殯儀館也只提供停棺「一日」、「三日」或「五日」套裝選擇，也就是往生後最多也只能在館內停放五天就必須做最後處理，想要求再久一些大概都不會被受理。

用社交軟體發送白帖

在印尼幾乎不印紙本白帖，「白帖」多是電子圖片檔或文字檔，發送方式是以在印尼最普及使用的溝通媒介「Whats App」直接群體傳送，基本上手機內的聯絡人不管親疏遠近都會收到，因為在印尼的身後事大多會以辦派對的規模與方式處理，人來得愈多愈熱鬧愈好。在身後事現場，自然的吃喝、聊天交談，歡樂的程度不下於一般生日宴。在靈柩前與往生者照片或大體自拍、合照留念更是司空見慣的事。

讓人誤以為是生日宴

記得第一次的震撼是在此參與朋友母親的告別式。當時我懷著非常沉重嚴肅的心情到達殯儀館，腦海中浮現朋友母親美麗和藹的笑容，眼眶不自覺濕了……，可是一到會場，看到用大量美麗鮮花布置而成高雅美麗的場地，場地中央鋪著一整條紅毯，紅毯兩邊是許多圓桌與座椅，每桌圓桌上還布置了美麗的花卉，圓桌與椅子都用潔白高雅的絲布裝飾著，會場兩邊還擺了類似飯店歐式自助餐的食物、飲料、餐具等供人隨意取用。如果不是看到會場正前方還停了一個尚未闔起的棺木，真會誤以為這是生日宴或婚禮的場景。

這樣的場面已讓我驚訝不已，更讓我手足無措的是朋友家人親切熱情的招呼：「來來來，這邊坐啊！多吃點東西啊！」「來來來！跟妳介紹一下這是誰誰誰……。」過了一會兒還聽見有人說笑話，然後大夥兒就哈哈哈的笑成一團！當時的場景真是讓我得一直提醒自己把嘴巴闔上，不然下巴應該已經掉了好多次。

我對朋友媽媽的牌位致意了之後，真是坐立難安，站也不是，因為全場大家都圍坐一桌桌談笑風聲，坐也不是，因為我的文化教養告訴我「亡者為大」，怎能在那樣的場合輕鬆坐下？看著大家邊吃邊喝，邊嗑瓜子、剝橘子（註）、邊笑邊聊天，還有朋友們拿手機一起自拍合照，甚至到棺木旁與友人媽媽的大體合照……，而且時間還是晚上，當時我真是慌得快哭出來，感覺毛骨悚然到極致。

在台灣，一般身後事的家祭公祭等，一定都是白天進行，但印尼華人的習慣都是晚上七點至八點之間開始，至十點左右結束。結束後大家還會聊聊天，社交一下，才算圓滿。儀式在晚上的理由是，白天大家各忙各的，晚上才有空過來致意。

在印尼參加這種特殊場合，對向來膽小的我實在是一種可怕的試煉。在這樣的情境下，鼓起勇氣也就罷了，若要我微笑，甚至應著笑話哈哈大笑，總會暗自懷疑這樣會不會遭天打雷劈。

後來這兒的朋友跟我解釋，原來印尼華人相信，往生者雖然肉身生命結束，但短暫幾天內精神還在，所以要把這樣的場合當作平常一樣歡欣的聚會，大家還是照常吃喝聊天。所以前來致意者多會坐下或多或少吃一些，也不要掉淚，不要展現難過的氣息，這樣往生者才能安心離開。

在台灣，參加身後事場合總覺得有許許多多的忌

註：一般而言，告別式場合每桌桌上會準備瓜子、龍眼、橘子。印尼人相信，嗑瓜子、剝開龍眼，都隱含著讓往生者突破困難、一路好走的寓意，剝橘子也代表著讓往生者順遂之意。

雅加達國際機場內印尼語「一路順風」（Selamat Jalan）的電子看板。

諱，原則上是能避則避，但在印尼的文化有些不同，有些來致意者，會在停柩期間一天內來致意兩次，甚至停柩期間每天都前來致意。通常來致意的次數愈多，待的時間愈久，就愈顯示對往生者及其家屬的情深義重。幾年前婆婆往生後停柩三日，與我們工作上有合作的日本商社的日本員工，竟也是連著三天都穿著整齊的全套西裝到場致意，這樣入境隨俗的情義實在讓人動容。

用平常心看待無常

在印尼多年到現在，如果收到同事發訊息請喪假，隨後立即又發送「分享」與往生者大體合照的照片（有時還會比YA！或流行的愛心手勢）以茲證明，雖然背脊還是會感到一陣寒意，但也算是習以為常。常有的狀況是，今天一大清早同事請假說家人往生，快則下午已進公司上班，因為早上已將所有事情打理至埋葬完畢，慢則第二天就已恢復正常工作日作息。若不是與他們握手或擁抱致意的當下看到他們紅了的眼眶，真不覺與平日相較有何異樣。這樣堅強的心力，我從一開始的吃驚不理解，到後來更感認同且讚嘆！

只是雖然已慢慢能理解這樣的想法，在身後事場合，我最多只能做到抿著嘴，不讓眼淚掉下，要我的嘴角再往上揚些，真是怎樣都辦不到。這可說是少數一件就算過了許多年，仍無法入境隨俗辦到的事情。

對於印尼文化來說，死亡是生命必然的過程，就該用最自然歡樂的狀態，讓往生者心安的離世。以平常心看待人生中的無常，這不就是人生最高的境界嗎？

34 普天同慶的印尼國慶日

一年之中，印尼大街小巷最繽紛多采的時候，大概就是每年的八月十七日，印尼獨立建國紀念日的前後共兩週。此時處處可見各種型式鮮豔紅、聖潔白的組合裝飾，所有建築物，不論是商辦大樓或是住宅區房舍，或高階，或簡陋，皆懸掛印尼國旗，各式紅白或代表歡慶的彩色旗幟密集的佇立，隨風飄揚。

印尼的國慶日，慶祝規模真是超過在台灣長大的我所能有的想像。通常在國慶日一週前，各個地方政府單位（如同台灣村、里的地方階層），都會在該區舉辦一連串的慶祝活動，讓該區居民自由報名參加比賽，其中多以各項體育競賽活動為主，如足球、排球、羽毛球等，非體育活動則如印尼特有的紙牌遊戲（Gaple），或西洋棋、烹飪比賽等。決賽通常就訂在國慶日當天或之後的一週內，勝出者還會獲得獎品或獎金。

針對孩童則另有一些特別的活動，如吃Kerupuk（印尼傳統點心，用麵粉做成的脆餅）比賽、用竹編扇將氣球搧前行的比賽（竹編扇平時用來搧烤傳統沙爹肉串），或口啣湯匙競走的比賽（湯匙上或放有一粒傳統

左：國慶日處處可見各種型式鮮豔紅、聖潔白的組合裝飾。
右：當地人喜歡自發性舉辦國慶慶祝活動。

牛肉丸）等，孩子們玩得開心，獲勝的人還可獲得文具或玩具當獎品。

學校企業也同慶

不只是地方政府，有規模的企業組織也會藉國慶日前後舉辦年度員工運動會，名為恭賀國慶，實則是凝聚員工向心力的大好時機。

運動會項目依各企業組織或有不同，但基本上都以上述球類運動為主，優勝者也會獲頒獎牌獎金。各級學校也會在國慶日前後舉辦慶祝活動（國慶日為國定假日，故學校通常在之前或之後舉辦）：全校師生穿著象徵國旗的紅白衣褲到校，恭敬的唱國歌升旗後，就開始一連串的競技活動，活動幾乎都會與印尼傳統的文化或生活有連結。前述三項孩童的活動則是放諸全國必有的活動。當日的點心與午餐，家長多會準備傳統印尼食物，讓孩子在學校共享。當天「有吃又有抓」，大家同樂，不用上課，真是皆大歡喜。

許多百貨公司，不論是本地或是外來的（如日本的SOGO百貨、西武百貨等），均會把各品牌服飾中紅色與白色系列都拉出來特設成「國慶」服飾專區，商場與各公共場所內放的音樂也改為激昂的愛國歌曲或是溫柔動人的傳統民謠[（註）]。各種食衣住行相關的廠商，定會在國慶日前後兩週或當日推出與「8」「17」兩個數字相關的各種活動：如給予8％加上17％的折扣，或快餐店推出特殊套餐只要價印尼盾81,700等。

小販也賣各式國慶飾品

另外，在許多大馬路兩旁，國慶日前會增加許多流動攤販，賣的不是吃的，而是與國慶日相關的各式裝飾品，大自幾公尺長的紅白扇形橫幅彩布，或是各種尺寸的國旗，小至可掛在車內或擺在桌上的紅白精緻吊飾……，各式各樣，林林總總。平日穿梭在車陣中賣零嘴飲料、報紙雜誌、玩具雜物等的小販，也會改賣或增賣紅白相間的小飾品或是可愛的小國旗。這些飾品的設計，一年比一年精緻，一年比一年多樣。常常還未到印尼國慶日，感覺整個社會與人民都已沉浸在繽紛的歡慶氛圍裡，讓人不禁也跟著歡欣期待了起來。

註：此時在公共場所聽到的樂曲，在台灣成長的我們可能會覺得熟悉，因為如老歌「甜蜜蜜」、「船歌」等，其實都是來自印尼的傳統民謠。

印尼有一萬七千多個島嶼，三百多個民族，七百多種方言，但是共同慶祝的，就是八月十七日這天獨立建國。聽到國歌，人民會自發性立正，並將右手掌輕放左胸前，以表達對國歌的尊敬。國慶日時，許多社會上的意見領袖總不忘提醒大家，印尼之所以能獨立建國成功，是各種族、各宗教人民的齊心努力，並非單一族群少部分人的功勞，但願大家能以開闊的胸襟包容這個國家內的異同。社會中當然也有許多不同紛雜的意見，但至少在國慶日，舉國氣氛是一心與歡騰的。這個比起台灣也許更複雜、更多元的國家，為共同的和諧與進步所做的努力，讓人感動。

35 可愛的小小兵說的是印尼語

打從第一次在電影院看到可愛單純如單細胞生物的小小兵（Minions）就被深深吸引，他們無論做什麼事都不瞻前顧後、一股腦兒勇往直前的衝勁與勇氣，常叫人拍案叫絕，對主人與夥伴們一片丹心的傻勁讓人莞爾之餘，更是感動。

電影中小小兵有自己的「小小兵語」，他們之間七嘴八舌的交談，聽來熱鬧，其實卻不知所云，但又可從他們的表情動作大致猜測其意。

有次看到一半時，我突然間聽到一句熟悉的印尼語「Terima Kasih」（謝謝），電影情境中也正是小小兵得到禮物時的道謝。乍聽之下覺得有些不可思議，原本還懷疑自己對印尼語有移情作用，但觀賞完整部電影，發現竟然真的此起彼落用了好幾個印尼語——有些詞彙的意義完全符合當時劇情與意義，如上述的「謝謝」，或者小小兵呼喊同伴「Cepat lah」（動作快些），或者看到英國伊麗莎白女王畫像，小小兵說的驚嘆詞為「Paduka Raja」（國王陛下）。有些則是辭意與情境完全無關，如在夜晚無法獨自睡覺的小小兵吐出的一句話Nasi Goreng

Kecap Manis，口氣聽來有點孤獨又自憐自艾，但其實整句印尼語直譯為「甜醬油炒飯」，以及印尼料理有名的烤沙爹（印尼語Sate）也幾次出現在對話中，但對話內容卻與食物完全無關。

小小兵說印尼語的背後

後來才得知，小小兵系列作品的導演兼動畫家兼配音演員皮爾．柯芬（Pierre Coffin）原來有著印尼血統。他的父親為法國外交官，母親Nh．蒂妮（Nh.Dini）為印尼著名的小說家及女權運動代表人物之一。他母親的作品在印尼文壇有著重要地位，文評家認為她是少數能將女權主義完美轉換為文學作品的作家之一，甚至曾在二〇〇三年獲得東南亞文壇最高榮譽——S.E.A Write Award（註），由此可見其母親作品的影響力。

可惜的是，父母在他十七歲時分居，七年後正式離異，皮爾跟著父親到法國生活，因此不太會說印尼語，只記得一些簡單的詞彙與語句。他的母親在離異後隻身回到印尼，晚年獨居於養老院，二〇一八年於一場車禍中往生。

他曾在印尼媒體的訪談中，承認完全沒能讀過母親的任何作品，因為母親的作品從未翻譯成英文或法文。如此因為語言造成的隔閡，會不會是如此優秀的母子二

註：此獎項自1979年創辦至今，每年都授獎給當年最受肯定的東南亞國協國家的作家或詩人。

在全世界有許多粉絲的小小兵說的是印尼語。攝於日本環球影城。

人人生中的遺憾？小小兵電影中的印尼語，想傳達的會不會其實是他對母親的思念？

能說印尼語感覺更親切

其實，多數印尼人對於能說印尼語的外來客往往顯得更加熱情，如兒時曾住過印尼六年的美國前總統歐巴馬在任內曾到訪印尼，一般而言，印尼整體國情並非特別親美，偶爾或者更偏反美，但是當歐巴馬在公開場合演說時，第一句話以印尼語「Apa Kabar」(你好嗎？)向大家問好，接著只不過連講幾個兒時記憶中的食物單字：Bakso（肉丸）、Sate（沙爹）、Nasi Goreng（炒飯），就算與演說內容完全無關，旋即獲得如雷喝采。至今歐巴馬仍是多數印尼人最喜愛的美國總統，甚至把他視為自己人。（但歐巴馬並無印尼血統，只是隨印尼裔繼父在此生活六年，即隨再度離異的母親離開。）

會說印尼話的小小兵無疑也讓許多印尼人覺得特別親切。當由我負責管理的飯店要推出贈送給客人的紀念禮品，行銷部門同事們第一個想到的就是訂製小小兵造型的靠枕。一推出果然獲得大小客人們的喜愛，為飯店帶來一股小小兵旋風。

另外，之前於世界羽球聯盟（Badminton World Federation, BWF）排名世界第一的印尼羽球男雙好手蘇卡穆約（Kevin Sanjaya Sukamuljo）與吉德翁（Marcus Fernaldi Gideon）在球場展現的熱能勁量也深受當地球迷追捧。台灣球迷為贏得奧運金牌的羽球男雙王齊麟與李洋取名「聖筊麟洋」，印尼球迷為此自家男雙組合取名的暱稱就是「Minions」（小小兵），除了以此表達對他們的喜愛，另一原因是他們二人身高分別為一百六十九公分與一百七十公分，屬於體型較小的球員，就連世界羽球聯盟的報導只要提到他們，也直接以小小兵稱呼。

以往看小小兵，僅單純覺得娛樂性高。自從聽出他們說印尼語，感受著其中有創作者或對母親、對童年，對原生家庭的深深依戀、複雜情感，又或者，他是藉著看似歡樂無憂的小小兵們，抒發內心深處無處可訴的遺憾……，現在看小小兵，有了更多不同的感受。

PART 3

南方江湖工作經驗談

開 展 事 業 新 天 地 ，

因為不加班，所以在印尼工作反而「累」？
工作穩定度高，但傷腦筋的是只會按表操課？
喜愛制服帶來的歸屬感與榮譽感？
工會一聲令下，大家就乖乖罷工？

先 搞 懂 這 些 職 場 潛 規 則 ！

一到雨季，人人身體不舒服請假？

懂得尊重齋戒月與祈禱，合作才會更順利？

開工或離職，先說「請原諒我過去所犯的過錯」就對了？

法律保護勞方甚於資方，要開除員工前請三思？

36「慢慢來，慢慢來，只要安全就好了」

到雅加達後，我的第一份工作是在眾信會計師事務所（Deloitte & Touche）擔任財務顧問。在台灣習慣了朝七晚九的工作型態，到了印尼，看到大部分伊斯蘭教同事們下午四點半就開始洗手洗臉準備祈禱禮拜，大家準五點就下班回家，不加班為常態的工作態度，實在頗不適應。

他們下班前，我總是著急的詢問某項工作按計畫是否應今天完成？而得到的回應大多是輕鬆的微笑著說：「沒辦法，明天再做囉。咦？妳怎麼還不回家？」許多需要團隊完成的工作，只有我一個人乾著急，死了一堆細胞也無助益，最後只能慢慢調整自己的步伐與心態，以入境隨俗的態度工作。日子一久，當我望著下午五點後，半小時內即空空蕩蕩的辦公室，我突然想不起來以往在台灣天天加班時到底加速完成了些什麼？

不僅如此，印尼的工作步調對於天生急性子的我真是嚴酷的考驗。在台灣從學生時代的快快快，進入社會後也是快快快，每個人都走路快、動作快，處處講求高效率。以前在台北的投資銀行上班，聽到同事的高跟鞋

每當聽到印尼俗諺「Alon Alon Asal Klakon」，我腦海中就會浮現可愛的蝸牛。

步伐聲，永遠是叩叩叩叩叩……，節奏大概都比心跳快好幾倍，但在這熱帶國家的辦公室內，所有人的步伐幾乎都是一派從容。之前有部大賣的電影《動物方城式》（Zootopia）中，可愛樹懶的言行緩慢程度，總讓我想起乍到此地對同事的感覺。

以修煉之心慢慢來

在印尼有句Google翻譯無法直譯的話語：「Alon Alon Asal Klakon」。第一次聽到這句話時，我乖乖的把印尼語字典拿出來一個字一個字慢慢查，卻查不出所以然，後來才知道那是爪哇話（爪哇島方言），但現在已成全國通用慣語，意思是「慢慢來，慢慢來，只要安全就好了」。

常聽許多在印尼工作的台灣同胞或是來自東北亞國家的人（如日本、韓國、中國等）抱怨，在印尼工作「好累」。其實細想，印尼整體工作環境不時興熬夜或週末加班，也不似在某些國家需要勸酒狂飲的交際應酬，到底在累什麼？我想「Alon Alon Asal Klakon」可以解釋一切。

像我們這樣從小成長在步伐快速、競爭激烈的東北亞國家，習以為常的效率在印尼可說是可望不可即的夢想。急性子如我也是費了好大力，花了好多年，才慢慢接受這樣的「印尼風」。但從接受到習慣，其實尚有一段距離，所以這幾年也是以修煉的心在職場上好好面對現實。

比如我們公司新建的辦公大樓內有五座電梯，在短短一個月內，每一部都故障過，而且不只一次，問題有大有小，幸運的是沒有同時發生，所以辦公大樓的運作一切正常。但這號稱是世界知名「瑞士原裝」的高級電梯，在建造大樓時可是付了高額價錢購買，每月更付出比其他電梯品牌（如日本三菱、韓國現代、LG等）高出整整兩倍的維修服務費，品質卻如此不堪，真是是可忍孰不可忍。於是我們提出需與電梯公司高階主管與維修團隊開檢討善後會議的要求。只是這需三組人馬參與的會議，光是敲定日期的溝通往返就相當費時，會議時間訂定後又發生兩次當日早上臨時要求改期，等到真正開會那日，已是原預定開會日的兩週後。

會議決議善後的處理，又因電梯公司內部部門間協調問題一延再延，最讓人氣急的是，有些該更換的電梯零件，電梯公司管理階層的回答竟是「不知何時才有貨」。這家公司是該瑞士電梯品牌在印尼的獨家代理，所有原裝零件都須透過該公司訂購並換裝，根據合約規定，若是透過其他公司購買非原裝的零件，萬一之後電梯產生任何問題，該公司有權不負責。但是，在這樣獨占市場的情況下，他們卻也無法確認某些零件何時才有貨？這樣的回覆，我感覺自己要不是有天會發生卡在電梯的狀況，就是我的大腦在試圖理解他們營運邏輯時會卡住。

但是我發現，這整件事只有我一人急得跳腳。對電梯故障提出抱怨的辦公大樓租賃客戶、電梯公司，甚或我們公司的同事，在得知一次次的會議與處理延宕後總只淡淡說：「噢，這樣也沒辦法。」然後就各自回去做自己的事，只剩我一人頭冒青煙、感受全身血壓爆衝的暈眩感，在工作中，一次又一次。我想，這就是在印尼所謂「工作的累」——那真是心理影響身體的累，想跑，腳跟卻被綁住的累。

永遠有明日

但有趣的是，這裡的大家卻是一片祥和，彼此間沒有嘶吼爭執，沒有面紅耳赤，每個人就是平靜的、理解的、接受相互間提出的所有理由，然後再重新訂立新約定。印尼人傳統上普遍相信：慢慢來，慢慢做，結果一定比急就章好。當然，我們有句成語「欲速則不達」也是類似概念，只是這兩者間對於「速度」的定義還是有相當大的差異。許多時候，我也只好在心中默唸「Alon Alon Asal Klakon」，然後腦中想著看過的一張海報，是一隻平靜安詳的蝸牛特寫，並標上這句話。蝸牛實在太可愛，想著想著我的氣也慢慢消了。

其實蝸牛慢慢爬，總有到達的一天，小時候唱過的兒歌「蝸牛與黃鸝鳥」早已教導我們這個道理啊！氣壞身體沒人替，在印尼工作與生活，還是多多默唸這句印尼箴言吧。小時候課本總教導我們：「明日復明日，明日何其多？」「今日事，今日畢。」但在印尼普遍的工作風氣與文化是：「明日復明日，永遠有明日。」「今日事，只要有畢的一天就可以了。」大家笑一笑，緩一緩，一起從容過日子豈不甚好？如果要著急，那可就是自己的問題了。

37 按表操課的習慣

二十多年前，許多台商配合當時政府的南向政策到印尼投資，但當大陸經濟逐漸加速開放後，大部分台商或許考量語言與文化等因素，紛紛將重心轉往中國。但近年，許多台商與外商又把投資重心轉向印尼，我個人認為除了因為看好印尼強大的內需市場（世界第四大人口國家）、青壯工作人力占總人口比例高（註），還有一個數字資料無法顯示的要素——絕大部分本地人的良善單純。

凡事需有詳細工作指示

有別於一般對激進伊斯蘭教分子的刻板印象，大部分生活在印尼這片土地的本地人，多是樂天、良善與單純。但這個特質當然也是一刃兩面。對大部分製造業而言，這樣的員工通常會造就出相對穩定的生產工作環境。只要清楚告知工作指示與內容，按部就班的給予工

註：根據2024年統計，印尼14歲以下占總人口的24%，15至64歲青壯占總人口的68%，65歲以上占總人口的8%。

需要24小時運轉的工廠對SOP更加重視。

作訓練，SOP（標準工作程序）有詳細的明文紀錄，除非有特殊的工會運動（詳見p189〈40工會力量大〉），否則一般而言，員工的高穩定度通常也可使生產成果在預期範圍之內；但相對的，也不容易有超出預期的意外驚喜，因為通常員工只會按表操課，自我激勵與突破的例子較為少見。

對於大部分的服務業而言，這樣單純（或該稱呆板？）的員工就需要給予更多的指導與更加詳細的規定。十多年前當鼎泰豐開始在雅加達開設分店，我正好在店內碰上台灣鼎泰豐的訓練小組。台灣來的訓練小組預計待十天，也許剛好碰到同胞，也就特別開朗熱情的與我分享在這裡訓練的經驗。

這位組員提到，公司規定餐桌上的醬油、醋等醬料瓶，需要維持一定的容量高度，不可出現讓用餐客人無醬料可用的狀況。這看似簡單的規定，在台灣從沒出現過什麼特殊狀況。但在雅加達，他們驚訝的發現，當用餐熱門時段店外客人已排成人龍，或餐廳高朋滿座，但許多客人都還尚未點餐之際，餐廳內的服務生不是忙著帶位、點餐，有好些人卻是忙著把桌上的醬料瓶慢慢加滿，就算瓶內醬料還有九成滿。當地受訓的員工想著的是：「在客人用餐前，醬料要裝滿以符合公司規定。」然而，應該先招呼外面已等候許久的客人入內、或是優先處理店內客人點餐，醬料瓶就等非尖峰用餐時段再補足即可……，這些我們一般「想當然耳」的彈性處理方式，卻會對本地員工「造成困擾」，因為不符合公司的規定。

規定也要因地制宜

後來台灣的訓練小組想出的方法是，在所有醬料瓶的固定高度（大約六至七成高）處貼了透明膠帶，對本地員工做出更明確的規定：在餐廳忙碌時，若瓶內醬料的高度未低於膠帶所貼高度，則毋須填滿，以招呼客人入座、點餐、上菜為優先；補充醬料則待非用餐高峰時間再處理。有了這樣更詳細的規定與解說後，員工「無所適從」的情況大大降低，作業流程也更有效率。直到現在，鼎泰豐在印尼已發展多年，光是首都雅加達就拓展至十多家分店，拓展速度與密度真是驚人的高，想是特別為印尼市場調整過的菜單（詳見p253〈53清真認證的廣大商機〉），與得當有效的員工訓練，讓鼎泰豐在此廣受大眾青睞。

現在當我再到雅加達首家鼎泰豐用餐時，總會拿起醬料瓶看看。現在瓶上已無膠帶，但有些瓶身上仍有以往膠帶黏著的痕跡。看著餐廳流暢的經營著，真是不得不佩服台灣鼎泰豐的訓練小組。他們成功的因地制宜，給予這裡的員工最好的榜樣與最適切的訓練。在印尼每次到鼎泰豐用餐的時候，心中就又再深深的感謝他們一次——讓離鄉背井的我們能在異鄉還有著高品質保證的鼎泰豐，實可略解偶爾嘴饞的鄉愁呢。

近幾年，台灣的珍珠奶茶也在印尼大受歡迎，當我看見珍珠奶茶店員工總是先把外帶杯放在一個小磅秤上，再舀珍珠放入杯中，直至磅秤顯示規定的重量後才將奶茶或其他飲料加入，如此「小心謹慎」的控管珍珠的重量與數量，也是不得不佩服公司因地制宜，規定這麼詳細的標準作業流程。雖然如此做法相較於台灣店員們總是以目測舀一大湯匙珍珠更加費時耗力，也增加客人排隊時間，但相對的出錯機率就低，也更確保可以喝到有台灣品質保證的珍珠奶茶了。

38 制服情節

在印尼會發現穿制服的人很多：一般政府公務員、警察、軍人等穿著制服是必然；所有大樓的警衛、清潔人員也穿制服，這也可以理解；工廠勞工因為整齊易管理，制服也是必要的。但是大部分公司行號的員工，不論公營與民營，也穿制服，甚至許多家庭雇用的住在家中的保母、司機、園丁等也是天天穿著制服上工（每週五的Batik日除外），這就有別於其他國家了。

從頭到腳都穿制服

雖然法律並無明定，但如上述許多行業，不論隸屬公家機關、民間機構或私人都會提供制服給工作人員，而且不論舊制服是否受損或須淘汰，每年定更換一次（或換款式或不換）。此外，公司每年發予每人兩套新制服，通常也是員工福利之一。這裡所謂的「制服」，是從頭到腳，包括頭上戴的帽子或女性頭巾（有些女性伊斯蘭教徒喜歡包頭巾以示對宗教的虔誠）、身上穿的衣服（有長短袖、外套襯衫、裙褲等），也包括腳上穿的鞋子（大多是勞工階級或工程師）。

辦公大樓的警衛，每個人身上的制服總是筆挺。

剛到之初，這總讓我回想起成長時在學校必穿制服且規定嚴苛的日子，因而一直認為這是個不自由且不合時宜的規定。過了幾年，當我有機會可以擔任公司決策者時，在第一次的內部會議，我提出要廢除「制服」制度，原以為會受到大大的歡呼，結果看到的是大家面面相覷，一陣靜默。我有些不解，但仍自以為做了一個「為民除害」的好決定，還可幫公司省下每年的一筆開銷，自覺真是兩全其美。

結果隔天有位被眾同事推派出的代表來跟我談，希望可以取消這項決定，因為同事們還是希望可以穿制服。我心想：「大丈夫一言既出，駟馬難追。」更何況追求自由是人的本性，想穿制服一定是少數人的想法，所以我也自豪的想來個「自由民主」的方式讓那小部分員工有臺階下，於是第二天在公司內採用不記名投票，並要求少數服從多數，結果竟然是：眾人無異議一致通過繼續穿制服！這真是讓我驚訝到說不出話，沒想到自以為得意的投票法，原來是讓自己有臺階下啊！當然，公司後來還是繼續穿制服的傳統，而我也只好安慰自己：「沒關係，我本來就不是男子漢大丈夫啊！」

制服代表榮譽感與權威感

漸漸我也才明瞭，許多印尼人其實把「制服」當作是一種有工作的榮譽感與權威感，尤其是從較偏遠島嶼或鄉村來到城市工作的人。一方面是工作賦予他們的榮譽責任感，而從現實面來說，這更可以讓他們節省許多開支。

印尼人對制服的尊敬，從他們身上見不到有皺褶或髒汙、永遠筆挺整潔的制服就可看出。不論是公務員、公務機關的軍警、民間如各個公共場所的警衛團隊、清潔團隊、維修團隊、公司員工、司機等，制服永遠可見被燙出的筆直線條，到處都能看到這麼多穿著「精神抖擻」制服的人們，這在其他國家真的很少見。這樣的習慣與文化，傳達出對自己工作的熱愛甚或是自豪，也展現出對旁人的善意與尊敬。「人必自重而後人重之」，如此對工作與生活的態度，讓我感動尊敬。

因為印尼人天生對制服的愛好，所以想在這裡發展的公司或企業，別忘了每年都得編一筆預算為員工換購制服。如果每年的樣式設計或顏色能有些變化，就更受歡迎了。這也是為何在印尼設計製作制服的行業也相當興盛，熱門店家有時還得好幾個月前預訂，而且訂購數量沒達到一定程度，還會被拒接單呢。

但其實這種制服政策也容易衍生出或多或少的問題，例如尚未到更換時間，但員工制服已有毀損時，公司可補發或員工須自行負擔換新成本的前提條件，公司都應事先訂定詳細準則，才不會事後為了這樁美意，壞了雙方的和氣。

在這裡有時候看著各式不同的制服，也變成趣事一件，例如在某日本餐廳發現員工穿著用Batik布料製成的日式和服，真是美麗又有創意。如果公司制服以外，再給予員工「公司識別證掛牌」，他們更加喜歡，因為如此對工作會更有歸屬感、安全感，甚至榮譽感。

39 規則就是規則

在印尼認識許多各行各業的朋友常常提醒我，儘管印尼人大多良善，但不免還是有少數人有「欺善怕惡」的人性，在這裡工作或對待周遭的人，尤其是在工作場合看起來相對較弱勢的人，一定要捨棄「婦人之仁」。因為國情不同、文化不同，規則就是規則，千萬不要因著「仁心寬厚」而讓自己陷入泥淖。

對於這樣的講法，我總是不置可否，因為看了許多在印尼的老闆、管理階層，甚或一些嬌貴的太太與小姐，對下屬或服務人員頤指氣使、得理不饒人的樣子，實在有違父母教給我的敦厚家訓。

員工貸款最好有詳細規定

但這樣的想法後來逐漸受到一些挑戰。比如在工作上最常碰到的問題就是同事們因為各種理由需要預支薪水或借錢。印尼銀行一般的借款利率相對高（超過7%），所以大部分人若有急用需要，第一個想到的絕對不是銀行，而是向公司、老闆、親友借錢，因為不但可以分期償還，通常利息一定比銀行相對低，甚或有佛心的企業／老闆／親友給予免利息償還。

所以對於提供員工貸款，公司最好制定詳細規定，包括依職位、工作年資、貸款原因等，而給予不同貸款額度與歸還期限的一套遵循依歸。當主管的初始幾年，只要有同事在我面前一掉淚，我幾乎二話不說一定借，後來發現每個人的人生故事真是林林總總，如果對每一個都如此回應，真會應接不暇，當然，也有好幾次後來證實，讓人鼻酸的故事並非全真，但頭也不回拿走的錢卻是真的。自己的惻隱之心有時非但未能幫忙解決問題，反而造成組織內因規則一再被破壞造成不公。

又例如有回某幾位同事向我請求，週六讓他們借用公司車出城郊遊。事實上根據公司規定，公司車只提供公務用途，不可挪為私用。若私人真有必要借用應急的狀況，必須是公司正式員工（非契約員工），並需要填寫借用表格，詳載日期、事由，以及借用期間始末的公里數等資料。

這些向我借車的同事，其實都是新進公司剛滿一年（仍屬合約制，非正式），無論就租借人員的資格或事由來看全都不符合規定，我卻禁不起他們渴望出遠門玩樂一天又希望節省租車開支的請求，點頭放行，只叮囑他們開車小心。

從婦人之仁中學會教訓

結果週一上班，就接到公司警衛報告，週六深夜公司車雖已歸還，但是週日早上八點，某位參與郊遊並負

國際品牌服飾店如UNIQLO除了一般全球統一的產品，也會推出符合當地市場的服飾。

責保管車鑰匙的同事假借我同意的名義，再度到公司開走車子並載著女友同行，直至晚上八點才歸還公司車。剛開始他辯稱只是去洗車、加油，而且來回才一個小時。直到人證物證聚齊，他又辯稱原本的洗車加油計畫因女友父親臨時急症，所以只得開車將之送到醫院。

但再看看他當天開車來回兩百多公里的紀錄，怎麼都很難讓人相信一而再、再而三的謊言，更別提這當中他試圖教唆做紀錄的警衛幫他圓謊，而他本身的職責就是管理警衛的總務部員工。這樣利用人與人之間的互信，卻做出違反規定的欺騙之事，實在讓我感覺受傷。但回頭想想，同事固然有錯，我濫用婦人之仁的決定而破壞公司系統與規則，又何嘗沒錯？

又比如有位身為中階主管的同事給我看她父親在加護病房的照片，希望向公司預借一筆相當於她六個月的薪水。其實按照公司規定，她無法預借這麼多，但她淚眼汪汪的說實在無他法可想。感受到她迫切希望救回父親的心意，加上她再三保證絕對會還款。為了不破壞公司規定，我決定私人幫忙。沒想到，我轉帳後隔天她就沒進公司上班，而且完全失聯了。

工作上一次次的教訓，我漸漸學著拿捏處理這些人事的平衡點。敦厚之心是我人生最重要的價值之一，所以仍會保持柔軟體貼的心去看待對方的要求，但如果與原則規定相抵觸，我已學會用堅定的眼神及語氣，並心平氣和的告知該處理的方式。我發現，只要態度誠懇，說之以理，就算是拒絕對方的要求，即使當下或有不悅，慢慢他們也可了解接受，系統制度規定也因而得到尊重。當然仍會有少數不接受的人，那麼也只能抱著「合則來，不合則去」的態度順其自然了。

其實我倒不認為這是文化不同的問題，而是人類基本通性。印尼畢竟是發展中國家，若依照美國心理學家馬斯洛提出的需求層次理論來看，絕大部分印尼人或許也只滿足了最基本的生理與安全需求，也許須等到絕大部分人口的經濟改善、教育提升，人與人之間更強的同理心才會成形，進而人們才會有自尊的需要、自我成就感的需要，之後彼此尊重的社會風氣也會形成。但在那之前，還是得常提醒自己：規則就是規則。

40 工會力量大

有些國家的工會設置只是因應法律規定，但在印尼，工會組織的力量相當強大，這也與大部分人民的性格都相對單純有絕對相關。在印尼，勞工罷工或上街頭時有所聞，而發起人多為公司或產業工會的少數幾個幹部，起因不外乎是要求加薪與福利，不論合理與否，只要他們登高一呼，相對單純的大部分人幾盡響應，罷工或上街頭的規模也相當龐大，這也就是為何印尼的基本工資幾乎年年以驚人的比例調漲，超過10%也不讓人意外（註）。

爭取更多的宗教年節獎金

除了每年年底對基本薪資的抗爭，每年伊斯蘭教齋戒月前也是員工抗爭的高峰期，為的是掙得更多的

註：政府對基本薪資的訂定是根據地區與行業別而有不同。以首都雅加達為例，2015年平均最低基本薪資相較前一年調漲22.7%，2016年平均最低基本薪資年調漲14.8%，2017至2020年平均最低基本薪資調漲維持大致為8%，2021年與2022年新冠疫情期間考量多數企業經濟艱困故訂在1%，2023年又因工會抗爭，調薪幅度竟為10%。相較於台灣過去多年來最低基本薪資每年調整的幅度皆在1%～3%，感覺真是有些小巫見大巫。

即將集結示威的勞工。

「宗教年節獎金」(印尼語Tunjangan Hari Raya，簡稱THR)。印尼法律規定，所有公司(雇主)必須在宗教年節的一至兩週前發給所有員工相當於一個月薪資(基本薪資加上每個月固定的現金津貼等)的宗教年節獎金。但有些產業或企業的工會總會趁機要求更多，不論合理與否。

以我們集團內鋼鐵公司為例，二〇一五年，工廠同事早在印尼齋戒月前三個月就發起抗爭，要求公司給付更多的年節獎金。事實上，之前一年世界鋼鐵業並不景氣，公司的營運處於虧損狀態。但工會兩、三名幹部在工廠內散布謠言，宣稱公司有獲利，當然應該多發些獎金，但其實公司帳面的獲利來源只是帳上貨幣匯兌所得，並非真正現金獲利。管理階層雖已試著與工會幹部解釋溝通，工會幹部其實也已了解，卻為了顏面騎虎難下，只好繼續帶領抗爭。

讓人哭笑不得的罷工結果

大部分同事受工會洗腦，進行將近一個多月的罷工，造成公司巨大的虧損，直至齋戒月前，工會幹部眼看場面無法收拾，主動與管理階層溝通，希望公司可以贈送每位同事兩盒年節餅乾禮盒，讓工會幹部有臺階下。公司綜合考量所有因素，接受提議，而這場兩敗俱傷的大規模抗爭，最後竟以餅乾禮盒收場，工廠同事領著本來公司就會發予的一個月薪資年節獎金與兩盒餅乾，開開心心的準備過年。他們絕大部分大概都不清楚也無法想像，手中這兩盒工會「為大家爭取」的餅乾禮盒背後，公司已承擔了多麼巨大的損失。

類似這樣讓人哭笑不得的例子，還有幾年前，鋼鐵公司工廠同事要求每日餐費津貼應調漲五倍（不是5%或50%，是500%！），經過長達一個月工會帶頭的抗爭，最終與管理階層協調達成的成果是——工會提議公司每週要購買兩次鮮奶放在工廠，供同事補充體力，而餐費津貼還是依政府當時規定的調漲10%，工廠同事們也欣然接受這項「協議」。好像有了鮮奶，也沒人記得最初提議的是讓人掉下巴的五倍調幅。

不只是公司內部有工會，各個產業也還有產業工會。產業工會對個別公司工會的強力介入也時有所聞。

有時針對某些議題，比方說，二〇一五年五一勞動節，許多產業工會發起罷工大遊行，訴求政府強制資方提高所有勞工的福利。有些公司工會其實並無意見，但受迫於產業工會的強制力量（例如恐嚇派人破壞該公司工廠或日後可能對該公司工會不支持等），因而指派代表參與罷工遊行，以示同心。工會的威力，可見一斑。

如此經驗在各產業、各公司企業或多或少都會遇到，本地人易被煽動的單純與樂天的善良，有時真讓人覺得又好氣又好笑，卻又讓人心疼。

41 保護勞方甚於資方

印尼的法律是保障勞方多於資方，最明顯的例子就是法律對於開除員工的保護。印尼法律規定，公司若要開除正職員工，最慢須於一個月前告知，否則員工可以控告公司違法而進入法律訴訟程序，同時也必須給付員工包括「離職金」（印尼語Uang Pesangon）與「感謝金」（印尼語Uang Penghargaan）兩部分。

■「離職金」的計算法為：

• 在公司工作滿一年及未滿一年，給予一個月薪資的離職金及一個月的津貼補助（如交通費、餐費等）。

• 在公司工作滿一年未滿兩年，給予兩個月薪資的離職金及兩個月的津貼補助。

• 在公司工作滿兩年未滿三年，給予三個月薪資的離職金及三個月的津貼補助……，以此類推。

■「感謝金」的計算法為：

• 在公司工作滿三年未滿六年，感謝金為兩個月薪資及兩個月津貼補助。

印尼是東協（ASEAN）幅員最廣、人口最多的國家。

• 在公司工作滿六年未滿九年，感謝金為三個月薪資及三個月津貼補助。

• 在公司工作滿九年未滿十二年，感謝金為四個月薪資及四個月津貼補助……，以此類推。

也就是說，如果公司決定要開除一名在公司工作三年多的員工，公司相對須給付該名員工四個月的薪資與四個月津貼補助為離職金，外加上兩個月薪資及兩個月津貼補助的感謝金，也就是該名員工離職時，合法可以領到共六個月的薪資與六個月的津貼補助。法律以此警惕企業要開除員工時得考慮再三，因為開除成本實在不菲。這也就是為何印尼法律可以容許企業對員工簽三個月到一年不等的第一期試用期合約，到期後可再延簽四次或試用期總長最久為期五年。通過試用期（三個月到五年不等，視勞方表現與資方決定而定）才算公司的正式員工。

另一個情況是，企業開除員工的原因是出於員工自身的過失（如偷竊或違法造成公司損失等），企業按照規定（在印尼勞工部法規規範下，資方與工會達成的協議規定）決定該員工的過失嚴重等級來計算離職金。情況最嚴重者，該員工則被視為自動離職，但企業仍須給付該員工應得的離職金與感謝金的15%。

由此可知，員工不論是在何種狀況下離職，基本上都獲得一定程度的保障，尤其是本身未犯錯卻因企業雇主種種因素考量而被開除的員工（註1）。這樣保護勞方的規定，當然也相當程度增加資方的成本，因此企業雇主對於決定員工是否升為正職總是審慎考量再三。

因而將某部分工作「外包」的情況也很常見，如部分技能要求較低的工廠勞工、水電維修人員、清潔人員、警衛、司機等。企業外包給第三方人力資源公司，這些外包人員在法律上隸屬人力資源公司，而非企業雇主。所以雇主若不滿意該員工表現，可要求人力資源公

註1：印尼勞工部基於保護印尼勞工的立場，對於員工在各種不同情況下的離職，如公司合併、倒閉，或員工本身身心狀不佳甚或死亡等情況，都各有非常詳細而繁複的離職金計算規定（例如尚未使用的年假須折合現金、出差費的處理等）。在符合法律的情況下，也尊重和允許企業組織、公司行號等各自斟酌訂定。故詳細的離職金計算仍須以勞工部最新更新的法律與公司政策為依歸。

司撤換人員而不必增加額外支出，企業主也可以藉此降低營運成本（註2）。

推動新法吸引投資者

二〇二〇年十月，印尼國會通過「創造就業綜合法案」（Omnibus Law），這項新法案外界一般認為只是把印尼先前相較於世界各國過度保護勞工的法規，往較合理的方向做調整，意在吸引外國投資，並促進國內資方投資的意願。立意雖佳，可惜人性「由奢入儉難」，要掃除由來已久的積弊並非易事。以下列舉幾項新舊法比較：

■關於薪資

例如「最低薪資」的訂定，之前法令允許各省、各行政區、各市自行訂定，結果遂有現在整個雅加達大都會區內各地最低薪資不同調的狀況——如與雅加達相鄰的第三大人口城市勿加泗，即便物價水準較首都雅加達低得多，但最低薪資卻足足高出雅加達7%，唯一原因就是勿加泗市長為了選票考量，硬是應允訂定較高的最低薪資。新的法令則明訂未來最低薪資將統一以省級為決策單位，希望能消弭地方政府各自為政的亂象。

另外，之前每年最低薪資的調整漲幅計算為：前一

註2：一般而言，與人力資源公司簽訂合約，除了支付外包人員的薪資外，每個月都須繳交一定數額的「人力管理費用」，通常是外包員工薪資的6%～12%不等，雖然費用不低，但比起員工離職的高額給付與可能的官司麻煩，許多企業還是寧願選擇與人力資源公司合作。

年的最低基本薪資x每年的通貨膨脹率x GDP成長率，因而過去幾乎每年的薪資調整都可高至10%～16%，前任總統佐科威上臺後試圖將其壓制到漲幅為7%～8%，儘管如此，在世上就算不是舉世無雙，大概也是寥寥無幾，這樣的年薪資漲幅多少都會令投資者卻步。新的法令將最低薪資計算抹去了須考量通貨膨脹，只隨著各省區GDP調整，印尼GDP平均在5%～6%，不過想當然耳新規遭到勞方反對。

■關於社會福利

之前法律規定公司必須要為員工加入國家的全民健保體制與退休金體制，一般來說勞方自負金額為薪資的3%，資方負擔薪資的6.24%，若有違反，資方會被要求背負較重的刑事責任，如此資方不僅成本不貲，責任也不可謂不重，確實會讓規模較小的中小企業再三思量。新的法規已不強制資方遵循此政策，盼以此吸引更多原本躊躇的投資者能提供更多工作機會。

■關於特殊假

以宗教立國的印尼，法規中比較特殊的是容許勞方以宗教理由請假，資方有義務准假。比如伊斯蘭教徒視為最神聖的麥加朝聖之旅，通常來回至少要兩至三週不等，如勞方請假以此為由，資方不得以工作為由予以拒絕，就算有再趕再急再重要的工作，都只能忍住點頭同意。又譬如法規也准許女性在每個生理期的頭兩天請假，相較於台灣現在每個月可請一天的生理假，印尼法規從更久以前就相對更寬容。但是新的法規把上述法律保護的特殊假都取消（朝聖假除外），其實若以外國人的眼光而言，這樣的新法規只是「正常化」，但對習慣舊法的本地勞工而言當然不是滋味。

■關於工作合約

舊法對於聘用外國人、企業外包人員合約，與對本地勞方的合約多有苛求。以聘用外籍人士為例，不但工作證的申請甚為繁瑣，法律還規定主管機關有權決定公司是否真的需要從外國聘人，但其實所謂主管機關評判標準實在因人而異，檯面下「運作」空間模糊，甚為惱人。但在新法下，這樣讓投資者耗時費力的條款多已移除或簡化。

■關於離職金

如前所述，若勞方被開除，資方須給予「離職金」與「感謝金」兩部分，離職金最高可領得三十二個月的薪資（新法將之修降二十五個月），感謝金最高可領十個月（新法將之降至八個月），另外對於未申請使用的休假與各種補助費（如交通補助、住宿補助、醫療補助等）皆須給予（金額最高為離職金的15%，但新法將之取消）。除此之外，資方主動解聘勞方之前需給予勞方三次正式警告信後才可解聘，警告信需視情節才能開立，如實質表現未達訂定目標可開警告信，但若員工喜歡遲到早退卻屬情節不夠重大，警告信無法成立。但實際情況是，要達到三封警告信對資方而言實是耗時耗力幾乎不可能的任務（註3），所以當資方需要開除勞方必得思考再三，因為不但成本不菲，一不小心就有處理漏洞，讓勞方能有機會對資方提起訴訟。

若資方因連年虧損、進行購併必須裁員（包括沒有三封警告信的解聘），則上述的離職金必得給勞方兩倍，再加上一份感謝金。如解聘是因為勞方到達退休年齡，離職金也需是兩倍。新法將這些瑣瑣碎碎的規定也都取消，基本就是給離職勞方一份離職金與一份感謝金。這樣的新法尤其對於人力密集產業真有如天降甘霖，但對於原本可以較輕鬆態度面對離職的勞方心裡可就不是滋味了（註4）。

印尼推動此新法，歷經阻礙與陣痛，畢竟舊法行之有年，勞方「曾經滄海難為水」，印尼希望新法的推行能吸引更多本地與外國投資，盼能增加更多工作機會，為長遠計，這才是對社會國家真正有利的「必要之惡」。

註3：第一次警告信發出後，如果一個月內勞方沒有再犯錯，則第一封警告信視同取消。或者就算已發出第二封警告信，如果一個月內沒有再犯需要發警告信的大錯，第二封警告信與第一封也視為自動取消，因此基本上除非勞方在一個月內連犯三大錯，才有可能發三次警告信後解聘。

註4：有些勞方會試著以不超過底線的消極做法，如常請病假或事假，希望可以刺激資方解聘，因而拿到兩倍離職金。又或者有些人因經濟有些拮据，竟用離職來「賺」一筆現金，剩下的以後再說。這些都是因為高額離職賠償衍生出的問題。

42雨季，生病的季節

每年十一月至隔年二月為印尼的雨季。平時乾季均溫為攝氏三十至三十三度，雨季通常會降至攝氏二十四至二十八度。雨季時，幾乎每天一定會下場雷電交加的滂沱大雨，短則一小時左右，長則半天至一天都有可能。雨過就會天青，有徐徐的涼風，但對印尼人而言，這樣的天氣真是「太涼了」。

因為「身體進風」而生病

特別的是，雨季時，不論學校學生或上班族，請假的情況特別多。最常聽見的請假理由是「身體進風」(印尼語Masuk Angin)或是拉肚子(印尼語Buang Buang Air)。什麼樣的病叫做「身體進風」？一開始我真是百思不得其解，久而久之，才知道其實這也不是什麼病，應該類似我們說「受了點風寒」而身體不適的意思。若再問怎麼會「進風」呢？千篇一律的答案都是：因為這是「生病的季節」(印尼語Musim Sakit)啊！好像這時候生病本來就是理所當然的。

依據我的經驗，在這個特有的「生病季節」，幾乎

許多區域一至雨季就會淹水，對交通影響甚大。

每位同事都會生個病，請個病假，共襄盛舉一番，好似日本「櫻花季節」的賞櫻熱潮一樣。這個季節過了，生病的情況也就自然而然變少了。

說實話，一開始對這種理由我總是嗤之以鼻，從小在台灣勤奮風氣下薰陶出來，總認為受點風寒應不致構成不上班的理由。但多年至今，我已能體諒。以雅加達為例，因為城市的基礎排水系統仍不完善，每年雨季，市區會有多處淹水，而且平均每五年淹一次大水，水深達一至兩公尺深，積水可能兩至三日。許多在雅加達工作的人，都是從周遭衛星市區通勤兩個小時上下班，一旦雨季淹水，許多大眾交通工具（如公車、火車等）會大誤點，導致雨季時常得過著披星戴月的生活：

早上要五點半出門才能準時到公司八點打卡，下午五點下班，回到家已晚上八、九點以後。早出晚歸，天氣又「涼」，就容易生病了。拉肚子的狀況亦同。

把淹水假視為颱風假

自己的孩子開始上學後，每年雨季總會有一兩天，大清早六點接到學校的「停課通知」，原因不外乎是學校附近道路淹水，或是半數以上老師因淹水無法到校。對於這種突如其來的「淹水假」常覺頗為無奈，後來想想，就將之視為台灣的「颱風假」吧。世上每個地方，都各有因天災或人為因素需面對的難題啊。

以剛到印尼不久的二〇〇二年二月雅加達大水災為例，當時我已訂好機票想回台灣過農曆年，但因連續多天豪雨，預計出發那天，市區內所有高架道路全部封閉，因為連高架橋上許多路段都積水太深，車輛無法通行，一般道路更不用說了。

原本從住處到機場只要四十五分鐘車程，那天從早上八點出門歸心似箭（說什麼都想回台灣），司機在市區內大街小巷東繞西繞尋找稍可通行的道路，當時我看著車窗外的市區一片水鄉澤國，前所未見的景象，害怕到眼淚止不住的掉。當時心想：「如果真能搭上飛機『逃離』這裡，我再也不想回來了……。」後來終於在五個小時後的中午一點五分到達機場，趕上了兩點回台的班機。當然，在台灣過了快樂滿足的年假後，忘了之前的苦惱與害怕，能量滿滿的再回到雅加達。

雅加達雨季的淹水狀況，還可從各大車商推出新車款時，在此打的廣告主軸窺知一二：「來吧！再也不怕淹水了！」在印尼，銷售最佳的幾個車款都是底盤稍高的休旅車或吉普車款，因為這樣的車在雨季時還是可以較威猛的行走四方，不受淹水之苦。這樣的情況在其他國家應不多見吧。

近幾年，雅加達在雨季的淹水狀況已大幅改善，一方面是政府努力疏濬河川並加強基礎建設，一方面是被淹怕了的人民也漸漸有了努力改善的共識。以往我常看見清道夫把道路所有垃圾、樹葉、小石子等，全都「掃進」道路兩旁的「排水孔」，這種眼不見為淨的掃法真是讓我覺得不可思議，對於雅加達逢雨必淹也不覺太訝異。但慶幸的是，這樣的情況似已不復見，至少現在清道夫身旁都會看到蒐集垃圾的大畚箕或是小推車，想來那些排水孔應不再填滿垃圾，可以真正達到排水功能。如果淹水狀況改善，隨著大眾交通運輸也逐漸進步中，或許將來雨季也可以不再是「生病的季節」了。

43 齋戒月的特殊考量

伊斯蘭教有屬於自己的曆法「伊斯蘭曆」，就好像我們使用傳統的農民曆一樣。伊斯蘭曆開始使用於西元六二二年，並沿用至今。伊斯蘭教的重要節日推算也都是依此曆法而定。其中每年最重要的就是伊斯蘭曆法中九月一日的入齋（齋戒月開始），與十月一日的開齋節（於國曆日期每年不同。就如我們農曆新年永遠是正月初一，但國曆日期卻每年不同）。

由於伊斯蘭曆法以月亮圓缺一個循環為一個月，也就是平均約二十九天十二小時四十四分鐘為一個月，因此齋戒月在國曆年的時間要每三二・六年才會輪到相同時間。依人類一般平均壽命而言，如此就可以體會到齋戒月落在國曆年的各月份、各季節氣候，齋戒時因而有不同感受，這是伊斯蘭曆法的特殊之處。

所有伊斯蘭教徒（除了老人、小孩、孕婦或哺乳期婦女等）都會懷著虔誠的心進行齋戒。所謂齋戒，就是在這個月內的每一天從日出到日落，禁止進食、飲水、抽菸，甚至禁止男女親密之事與一切娛樂活動；言行態度都要平靜與平和，避免負面的言行舉止。

虔誠的伊斯蘭教家庭打從孩童幼稚園時就會循序漸進的鼓勵孩子進行半天的齋戒——例如從日出齋戒至中午，之後再慢慢增加一兩個小時。許多伊斯蘭教的孩子們入小學時就可進行與成人等同的齋戒。這樣齋戒的意義，一方面是讓大家藉著忍受飢渴進而體驗窮困人家的生活，讓教徒們對於貧苦的人能更感同身受，也因而更珍惜自己所擁有的，一方面藉著這樣嚴格的齋戒為過去可能犯的過錯贖罪，讓身心有煥然一新之感。

齋戒月的公共裝置，祈願身心平和。

對自制力的嚴酷挑戰

前文曾提過，二十多年前初到印尼時，清晨四點各地大大小小清真寺皆用擴音器大聲唱誦經文，常將我從睡夢中喚醒且無法再入睡，尤其齋戒月期間唱誦時間更長，甚覺惱人，對齋戒月也甚為不解。不過也曾因好奇跟著試試齋戒，長時間不進食還勉能進行，但滴水不進卻相當難熬。如此狀態下還需提醒自己維持日常生活步調且確保情緒穩定，莫說一個月，度過一日都覺不易。如今對這每年一個月「同理心」的鍛鍊甚感欽佩，因為這真是對自己身心自制力的嚴酷挑戰，更何況是正在成長期心智情緒尚未穩定的學齡孩子們。

印尼位於赤道，日升日落時間比起世界上其他高緯度區相對較為固定。每天日出時間約是早上近六點，日落的開齋時間幾乎都是晚上六點。因此齋戒月期間，印尼許多公司企業會因應調整上下班時間，如平常的朝八晚五會往前調整半個小時，為的就是讓員工可以在下班後有足夠時間回到家或到餐廳，準備晚上六點開齋的飲水與進食，撫平疲憊的身心。

在整個齋戒月，百貨公司、購物中心等大多數公共場所都會在許多地方多設置座椅，為的就是讓因齋戒而容易疲累的人們可隨時坐下來休憩。此外，咖啡廳或餐廳等餐飲場所，在齋戒月時通常都會在窗戶圍上白色的布幔，為的就是不去刺激或誘惑來往路過正處於虔誠齋戒的人們。

對個人修為而言，這種每年一次，一次為期一個月的齋戒，實在是很了不起的試煉，但對於工作而言，整體生產力的下降是可預見的。所以這段期間一般企業或個人的工作規劃一定要將之納入考量，才會切實合理。例如店面內部裝潢或是高樓工程的建設，在預估工作時程時，齋戒月基本上只能規劃平常月份工作量的一半，甚或更少。

之後接連著開齋節假期，一般公司行號通常是放假一週（近似我們農曆年假期的概念），再加上之前與之後的週末，及考量許多返鄉員工的路程遙遠或壅塞（註），整整兩週的年假是可預見的，所有商業活動在這段期間內幾乎呈現停滯狀態。

不要在齋戒月開除員工

此外，齋戒月最重身心的修行。所以不成文的規定是：一般企業或公司行號不會在這個月內開除員工，因為這對勞資雙方都是不愉快的事，所以通常不會在此時增加雙方情緒上修為的負擔。但畢竟並無法令明定，所以若依然想在這個月做此處分，通常勞方也只能接受，不做激烈的反擊。但資方會被視為不尊重齋戒月的精神，等齋戒月與年節過後若無妥善處理方式，資方很可能受到勞方極大的反撲（如前所述，印尼法律多保護勞方，且印尼工會力量非常強大），這也是資方需要加以權衡處理的。

總之在此伊斯蘭教國家，齋戒是一年一度的大盛事。如果在印尼生活或發展，一定要對齋戒有所了解並尊重，才不會在互不諒解的狀況下產生合作上的不快。

註：2016年印尼年節，在前往爪哇島中部城市勿里碧市（Brebes）的公路上，因返鄉人潮擁擠，從勿里碧市的出口處回堵了21公里長的車龍難以消化，3天內共計有12人因健康狀況不耐塞車之苦而「塞死」於車陣中。

44 尊重祈禱

在p149〈31和諧平等的宗教氣氛〉一文提過，虔誠的伊斯蘭教徒一天會祈禱五次：黎明初、正午、下午、黃昏、晚上，確切時間會因各地日出與日落時間不同而有些微差異。祈禱前，伊斯蘭教徒習慣先「淨身」——用清水洗臉、雙手、雙肘、雙腳，之後才開始朝伊斯蘭教聖地麥加的方向虔誠的祈禱。

因此在印尼所有的公共場所，一定會設置祈禱室（印尼語Musholla），祈禱室旁也一定設有讓人方便洗臉與洗手、洗腳的盥洗檯，讓教徒可以依時方便就近進行祈禱。在一般工時的情況下，伊斯蘭教徒有可能在工作時間內進行二至三次的祈禱，再加上祈禱前的淨身，也許每次祈禱會費時十五分鐘至半小時不等，以工作時間的角度來看，也許會覺得生產力稍嫌不足，但是這樣的祈禱，對於教徒而言有穩定身心的作用，若以工作效率來看，也未嘗不是一件好事。

會議聯絡最好避開祈禱時間

重要的是，對於伊斯蘭教這樣虔誠的祈禱，一定要予以尊重，切勿阻止或打擾，這也是印尼風土民情不成文的規定。比方說，工作上即使有再緊急的事要聯絡，一旦剛好碰上該人員在祈禱中，無論如何都要等到祈禱完畢再聯絡處理。

正在祈禱室裡虔誠祈禱的人們。

另外，每週五中午，所有伊斯蘭男性教徒都會到就近的清真寺進行祈禱，大致時間為中午十二點至一點（此時女性不准進入清真寺）。因此每週五中午約十一點半左右，男教徒們會開始「慢慢準備」往附近的清真寺移動，這也就是為什麼辦公室在這個時段定會漸漸變得空曠。

通常工作會議的安排會盡量避免這個時段，因為只要祈禱時間一到，會議中需要祈禱的人定是心不在焉、坐立難安，有些甚至會直接請求暫停會議或自行告退前往清真寺禮拜。就曾遇過一位求職者，因為剛好安排在週五面試，但祈禱時間一到，他堅持要去清真寺祈禱後再回來繼續，這時也一定要予以尊重，還須為我們安排的面談時間考慮或控制不周致歉呢。

正因如此，週五中午這個時段，馬路通常會特別順暢，因為有一半左右的人會在清真寺內祈禱。等到中午一點左右，清真寺附近的交通經常是打結壅塞狀態，從每個大小清真寺祈禱完畢出來的人潮，大概只有明星演唱會後散場的人潮可比擬。如果這段時間需要前往某處，只要路途會經過清真寺周遭，建議也必須將這樣的情況納入交通時間的考量。

在印尼生活與工作，一定要了解並尊重這樣不同的文化民情，才不會因為誤解產生相處與共事上不必要的摩擦。

45 麥加朝聖是畢生心願

伊斯蘭教徒有個共同的願望——一生至少到伊斯蘭教聖城沙烏地阿拉伯的麥加（Mecca）朝聖一次。朝聖時間是伊斯蘭教齋戒月後的兩個月又十天開始，為期三十天，每年這段時間來自世界各地約兩百萬伊斯蘭教徒，會湧入麥加進行這項神聖之旅。

因為人數眾多，沙烏地阿拉伯政府成立一個單位專門處理世界各國教徒至麥加朝聖的所有相關事宜，包括每年審視並給予每個國家一定的朝聖限額與時程。比如根據「印尼朝聖管理委員會」（Indonesian Haj Management Committee，印尼語簡稱PPIH）的數據，印尼二〇二四年獲得可至麥加朝聖的名額約為二十四萬名，無法報名登記上的，只能先排入未來的候補名單。

穿著一致的朝聖團

朝聖這段期間內，在雅加達的蘇卡諾哈達國際機場常可看到一團又一團候機的朝聖團。他們穿著一樣的衣服，帶著一樣的行李，有時可見某些人在機場隨處席地而坐或隨意亂躺，似乎還不大了解公共禮節。後來我才

「麥加朝聖團」通常會穿一致的團服，帶一樣的行李箱，以利辨認。

明白，朝聖團中的許多人其實來自相當偏僻的外島，他們終其一生也許只出國這麼一次，因此窮盡畢生積蓄只為這次的朝聖。伊斯蘭教徒相信，若沒有去朝聖，他們進入天堂的機會將會減少，因此不論多麼艱難，他們都會試圖完成這項神聖的旅程。也因此，當我看到這樣的朝聖團，心中對他們只有尊敬與無限的祝福。

當然，如果企業組織有員工在朝聖期間請二至三週的長假，事由是要到麥加朝聖，不論企業營運或該人員的工作在何種情況下，只能准假，因為畢竟這對伊斯蘭教徒而言是至高神聖、又年年有限額，一生一次難能可貴的機會。

46 請原諒我過去所犯的過錯！

齋戒月後，隨之而來的就是家人歡聚的開齋年節，大吃大喝總是少不了，重點是要喝甜的、吃甜的，而且愈甜愈好。這可從齋戒月前就開始在各大賣場熱賣的各種品牌、各式口味的糖漿（如椰子、哈密瓜、草莓等口味，印尼人喜歡以濃濃的糖漿加入水中攪拌、再放冰塊，清涼暢飲），與各式甜死人不償命的巧克力餅乾可看出。所以年節送禮，這樣的糖漿與各式甜滋滋的餅乾點心幾乎是最得人心的基本賀禮。

年節開工的第一句話

開齋年節後的第一個上班日，正式開工前，大家會互相道賀新年。在台灣，農曆年節過後的開工大吉是燃香祈福，鞭炮放得震耳欲聾，祈求新的一年更旺更發。相較之下，印尼的開工儀式顯得內斂平靜：同仁之間以指尖朝前的方式合掌，手掌微微的相互夾合約三秒，並互道「Mohon Maaf Lahir dan Bathin」（如果有什麼對不起您的地方，請原諒我，引申含意為「讓我們有個嶄新的開始」）。

記得在雅加達的第一個伊斯蘭教新年後的上班日，當第一位伊斯蘭教同事過來對我這麼說時，我嚇了一跳，頻頻回他說：「沒有，沒有，您沒有做過什麼對不起我的地方，請不要這麼說。」腦中還快速的回想檢討著自己的言行哪裡讓他誤會了。直到第二位、第三位……，信仰伊斯蘭教的同事一一過來雙手合十說同一句話，我才恍然大悟：道歉讓所有可能發生過的不快隨風而逝，是伊斯蘭教徒迎來新的一年重要的一環。彼此間以誠懇的眼神，輕輕的這樣問候，展開新的一年。雖然沒有如台灣般驚天動地的氣勢，卻也讓人感受到寧靜平和的新始。

手機中的個人或群組交流訊息，不論所談的要事為何，開工第一天相互間的第一條訊息（若對方是伊斯蘭教徒）一定也是「Mohon Maaf Lahir dan Bathin」再加個合掌的表情圖案符號，就好似我們「新年恭喜！恭喜發財！」再放個煙火圖貼、財源滾滾的圖案符號般。因為這樣的訊息在開工之日之重要與繁多，我也必須很不好意思的承認，實在感謝科技產品的「複製與貼上」功能發明，否則一整天大概都在打字回覆這句話。

讓人動容與尊敬的文化

嚴謹的齋戒與之後歡欣的身心飽足，讓我非常喜愛看開工日大家臉上開朗飛揚的神情。那不僅是我們一般休假吃飽喝足睡夠的滿足，更多的是因爲度過之前身心修煉的挑戰，帶來人生中更高修為的自信與成就感。帶

左：齋戒月時市區的大型看板寫著「Mohon Maaf Lahir Batin」。
右：印尼新年大家都會互相表達歉意以展開新的一年。

著這樣的光彩，卻互相謙卑的以道歉的方式展開新的一年，這樣的文化與風俗，又何嘗不讓人動容與尊敬呢？

根據台灣勞動部資料（二〇二四年中），在台產業與社福移工現今共八十萬人，其中來自印尼的比率最高，約占37%。若僅看社福移工項目，來自印尼的比率高達77%以上。印尼移工在台灣、新加坡、香港甚至中東各國所獲得的評價，整體而言相較於其他東南亞國家的移工更為正面，除了相對較樂天的民族性，信奉伊斯蘭教每年一個月的齋戒，鍛鍊而出的同理心或許也是原因之一。多數孩童從小學時就開始嘗試至少半天的齋戒，在活潑好動的年紀能如此自制，著實不易，更何況經過經年累月的鍛鍊，因此印尼社福移工普遍較有同理心，老吾老以及人之老，對需照護者與雇主而言都較能安心。

如若齋戒月之際，我們能對周遭正進行齋戒的人們給予適當的體諒，就算只是口頭簡單的祝福「齋戒順利平安」（印尼語Selamat menjalankan Ibadah Puasa），都能讓他們感受到我們理解並支持的心意。愛人者人恆愛之，想必這樣的祝福，必能在人與人之間帶來善的循環。

另外，有趣的是，當伊斯蘭教徒要離開一個團體，如離職、轉學或離開某個組織，通常也會習慣性的在道別訊息或對話最後一句加上：「Mohon Maaf Lahir dan Bathin」。不管離開的原因是自願或被迫、開心或不滿，以道歉作結的離開也是伊斯蘭教徒的文化習慣。

這樣看起來，伊斯蘭教徒擁有「始末皆道歉」的謙卑，一以貫之。

47 關於飯店的兩三事

近年來，旗下有將近四千家飯店的歐洲最大飯店集團雅高（Accor）（註）在東南亞積極搶灘，在印尼至今旗下共有近兩百家飯店。二〇一七年當雅高準備進軍印尼第三大人口城勿加泗（二〇二四年人口約兩百五十六萬）時，選定了我們為合作對象，心中感謝著這樣的機緣，但擔任負責人的我著實誠惶誠恐，尤其這個案子是在此大城建立第一家國際品牌的飯店。雖然這些實在遠不及孟子所說的「大任」，但「苦心志，勞筋骨」的程度超乎之前的工作經驗與想像。

從建築設計、工程監督、內部風格設定到各種大小準則的申請，以及與地方政府、當地居民的溝通，在在都是新考驗。尤其在印尼這樣人文複雜的大國，幾乎每個行政區都有自己的文化。第三大城勿加泗雖與首都

註：雅高集團旗下飯店品牌眾多，包括奢華品牌費爾蒙飯店（Fairmount Hotel）、萊佛士飯店（Raffles Hotel）、索菲特飯店（Sofitel Hotel），到更為大眾熟悉的瑞士飯店（Swissotel Hotel）、鉑爾曼飯店（Pullman Hotel）、美居飯店（Mercure Hotel），以及更經濟實惠的商務旅館諾富特飯店（Novotel Hotel）、伊比思飯店（Ibis Styles, Ibis, Ibis budget系列），幾乎涵蓋了各種住房需求。

個人負責的飯店在疫情期間借重「台灣經驗」，為印尼首個點「愛心燈」的飯店，希望為黑暗的嚴峻疫情帶來一些光明的希望。

雅加達相鄰，但法律規範、居民文化甚至風氣與傳統卻有許多不同，實在並非如台北與新北市一線之隔卻大致同質的狀況可比擬。不同於以往至少有部分是胸有成竹的工作經驗，這次美其名在「做中學」，實則邊做邊學勢必承擔更大風險。一方面要處理許多「本土化」的狀況，一方面卻又需追上國際級的要求，一路跌跌撞撞。

不打折扣的品質要求

雅高集團標榜的是世界級的國際連鎖飯店，旗下的飯店雖依投資金額、地點、客源等不同因素，劃分出分布於不同象限的飯店群，但不打折扣的品質是共同的要求。比如集團東南亞區（包括新加坡、印尼、馬來西亞等國）在幾年前訂立新規定，提供客房的自來水熱水高溫必須可到達攝氏八十度，原因是只有這樣的溫度才足以消滅自來水中一種極少見的細菌。試想，一般房客若使用熱水洗臉沐浴，水溫至多不會超出泡溫泉的攝氏四十二度左右，而飯店一般所裝設的自來水加熱器即可提供攝氏五十度至六十度之間的熱水，已綽綽有餘。但若要符合集團要求，就只能添購價格高上數倍的加熱器，以消滅「可能」在水中出現的某種細菌。

又如各種細項的要求，大自飯店整體色調、裝飾，小至客房內抱枕顏色的選擇、擺放方式，都有一定的規則，沒有商議餘地。另外，網路上展現的客房照片與客房實際狀況不可有分毫差別。

除此之外，對各種許可證的要求更是完備：從基本的各項建築、電機許可證，在飯店大廳、餐廳等播放音樂的許可證（需詳細標出能播放幾千／萬首音樂，並備註詳列厚厚的音樂清單）、設置吧檯許可證、吧檯放置酒精飲料、販賣放置酒精飲料許可證等，細緻的切割與要求，讓我不禁想起以前有人開玩笑説：「老闆，我要買一尾魩仔魚，幫我去頭去尾再分三份。」當然，這對於確保飯店集團不論在世界何地何時都能維護一定的品質，實是必須也必備的長治久安之計。

但問題是，在印尼這樣仍是官威甚大、官階甚雜、各個地方政府單位許多條規仍是「因地制宜」、「因人設事」的國度，申請這些許可證真是無止境的夢魘。

在同一個公務單位申請同樣許可證，就算有法律明訂，對接的公務人員不同，申請費用與文件也不盡相同。即便價格不同，或有個別公務人員要求「現金繳款」，但打印在官方收據上的數目竟也有「自由心證」的狀況。因為跟不同人可以講不同價，跟同一個人也可以講不同價，許可證申請通過與否，有時不是看所需條件是否已備齊，而是申請者各自拿捏以中長期角度設定的「停損點」為何。

更耗神的是，各項許可證按規定幾乎是每年必須申請延長或更新，皆須「仰賴」相關公務單位再度評估，這還不包括期間有些公務人員喜歡主動「視察」是否有需要「幫忙」改進之處。

最常聽的兩個疊字詞

此時一邊要有效率的符合國際的高標，另一邊卻被拖按在地上難以動彈，只能對著飛逝的時間乾著急。這段期間我最常聽見的，就是印尼人很常用的兩個疊字詞「Kira-Kira」(大概)，「Mudah-Mudahan」(希望)。詢問事情什麼時候能做好？怎麼樣能做好？不論答案如何，前面就是加上「Kira-Kira」或「Mudah-Mudahan」，正面解讀的話就是大家都很謙虛保守含蓄，現實解讀就是永遠沒有確切的答案——例如「大概週五做好」(但也只是大概，沒有保證，通常也不會)，「希望這次能申請成功」(希望而已，沒有確定，沒有成功也在預期內)。總覺得中文的疊字特別優美，但這兩個超高使用率的印尼疊字，所帶來的心情就沒那麼優美了。時間就是金錢，多數印尼人對於「時間」如此大器，其實也是讓許多外國投資者卻步的因素之一。

這個合作項目的進度比原本預期的延遲將近一年，雅高集團東南亞區主席總笑著安慰我：「沒關係，之前峇里島的合作案比預計的延遲兩年才完成呢！」這……，真是李清照聲聲慢的「悽悽慘慘戚戚」啊！

延遲了一年，二〇二〇年一月底好不容易飯店終於正式開幕。僅只一個月，新冠病毒在國際的肆虐讓印尼政府宣布進入「緊急狀態」，對於一個剛開幕的飯店而言，絕對有「生不逢時」的感嘆，好似正待盛開的花苞卻在凜冽寒風中凍傷，不及展現姿態。當時業界提到我們，除了「可憐啊！」再無他話。

政府宣布緊急狀態一個月後，全印尼已至少有一千五百家飯店因不敵疫情，宣布關閉以減少損失，我們團隊反覆討論，決定反其道而行。沒想到爾後的整整六個月，飯店交出了住房率維持六至九成的成績單，營收也月月創新高，並獲Agoda頒發「二〇二〇Best Hotel in Bekasi」（勿加泗最佳飯店）與顧客評鑑9.1／10.0高分的殊榮，在疫情肆虐哀鴻遍野的時刻，對我們不啻是一劑強心針。

雅高集團印尼總公司營運長在這段時間特別到我們飯店「考察」數次，因為集團在全印尼內將近兩百家飯店，我們創新高的住房率是讓總公司跌破眼鏡的「最佳表現」，定位為「精品商務飯店」的我們在全球與全國商務驟緩的情況下能有如此成績，總公司竟希望從我們身上學習一些經驗。

最好的準備，最壞的打算

曾看過法鼓山聖嚴師父的文章提到：「面對生活，要有最好的準備，最壞的打算。」香港首富李嘉誠也在受訪時分享他事業成功之道之一，便是「抱最大的希望，盡最大的努力，做最壞的打算。」兩位智者的提點竟是不約而同，這也是我們努力學習之處。

追本溯源，該感謝的是當時的台灣防疫經驗為我們指引了一條明路。在印尼整體社會仍輕鬆看待疫情之際，我們飯店已添購各項防疫措施用品，包括在大廳入口要價不菲的「全身消毒噴霧機」，每個進入飯店的工作人員與顧客都需全身消毒一番、量額溫、使用乾洗手後才得以進入，雖然消毒效果為何仍有爭議，但當時看起來小題大做的我們，卻奠定了後來顧客對我們高標品質的信任。當不久後全國瘋狂搶購被哄抬價格的防疫用品時，我們已備好物資無需加入這場混戰。

另外，台北101與著名飯店在嚴峻疫情期間，為了鼓勵社會的溫馨點燈，也給了我們靈感，雖無法點燈成字，但我們將飯店客房點燈成大大的愛心，成為該城帶頭點愛心燈的飯店，祈願給當時感覺眼前一片黑暗的社會一些些溫暖。

除此之外，因應印尼地方政府「隨時更新」的防疫措施，我們也須有迅速的應變方案。例如年初已預約好

飯店無償提供場地，幫助地方政府加速施打疫苗與舉辦捐血活動，並提供輕食給響應參與的民眾。

的婚禮，因為不斷變動的防疫規範，我們也只好不斷修正，無論是宴客人數、宴客方式、工作人員的安排等，都必須符合各項防疫規範，同時避免消磨了新人們的歡欣企盼。例如預定週日舉行的婚禮，卻在兩天前的週五，政府一紙令下，不可採用自助餐式宴客（之前規定是只要符合防疫規範則可使用自助餐式），也不可有超過某比例的服務人員在婚禮現場。

婚禮舉行在即，新人無法也不願再有任何變動，我們的應變之道是即時採購幾百份精緻的日式九宮格便當盒，將當晚菜色分裝至九宮格內並加以裝飾分送給賓客，這在當地算是創新的做法，讓新人與賓客甚為驚喜，在如此低迷的時候，能帶給大家即便是片刻的歡愉，正是因為我們在每個細節上做最好的準備，相信顧客都能感受到我們這份心意。

不論面對的挑戰為何，我們只能在自己可控範圍內做最好的準備。突然回想起我剛到印尼的第一年，人生地不熟，語言也不通，隨身包中天天都帶著護照與一張機票，這樣是否也算是做最好的準備，最壞的打算呢？

多一點點善意，創造幸福

某天當我在負責管理的飯店大廳與同事交談時，有位客人正好經過，身上有股濃濃的酒味，這在印尼極為罕見，因為印尼多數人民信奉伊斯蘭教，教義之一是不飲酒，多數正信教徒將之奉為圭臬。這位一早就滿身酒味、喝到滿臉通紅的客人顯得極為突兀。

直覺擔心有異，我請飯店同事務必特別留心。沒想到飯店同事們反而要我放心，原來這位客人已在飯店長住三個多月，雖然偶爾喝點酒，但對人溫和有禮，從沒有過分的要求或刁難，但是對於他每天就是在飯店內與周遭走走，不曾離開，大家雖然好奇，卻一無所知，唯一知道的是入住登記時他使用的是中國護照，於是同事們都喊他Mr. Chen（陳先生）（印尼人對外國男士慣用Mr.稱呼）。無論是英文與印尼文，這位客人完全不會，需要溝通時只能比手畫腳或透過手機內簡單的翻譯軟體（但是若用Google翻譯印尼文，有時仍詞不達意，甚至完全反義）。

後來有天早晨在飯店餐廳，剛好瞥見陳先生自己坐在角落，不似他人吃自助式早餐餐桌上滿滿的食物，他只要了一杯熱茶，靜靜的看著那杯茶的眼神有些空洞，坐了許久連口罩都沒拿下。我決定過去與他打聲招呼：

「陳先生早安。」或許是聽到熟悉的語言，他陡然抬頭，眼神充滿驚喜。我先謝謝他選擇我們的飯店，也問問他長住數月是否對飯店有任何建議。他對飯店美言一番後，不等我問，就一股腦兒說出他的故事。

原來他來自福建，是遠洋漁船的船員，半年前船隻航行到一個島，他甚至不知島名與所屬國，只知道船停靠歇息一陣再啟航時，狂風讓他從船上六公尺高的地方重重摔落，昏厥過去。醒來發現自己已躺在醫院，全身多處骨折，一隻腳掌削斷一半，另一隻腳斷了三根腳趾，牙齒掉了數顆，身旁只有一位也是靠著手機翻譯軟體與他溝通的陌生人（後來才知是船公司輾轉拜託的當地人），告訴他這裡是印尼，將在此地醫院動手術。

之後他又是孑然一身。住院兩週後，被輾轉搬了兩次住處，最後才入住我們飯店。前兩個月坐輪椅，第三個月拿柺杖，之後才開始練習放掉柺杖。想起初見時，他步履蹣跚，原以為是喝得酩酊大醉，聽著他的故事，再看看他輕套著拖鞋仍然腫脹的腳，有好幾道大大小小的縫痕，讓我不禁汗顏。

他說獨自住在我們飯店這三個多月，行動不便，語言不通，但每一個飯店人員都對他極為和善，總是給予溫暖的微笑與最大的協助，說著說著竟然掩面哭起來，說在印尼已經半年沒能跟任何人說中文，真的很高興能跟我說話，又說，以前本來以為印尼「沒文化」，沒想到這裡的人這麼以禮相待又友善，真的很感謝。

我完全可以理解隻身在人生地不熟的強烈孤獨感，

二十多年前初到印尼時我曾有過極深刻的體驗，更何況是在毫無心理準備、傷病驟變之時，帶來的身心折磨定是難以言喻。雖然掉淚的是他，滿滿感動的卻是我。我感謝飯店團隊，每個人，每一天，即使只是一點點，匯聚而成的溫暖與光明，在他人生黑暗之時，支持著他度過艱難的一天又一天。

真正能改變世界的事

想起之前讀過的《奇醫恩典》書中主角挪威醫生畢嘉士二十八歲即渡海來台行醫三十餘年，參與了全台灣第一個殘疾兒童中心「勝利之家」，與屏東基督教醫院的創設。他曾說：「我們其實不需去做改變世界的事，只要做簡單的事就好。能讓一個人有尊嚴，就是很好的事了。」他把防備裝備脫掉，去面對當時令人生畏的痲瘋病人、親自為痲瘋病人吸痰等都是極度不簡單的事，但他的想法很簡單——讓病人也感受到尊嚴。他照顧過數千名痲瘋病人、一萬多名小兒痲痺患者，引進疫苗與先進醫療技術，為終結台灣的痲瘋病與小兒痲痺症做出巨大貢獻。

畢嘉士醫師的故事深深打動我。他一次次真心實意的善意，像漣漪般一圈圈擴散，累積成巨大的力量，改變了當時當地的人們，這樣的身教與精神，仍能延續至今，這才是真正能改變世界的事。相較之下，許多我們在政治競選活動聽到大聲呼喊著要改變什麼、翻轉什麼的偉大口號，實在是虛幻又遙不可及啊。

近年來疫情、戰爭、氣候變遷、國際國內的紛亂，常讓人覺得力不從心。此時與其聽他人在空中畫幅虛無遠景，或許每個人都從當下與自己做起，只要每天多一點點關懷、多一點點誠懇、多一點點積極、多一點點同理，這樣或者人類還能有多一點點希望、多一點點美好的未來。

那位船員告訴我，船公司終於通知他準備一個月後回鄉，想到家裡老小四口等著他，他的眼神充滿期盼的光芒，淚水終於止住。想像著他回鄉後或許將與親友們分享著這半年多來在此感受到的溫暖與善意，但願這將是一圈漣漪，但願這將會是人類善循環中的一環。

PART 4

台灣的南向新商機

新 南 向 要 成 功 ，
台 灣 政 府 與 企 業 都 要

台灣只是印尼旅客的轉機點？
油炸重口味，就能進軍印尼餐飲業？
台灣蔬果潛力無窮，可惜多數印尼人沒吃過？
華文學習熱潮，正是輸出台灣文化的好機會？

換位思考，將心比心！

歡迎印尼學子來台，能為兩國長遠關係奠定穩固的基礎？
台灣優質醫療不只有名，也是好商機？
足球與羽球賽事，是企業行銷必爭之地？
印尼是全球清真認證廣大商機的最大跳板？

48改變看待印尼的眼光

在印尼的一位好友，他創立的餐飲集團為當地前三大。之前他計劃將旗下品牌餐廳拓展至國外，第一考慮的對象是新加坡或台灣，也因而與一些台灣同業有更多接觸的機會。有次他小心翼翼的問我：「在妳身上我從沒這樣的感受，但為什麼我與其他台灣人接觸時，常感受到他們認為『東南亞』就是代表落後？真抱歉，妳覺得是不是我有些誤會了？」

我不太清楚與他接觸的台灣同業態度，只知道這位在印尼相識近二十年的好友，雖是富二代卻自願闖盪江湖，成功卻謙卑低調，對於他的感受，我滿懷歉意，因為我猜想他的感受是正確的。

仍舊用舊眼光看待東南亞

他接著說，多年前當他還是青少年時到過台灣，當時覺得這地方很酷，東西又特別好吃。但近年再訪台灣，感覺變化已不大，甚至已不是他印象中的「進步國家」。他問我：「當越南、印尼、新加坡、馬來西亞、泰國等東南亞國家不斷快速發展之際，台灣相對停頓，

在雅加達街頭宣傳「台灣」（觀光）的計程車。

為什麼台灣人看東南亞還會有這樣的眼光呢？」這個問題真是讓我啞口無言，事實上這已經不是我在印尼第一次聽到這樣的疑惑了。

是的，一九八〇年代台灣經濟狂飆時期，我們自豪於曾是亞洲四小龍的代表，然而龜兔賽跑的競局中，當跑在前頭的我們在路上躊躇猶豫了好一陣子，不代表在後面的烏龜永遠趕不上。當烏龜已不是當年的吳下阿蒙，看我們的眼光也早已不同，我們看待印尼這個國家與人民的眼光與胸襟，是否也該有所調整？

印尼地處世界重要樞紐位置、擁有世界第四大人口、同時也是世界第一大伊斯蘭教國家，加上近年來和平民主的政權轉移、快速發展的經濟等因素，再再將印尼推向世界舉足輕重的大國，也主辦許多國際重要活動，如二〇一八年的亞運、二〇二二年的G20峰會等。如前文所提，印尼如今的經濟與政治，正被新一代受西方文化影響更勝東方的人帶領著，在經濟領域華人尤占多數，這些人有宏觀的國際觀、創新的思考能力，再加上印尼的人口結構是青壯人口占絕大多數，比起許多有人口結構老化問題的已開發國家，印尼的經濟爆發力與未來國家前景，實在不容小覷。

尊重是台印互惠的基礎

台灣因為險惡的世界政治局勢常常被排除在世界組織外，如東南亞國家協會（ASEAN）、東協十加三（加上中、日、韓）等，即便如此，我認為透過半官方或民間力量還是很有著力點。

以鋼鐵業為例，韓國最大的浦項鋼鐵廠早已於二〇一一年與印尼唯一的國營鋼鐵廠合資，建立全東南亞唯一的整合性鋼鐵廠，總投資額30億美元（韓國浦項鋼鐵占七成，印尼國營鋼鐵占三成）。二〇一二年，日本最大鋼鐵廠也與澳洲最大鋼鐵廠結盟在印尼合資發展。

反觀台灣原本與日韓鋼鐵廠並列為世界一線鋼鐵廠的中鋼，雖然地理位置更為接近，卻遲至二〇一五年才開始放眼可能在印尼的投資案，但至今仍維持只設一處代表辦公室於此，錯失先機，甚為可惜。

不過近幾年因為中國鋼廠大量傾銷鋼品至印尼與沒有關稅保護的世界各國，導致鋼價大跌，許多國家的鋼鐵業哀鴻遍野，印尼也不例外。但其實印尼鋼鐵市場離飽和還有一大段距離，如果日後印尼政府終於覺醒開始保護本地鋼鐵產業，又或世界鋼價得以回穩，投資印尼鋼鐵業仍前景可期。

多年前台灣政府積極力推「新南向政策」，印尼無論在娛樂產業、觀光旅遊、農業、餐飲、HALAL認證商機、電子商務、教育、醫療等領域都大有可為。長久以來，台灣與印尼彼此了解不深，近年來藉著在台移工廣泛使用社交媒體的推播下，印尼社會逐漸對台灣有更多認識。如果台灣能更敞開心胸，透過教育交流與產業契機，試著了解印尼這個國家與當地民俗風情，勢必可奠定台印互惠的基礎。古語有云：「敬人者，人恆敬之。」我們希望贏得對方的尊重，或許也該學習尊敬印尼這個國家、這片土地，以及這裡的人民與文化。

49 已經消失的台灣偶像

記得二十多年前剛到印尼時，我雖是初來乍到的新人，但在就職公司卻受歡迎得不得了，每天都有許多同事爭相邀我一起用午餐，讓我真是受寵若驚。原本對自己莫名其妙的受歡迎有些竊喜，但不用多久我就明白，原來是受了當時在印尼爆紅的台灣偶像團體「F4」所賜。因為午餐話題不管是什麼，最後一定是轉到「F4」上。許多同事或要我詳述他們的個人背景資料，或要我解釋他們唱歌的歌詞，或要我翻譯一下在網路上找到他們受訪的影片等，好像多跟我說幾句話，就會跟「F4」有所連結，熱情程度實在讓我招架不住。

盛況空前的追星場面

老實說，我對這個團體真是不太熟，但為了在新的工作環境能有順利的開始，只好很努力的搜尋相關資訊，以滿足廣大同事的需求。不只如此，當年只要有當地人知道我是從台灣來，他們一定會接著說：「喔！Taiwan！F4！F4！」（而且4為中文發音「四」，不是英文或印尼文發音。）

首都雅加達中心的夜景璀璨迷人。許多歐美國際級歌手與樂團的世界巡迴演唱會定會納入雅加達。

當時印尼對F4的瘋狂，可由F4於二〇〇三年至雅加達連辦兩場演唱會看出——七萬張門票旋即被一掃而空，當時的印尼總統、副總統與家人們更親臨觀賞（也因而動用大批陸上警力及空中巡邏隊），黃牛票當時叫價到一張500萬至800萬印尼盾（當時約合台幣1萬5千元～2萬4千元），當地的媒體以「盛況空前」來形容影迷追星的場面。

有趣的是，原本許多婚宴場合或華人的聚會，若現場有歌唱節目助興，以往必有的曲目是「月亮代表我的心」，自從F4在印尼走紅之後，旋即改成F4主演偶像劇的主題曲「情非得已」。那幾年不管我到什麼場合，幾乎都會聽到用中文演唱這首歌或播放這首歌，讓本來對F4的歌一竅不通的我，好像也被這首歌洗腦了。

那時，印尼本地電視臺只是播放F4主演的偶像劇《流星花園》，及為此偶像劇做的一些平面廣告，沒想到卻讓F4在印尼掀起這樣的旋風，當時非常驚訝的我還投書報紙，以「台灣、F4、印尼」為題發表淺見，建議台灣政府也許可以利用這股娛樂媒體的力量，增強在印尼的影響力。如果以現在的角度看來，韓國這些年就是以這樣的力量席捲亞洲，甚至全世界。

可惜的是，二十多年過去了，印尼新一輩的年輕人對韓國明星，甚至歐美歌手明星如數家珍，對於台灣明星，除了小部分曾受過華文教育的青中年知道「Jay Chou」（周杰倫），以及少數幾位曾於陸劇露臉的台灣演員（近幾年或因為印尼整體親中氛圍，陸劇在印尼也受到許多追捧），其他真是一概不知。

營造台流捲土重來的機會

台灣娛樂力量二十多年前在此地捲起的狂潮，如今幾乎消失殆盡，令人扼腕。相對的，韓國以強大的娛樂勢力在印尼颳起旋風，連帶手機、家電、企業形象都成為現今許多印尼人的首選。許多當紅韓星的亞洲巡迴活動，印尼首都雅加達一定是必到之處，就算票價高（約200美元），也定是秒殺搶購一空。

在這樣講行銷、重包裝的年代，媒體營造出的偶像，無疑是最能在短時間內產生直接有效影響的重要力量。台灣的藝人、偶像劇絕對不輸給其他國家，但欠缺的就是在國際間的行銷力道。趁著印尼正處於華文學習熱潮中（詳見p268〈57學習華文熱潮正起〉），如果能由政府相關單位帶領民間媒體，與印尼當地主流媒體洽談合作（例如先以較讓利的方式，搶得印尼主要頻道的主要時段，播放一些經評估後預期能受當地歡迎的戲劇、歌唱或旅遊節目等），或與在印尼動輒數十至數百萬粉絲的網紅合作，「台流」其實大有機會在印尼捲土重來。

以新加坡為例，新加坡許多主流媒體播放台灣的戲劇、娛樂節目等，也因而直接或間接促使新加坡人嚮往到台灣觀光，根據新加坡網站票選新加坡人最愛旅遊地的前十名，台灣即在其中。台灣觀光局的資料也顯示，新加坡旅台遊客也是外國來台的前十名，由此可知強化在當地的媒體力量，實是有助於建立國家形象與影響力的捷徑之一。

去年當公司舉辦年度聚餐歡唱時，某位同事點唱了《流星花園》的主題曲「情非得已」，現場的同事橫跨「老中青」三代，包括華人與本地原住民，竟然全部琅琅上口，實在讓我非常驚喜。媒體傳播力量之強大與之久遠，由此可見。

50 別讓台灣只是轉機點

前文曾提過，印尼為顧及宗教平等，各大宗教的重要節日皆定為國定假日，因此幾乎每個月都有國定假日（註），如果剛好碰上週末，這樣的連假就會是漸增的廣大中產階級及高收入者旅遊的假期。通常又以伊斯蘭教新年長達兩週的年假，與年底聖誕節和元旦新年將近一週以上的假期為旅遊高峰。

被忽略的潛在市場

印尼人最愛的旅遊地首選，是最接近的新加坡（從首都雅加達飛行一小時二十分鐘），再來即是香港（從首都雅加達飛行四小時）、日本、韓國、澳洲等地（從首都雅加達飛行七至十五小時），連需搭機十五個小時以上、遙遠的歐美都炙手可熱。可惜的是，即便台灣距離印尼的飛行時間不到五個小時，仍有許多印尼人頂多將台灣視為「轉機點」。

註：印尼一年有27天國定假日，居東協國家之首，相較於新加坡的11天，越南15天、馬來西亞16天、泰國18天等，實屬特殊。

回台時剛好遇到一群來台北觀光的印尼女士們找不到欲前往的目的地，我上前以印尼話問她們是否需要協助，她們聽到印尼語一陣驚呼，說定要與我合影留念。

在印尼家族企業為旅行社的朋友告訴我，三、四十年前印尼人認為到台灣旅遊是很炫、很潮的事，如果經濟許可，常常都會想到台灣遊覽，但現在至台灣的旅行團，很多時候是報名人數不足而無法成團。台灣對許多印尼人而言，只是要飛至美西的轉機點，這聽起來實在很讓人感傷。

在新加坡常常看到台灣觀光局為吸引新加坡遊客打的廣告，成效相當不錯，但其實鄰近新加坡的印尼是一個更大的潛在市場，但卻被忽略了。

有好幾位印尼朋友以前從沒有把台灣納入假期目的

地，她們說是因為認識我而想到台灣看看。等她們真正到台灣旅遊五至七天後，往往對台灣的風土人情與食物都留下美好的印象，甚至還計劃在短期內再次造訪。

友善穆斯林旅遊排名提升

近幾年，台灣在推廣「友善穆斯林（伊斯蘭）旅遊」有長足的進步。由萬事達卡與新月評比所共同發布的全球穆斯林旅遊指數（Global Muslim Travel Index, GMTI），從全球一百三十個旅遊目的地，針對各地的交通、通訊、環境與服務進行評比，並在伊斯蘭國家與非伊斯蘭國家分別選出十大適合穆斯林（伊斯蘭）旅遊的國家。二〇一五年，台灣首次被評比為非伊斯蘭國家的第十名，二〇一六年躍升為第七名，二〇一九年起晉升到第三名，與英國、日本並列，連續至二〇二三年皆為第三名。這樣的方向與建立起的口碑，應可為台灣觀光旅遊業注入新活力。

此外，台灣有些醫療院所也開始推出到台灣「醫療檢查與觀光」並行的套裝行程，在鄰近的亞洲國家包括印尼也漸漸打出一些知名度。新冠疫情後這些年，有認識的印尼友人也試著參加，發現台灣的醫療水準與食衣住行的安全舒適感，讓他們覺得物超所值，爾後也將之排入每年的年度計畫之一。在台灣舉辦的「鐵人三項」國際賽事，也吸引了在印尼喜好運動的友人與團體前往參賽，之後更與我分享他們對於參賽地花東美景的驚艷與喜愛。

台灣觀光局若能結合旅行業者與相關產業，在印尼與其他東南亞國家針對上述方向行銷台灣，相信會帶來更多經濟效益。即使對某些國外遊客而言，台灣暫被視為轉機點，仍能以此設計短如一至三天的行程，讓遊客在最短時間內對台灣留下深刻的印象，進而成為下一次的旅行目的地。

多麼希望台灣的美好，可以讓世界更多人知道。

51 在異地發光的台灣農產品

人在異鄉真能更深刻體會到台灣是寶島。世界上真的很少有像台灣這般同時跨足熱帶、副熱帶與寒帶，擁有宜人的四季、土壤又肥沃的好地方。物產豐隆的台灣，讓我們一年四季都能享受到新鮮美味的水果、蔬菜，如果沒有離開這塊寶島生活，真是很容易身在福中不知福。

二十多年前剛到印尼，上菜市場或超市，看到瘦瘦小小其貌不揚的紅蘿蔔、馬鈴薯等，讓我相當驚訝：這裡怎麼連這麼容易種植生長的農作物都一副「營養不良」的樣子？比起台灣隨處可見色澤飽滿、長得頭好壯壯的紅蘿蔔、馬鈴薯、番薯等根莖類植物，印尼這些農產品感覺真是上不了檯面。

再者，如蓮霧、芭樂等水果，印尼產的至多只有手掌大小、不太有汁，也不太甜。事實上，像蓮霧原本是產於東南亞，根據記載是十七世紀由荷蘭人引進台灣種植，但現在台灣的蓮霧「黑珍珠」、「黑金剛」等，一顆顆飽滿多汁，又甜又脆又香，相較於印尼的蓮霧，真是青出於藍不知更勝於藍多少。

台灣的農技團成果分享。

同樣是適合種植芭樂的熱帶、亞熱帶區，台灣的「珍珠芭樂」、「帝王芭樂」香甜清脆，印尼本地的芭樂還是停留在幾十年前我對芭樂的印象——果肉結實酸澀。當然，也許有許多人喜歡這樣有「原始自然」風貌的水果，但是從小被台灣水果寵壞的我，那種青澀味常讓我食不下嚥。

這種時候總會希望台灣引以為傲的精緻農業，是不是能以什麼樣的合作模式給予印尼農業技術指導？台灣方面也許可以從中賺取顧問費、權利金，更重要的是贏得正面積極的國際形象，印尼的農業也將能有長足的發展，畢竟印尼早期也是以農立國的國家，再加上全球第四大人口的消費力，台印在農產品上若能長期合作，將是雙贏的好機會。

農技團提升當地農作物品質

事實上，台灣農技團自一九七六年已經開始與印尼合作。台灣的「國際合作發展基金會」（ICDF）自二〇〇七年起，也在印尼爪哇島西部大城茂物與「茂物農業大學」（Bogor Agricultural University）合作，教導當地農民種植蔬菜與水果，不但大幅改善農作物的品質，更直接改善當地農民的生活。據說因為蔬果品質大幅提升，深受市場歡迎，當地農民的收入比之前翻漲了三至四倍。印尼當地許多農民都是因著農技團才知道台灣，進而感謝台灣。

近幾年，只要我在超市看到印有「ICDF」標章的蔬果，總是二話不說的幾乎把每樣都放進購物車：如超級甜脆的珍珠芭樂、可愛圓潤的冬瓜、修長飽滿的四季豆、印尼本地少見但我卻非常愛吃的蘆筍，以及各式翠綠的蔬菜等，因為我知道，這些是台灣親愛的農技團同胞們一點一滴的心血累積，加上印尼當地農民相信台灣人，在彼此努力合作耕耘下的成果。每每目睹、烹煮、品嚐這些蔬果，我的心中總會充滿無限感激。

當然，農技團的運作需要較長期的努力經營。若以短期可能的目標而言，台灣如此高品質的水果，亦可以嘗試在印尼打天下。在印尼本地許多連鎖超市，多可見遠從美國、紐西蘭、澳洲、義大利、日本、韓國進口的蘋果、葡萄、櫻桃、草莓、柳橙、奇異果、梨子等水果。這些遠道而來的水果單價都相當驚人，即使價格好似會「燙手」卻仍奇貨可居，常銷售一空。

我常想，比起這些地方，台灣距離印尼真是近多了，運費也該低廉許多。如果美國、義大利的水果都可以遠道運來販賣，台灣的水果又何嘗不可？台灣的蔬果品質在世上可說是首屈一指，在印尼一定可以有機會大放光芒。可惜的是，截至目前為止，只見過台灣番茄、四季豆、蓮藕等少數蔬菜，其他高附加價值與較高利潤的水果，卻在這廣大市場中缺席了。

台灣蔬果受到印尼人青睞的潛力實在不容小覷，讓我印象特別深刻的就是二〇一二年的農曆年前，在印尼連鎖超市竟然發現台灣香甜多汁、超高品質的椪柑！價格雖然高出中國產的椪柑二至三倍，我還是興高采烈的購買二十多箱分贈印尼當地友人，趁著年節送禮，總希望能藉自己小小的力量與更多人分享台灣農業的驕傲，但願能為台灣農業略盡棉薄之力。

當然，台灣的椪柑得到非常熱烈的好評反響，有些朋友還特別來電詢問在哪裡可以購買到？還記得那天當我在超市看到台灣椪柑因感動而稍稍怔住時，旁邊的工作人員還特別過來指著台灣椪柑告訴我：「這雖然比較貴，可是真的很好吃！」當時我很驕傲的回他：「我知道，因為我是從台灣來的！」

隔年農曆年前，我等著台灣椪柑進印尼，打算再買來分送友人，但可惜的是，望穿秋水直到除夕那天還是沒等到。特意找了連鎖超市的經理詢問，她說：「今年沒進台灣的椪柑，全都是中國的。」當下真如晴天霹靂，為台灣椪柑在印尼的曇花一現傷感。

後來無意間在網路看到新聞才知道，原來二〇一二年中，印尼調整了部分貿易規定，不知是台灣駐外單位未即時告知台灣出口貿易商，或是貿易商本身處理文件不及，總之二〇一三年農曆年節台灣柑橘銷至印尼的數量驟減，且須改名為「中國椪柑」才能進入印尼市場（因為據說當時中國貿易商早被告知規定修改，已先完成必要的申報手續）。

我無從得知這件事情的真相為何，但事實就是當時在印尼放眼所及都是「中國椪柑」，到底這之中哪顆其實來自台灣，從外盒實在無從分辨起，當然也下不了手了。爾後至今又過了十多年，農曆年節前遍目所及皆為來自中國的柑橘，不僅如此，超市賣場中大概超過三分之一的蔬果皆來自中國，連以前高價的水果如來自日本的麝香葡萄，都變成來自中國的麝香葡萄。

台灣農技團努力在地耕耘，不但有品質保證，各種蔬果產量逐步增加，銷售地點也穩健發展中，雖然相較於中國農產品大舉強勢登印之勢，仍有些小巫見大巫之感，但農技團的就地合作發展，展現台灣實質外交，更讓人感到欽佩與尊敬！台灣進口的農產品在印尼至今仍未占有一席之地，也許是涉及到兩國間複雜的農業協定，仍盼望著能靠官方與民間共同努力，讓台灣更多農產品的驕傲，在異地發光！

52 學習印尼語的高經濟效益

因為興趣，從學生時代我總會嘗試學習有興趣的語言，所以英文、日文、韓文、廣東話都是我努力學習的範疇。因著初至印尼的那場交通意外（詳見p63〈9群體力量大〉），提醒了我語言的重要，並為了能讓自己在印尼的工作與生活更自主與順暢，更下定決心要學習印尼文。當時除了語言書籍，透過工作上與同事們的交流互動是最快的學習方法。

注重禮節的語言

學習後才發現，印尼文實在是非常注重禮節的語言。比如在電話的交談，或正式場合的致詞與交際，一定以問候語開始（早安、午安、晚安），再重複以問候語結束（早安、午安、晚安），這在我學習過的語言中算是非常多禮的。

印尼語（印尼文為Bahasa Indonesia）是印尼的官方語言。一九四五年印尼建國獨立時，印尼語即被訂定為正式國家語言。由於印尼幅員遼闊，全國有超過七百種方言，選定一種語言當作全國統一的官方溝通語言當然有其必要。

印尼語的成型，主要融合幾支原本較大的本地馬來語組系，例如爪哇話（Javanese）、巽他話（Sundanese）、峇里話（Balinese），甚至華文（Chinese）。其中尤以爪哇話為主，因為全印尼人口約57%居住在爪哇島上。

受閩南話的影響大

印尼文中讓我最有感的，當屬受華文影響而發展出的詞彙。不過這裡提到的「華文」，指的是印尼華人說的語言。由於早期來到印尼發展的華人祖先多來自中國沿海的福建、廣東，所以受「華文」影響的印尼文，指的多是「福建話」與「廣東話」發音，並非我們現在官方的「中文」發音。

比方說，與民生基本物品相關的常用字：麵（印尼語Mie，就是閩南話「麵」的發音）、米粉（印尼語Bihun，就是閩南話「米粉」的發音）、粿條（印尼語Kway Teow，就是閩南話「粿條」的發音）、茶（印尼語Teh，就是閩南話「茶」的發音）、包子（印尼語Bak Pao，就是閩南話「肉包」的發音）。顯而易見的，這些食物都是之前華人祖先從中國帶來印尼的食物，因而也促成這些印尼語詞彙。

又例如生活用品像是肥皂（印尼語Sabun，就是閩南話「肥皂」的發音），甚至蟑螂（印尼語Kecoak，就是閩南話「蟑螂」的發音）。例子非常多，由此可見華人祖先在這片土地上與當地原住民相互交流的深刻痕跡，讓這些詞彙成為正式印尼文的一部分。

2022年建成啟用的印尼第一高樓「Autograph Tower」，共75層，號稱南半球第一高樓。

除此之外，隨著時代發展，印尼文與日文相似，有許多受西方外來文化影響產生的新詞彙，對於學習過英文的人而言，這些字應該特別容易學習，因為印尼文也是由二十六個英文字母拼寫而成，只是發音不同。這些新詞彙，就是用字母拼寫出類似原文的發音。比方說，總統（英文President，印尼語Presiden）、公寓（英文Apartment，印尼語Apartemen）、網球（英文Tennis，印尼語Tenis）……，像上述詞彙以印尼文發音唸出來，其實就是英文的原意。更有些字與外來語拼法一模一樣，例如電梯（英文Lift，印尼語Lift）、雷射（英文Laser，印尼語Laser），只是發音有非常些微的差異。

這也就是有時候初訪印尼的人會驚訝於一些明明正統教育程度不高的印尼人，但懂的「英文」詞彙好像還不少。其實他們認得的不是英文詞彙，而是這樣的外來語其實已成為印尼文的一部分。

另外，印尼語有個特色就是句尾常加個「呀」(一ㄚˊ)的音，也讓我印象很深刻。不論是口語或文字，一定會常聽到或看到「Ya」在句尾出現，語句是驚嘆、命令、疑問、同意……，皆是如此。舉例來說，印尼話說「一定要呀！」(Harus ya！)、「原來是這樣呀！」(Begitu ya！)、同意對方說的話也是「呀，呀，呀」(Ya, Ya, Ya類似中文的「是，是，是」)。連祝賀農曆新年時都會說「恭喜發財呀！」(Gon Xi Fat Chai ya！)記得我剛開始學習印尼話時，因為太常聽到「呀」(Ya)的音，每每聽聞腦中就不由自主浮現出小時候常常唱的兒歌「伊比呀呀」，自己想著都覺有趣。

語言是了解新住民與移工的好管道

若以詞彙形成的觀點來看，印尼文其實不算太難學習，至少比起中文的聽說讀寫，印尼文算是容易入門的一種國際語言，再加上印尼文的使用人口約二億八千萬人（根據二〇二四年聯合國的估算），以語言學習的角度來看，應該也可以算是投資報酬率高的語言。

在雅加達遇過好幾位從韓國被外派駐此工作的朋友，其中一些人在韓國大學的主修科系即是「印尼文系」，聽他們分享才知道，多年前許多韓國大學已專設印尼文科系，也逐漸受到年輕人的歡迎，畢業後印尼廣大的市場當然是他們打拚前途的最佳試煉所，為自己、所屬企業、也為國家鋪陳大道。

台灣也有些大學院所早就開始關注東南亞，並成立「東南亞學系」，如暨南大學於二〇一四年成立了台灣第一個「東南亞學系」，開始提供印尼語課程，可謂大專院校專注印尼語與文化學習的先鋒。文藻外語大學、國立政治大學爾後也設立「東南亞語文系」，提供印尼語的學習課程。但願能有多一些青年學子願意拋棄一些可能的舊有成見，試著敞開心胸學習，也許之後有機會到世界第四大人口國印尼闖一闖，或許能發掘出許多不同的機會。

根據台灣內政部移民署截至二〇二四年中的統計，台灣新住民已達五十七萬人口，其中來自印尼的比例排名第三，在中國與越南之後，占整體新住民的5.4％，約三萬人。因此近年來政府也開始注意並提倡鼓勵新住民二代保留並學習母語，這樣的方向的確有助於對新住民文化背景的了解，進而促進國家文化的多元，另一方面，以更長遠的眼光來看，若想增加國家經濟及文化軟實力的對外影響力，新住民及其子女將是最事半功倍的助力。

語言與文化密不可分，如果在台灣，我們能更尊重來自四面八方不同的語言，願意共同保存，進而學習，「新台灣之子」在整個亞洲甚至世界的影響力，必將指日可待。「十年樹木，百年樹人」，想達到這個目標當然無法一蹴可幾，愈早認清與面對台灣社會人口組成現狀，愈早開始長期規劃，相信所累積的影響力將能更為雄厚。

另外，根據台灣勞動部統計，目前在台移工以印尼籍占37%為首，若以與大眾日常生活關係最緊密的「社福移工」而言，印尼籍更高達77%。如果生活或工作上有機會與之互動，學習印尼語應也有相當的實用效益吧。

常用印尼文字彙

早安	Selamat Pagi
午安	Selamat Siang
晚安	Selamat Malam
請	Silahkan
謝謝	Terima Kasih
對不起	Maaf或Sorry
你好嗎？	Apa Kabar
是	Ya
不是	Bukan
這個	Ini
我	Saya
你	Kamu
您	Anda
他	Dia
先生	Pak，對華人稱「Ko」（哥），對外國人稱「Mister」
小姐	Mba，對華人稱「Cik」（姐），對外國人稱「Miss」
台灣	Taiwan
左	Kiri
右	Kanan
多少	Berapa
太好了！	Bagus!

53 清真認證的廣大商機

在印尼生活，最常見的就是這個字「HALAL」(中文翻譯為「清真」)。在許多餐廳門上或玻璃上都可看到這個字，許多食品包裝上也可看見這個字，有時是用字母這樣寫「HALAL」，有時是用阿拉伯文寫「حلال」。「HALAL」是阿拉伯原文的音譯，發音為「哈辣」。在阿拉伯文中此字的含意是「合法」或「許可」，也就是說，若在餐廳外寫著「HALAL」，即表示此餐廳烹調的方式與提供的食物皆符合伊斯蘭教教義，伊斯蘭教徒可放心食用。印在食物包裝上，如餅乾、點心、泡麵等，表示該產品製作的原料與過程皆符合伊斯蘭教教義。同樣類別的產品，如果有這個標誌，廣大的伊斯蘭教消費者就會安心的購買、放心的食用。

只食用根據教法宰殺的肉類

根據伊斯蘭教義，教徒不吃雜食性動物。所以我們一般熟知伊斯蘭教徒不吃豬肉，及其血液與加工品；可吃草食性動物，如雞鴨牛羊等，但必須是由伊斯蘭教徒根據伊斯蘭教法宰殺的肉類才可食用（會先檢查動物的

日系麵店使用雞肉的產品會插小紙旗清楚標示（圖左），無標示者為標準的豬肉產品。

眼睛確保其適合食用，供動物飲水解其渴，然後使動物面向麥加，以割斷喉管方式放血處理）。此外，自死物（如病死等，但海鮮除外）、酒精、血液等均不可食用，所以豬血糕、鴨血糕等絕不可入口。只兩種例外狀況：不知者無罪，也就是在不知情的狀況下誤食，或者處在不得已的狀況下，例如不吃會有生命危險。

因為伊斯蘭教義的規定甚為嚴謹，但現今食物種類太多、烹飪方式又多樣，所以有賴專門的認證機構來把關。如果經認證機構認可的餐廳與食物，就會給予「HALAL」認證標章。

在印尼超市或賣場食品架上，大部分食品幾乎都有「HALAL」認證章，一些含豬肉的食品，如某些外來品牌的泡麵等（日本豚骨拉麵泡麵即為一例），外包裝會有貼紙清楚印著「PORK」（豬肉），有些還會明顯的畫了隻豬。西點麵包店裡的麵包也是如此，原則上所有肉類如熱狗、火腿等，一定都會改用雞肉或牛肉，有些還是用到豬肉的麵包，上面或插了支小紙旗，旗上還得畫隻小豬，或有額外標示，種種做法都是幫助這裡絕大部分的伊斯蘭教徒避免在不知情的狀況下誤食「非清真」的食物。

取得認證，爭取廣大市場

印尼市面上常可見東南亞各國如馬來西亞、泰國、新加坡等國的食品，取得「HALAL」認證並輸出到印尼，以爭奪這個世界第四大人口的廣大市場。比如許多冷凍食品（如饅頭、炸雞塊、印度甩餅、魚丸與蝦丸，甚至可做可頌的冷凍酥皮等），餅乾與各種零食，各式乾貨、泡麵、醬料等，通過清真認證，即可在包裝上印上顯而易見的清真認證標誌。如果沒有這樣認證，消費者通常會心存疑慮，也多不敢一試。

如受到許多人喜愛的韓國拉麵，有的品牌早在二〇一一年就申請清真認證並獲得通過，然後利用各種社交媒體大肆宣傳，不只強攻印尼市場，還包括鄰近的馬來西亞、新加坡甚至沙烏地阿拉伯等中東國家，每年的銷售量都成倍數成長。由此可知，擁有清真認證對於進入伊斯蘭教市場真是有決定性的作用。

除了食品業，在印尼發展餐飲業若也能申請清真認證，在餐廳外標示「HALAL」，表示此餐廳烹調的方式與提供的食物皆符合伊斯蘭教教義，或清楚標示「No Pork」（不含豬肉），廣大伊斯蘭教消費者就會被吸引而更願意登門嘗試。

以台灣的驕傲「鼎泰豐」餐廳為例，其中大部分分店都會在店外特別標示「未使用豬肉」（No Pork），以吸引伊斯蘭教徒消費者上門，這些分店會把所有在台灣用到豬肉的料理，全部改為雞肉料理（只有位於華人區的鼎泰豐可選擇豬肉或雞肉菜單，其他皆只提供雞肉菜單）——小籠包的內餡是雞肉、餛飩包的也是雞肉、炒菜加的肉類可選雞肉或牛肉……，再加上因應印尼人愛辣的重口味，提供各式XO醬的辣味炒飯、炒麵及泰式酸辣湯麵、南洋辣蝦麵等，並迎合印尼人愛油炸食品的喜好，提供了炸豆腐、炸蝦、炸花枝、炸雞排等炸物供顧客選擇。

調整菜單，成功吸引消費者

據我觀察，大部分印尼人光顧鼎泰豐，通常點的都不出這些辣味料理，而且一定點幾盤炸物大啖一番。鼎泰豐店門口清楚標示「No Pork」，絕對是吸引印尼占絕大多數的伊斯蘭教消費者放心走進來消費的第一步。鼎泰豐光在首都雅加達就拓展十多家分店，就算每家分店的占地寬敞，仍是時時滿座。除了因為員工多禮又訓練有素（點餐、上菜、整理的效率極高），因地制宜設計的菜單絕對是首要功臣。鼎泰豐認真的入境問俗，也為他們帶來豐厚的利潤，畢竟這還是個以伊斯蘭教為大宗的國度。

又如一些有名的日本拉麵店，一定會在菜單提供顧客選擇要「豬肉湯底」或「雞肉湯底」，給予的湯碗顏色也不同。這些細心體貼的安排，當然也獲得此地廣大消費者的正面迴響。

日式餐廳前顯目的清真認證告示。

據二〇二四年最新資料顯示，伊斯蘭教人口占世界人口約25.8%，其中又以印尼伊斯蘭教的總人口數達二億四千二百萬人口為首，快速發展中的印尼仍有許多待開發、未飽和市場區塊，是各行業拓展進入全球廣大伊斯蘭市場的最佳跳板。

台灣向來以美食聞名，我們的食品產業多樣豐富又美味，也於二〇一五年開始推行食品的「HALAL」清真認證。根據台灣清真產業品質保證協會統計，目前台灣已有超過一千家業者、兩萬項產品申請清真認證，六成以上是食品類，另外尚有化妝品、添加劑、濾水器等產品。如果可以在這方面加快步伐，相信印尼與有著全球四分之一人口的伊斯蘭教市場將可帶來廣大的商機。

54 印尼餐飲市場大有可為

一般來說，印尼人非常捨得花錢消費，這可由月底發薪後的第一個週末，購物商場總是人滿為患即可看出，但過了三週後的週末購物人潮就會明顯減少，直至下一個發薪日。除了捨得消費，較無儲蓄觀念，普遍「高調的風氣」也影響了消費習慣。

不論國際或國內是否處於經濟低潮期，在印尼唯一不受影響的就是餐飲業。印尼人非常愛交際，常見三五好友相聚或是整個團體相約，週末更常見的是大家族出動的聚餐，地點當然是選在各式餐飲店：五星級飯店內的餐廳、購物商場或辦公大樓內的餐廳、大街上的獨立餐廳，以及各式咖啡店、甜點飲料店等，到處林立，選擇琳琅滿目，更重要的是，常常都是高朋滿座，週末更是一位難求。

在這裡創立餐飲集團的本地朋友與我分享，他們的市場調查顯示，社會中產主流的每位客人在餐廳內每餐的平均消費是20萬印尼盾（約台幣400元）。根據世界銀行組織（The World Bank）資料顯示，二〇二三年印尼平均國民所得為4,940美元（首都雅加達的平均國民

「鼎泰豐」因地制宜的策略是台灣餐飲業成功的代表。

所得約2萬美元），相較於台灣同年度的平均國民所得約3萬美元，由此可見印尼人對於餐飲花費可說毫不猶豫。

喜歡享受與嘗新

以台灣國寶飲料珍珠奶茶在印尼為例，一杯基本珍珠奶茶要價3萬5千印尼盾（約台幣70元），與在台灣的價格不相上下，但以印尼平均國民所得而言並不算便宜，甚至有些品牌其分量只有台灣一半（此價格為小杯裝），但即便如此，許多在印尼開展的珍珠奶茶店仍是生意興隆。幾年前我曾經為解饞想買珍珠奶茶，竟排隊半個小時才買到。有些在印尼的珍珠奶茶連鎖店更因獲利驚人而拓展成有如精品咖啡門市的概念，店面擁有精緻宜人的裝潢，提供給客人休憩聊天約會的場所。

印尼人對餐飲的需求與喜好，與我們在台灣工作週間常在尋找哪裡有便宜又CP值高的便當與餐廳大相逕庭。印尼人喜歡享受，只要身上有錢，就喜歡嘗新，餐飲地點喜歡選擇裝潢看起來高調奢華的，因為愛拍照愛使用社交媒體的印尼人，喜愛拍下有強烈富足感的照片。在印尼做餐飲，只要口味調整符合當地人的胃口（通常就是加重口味：加辣、加鹹，或注意「清真飲食」的要求，像韓國料理與越南料理因為重辣、重鹹，在印尼即廣受歡迎），如若加上店面適合拍照打卡用，獲利通常更可高出預期。

55 蓬勃發展的電商市場

印尼是繼中國、印度與美國之後全球第四大智慧型手機市場。根據二〇二四年六月資料顯示，印尼的智慧型手機用戶超過一億八千七百萬，占全國人口將近七成。此外，印尼青中壯年占人口比例高達68%，這種人口結構偏年輕的社會較勇於嘗新，也更容易跟隨潮流脈動。再加上收費相對便宜的行動上網費用、印尼人習以為常的塞車，與新冠疫情期間線上上班上課將近一年半的推波助瀾，這些原因全都直接刺激了印尼電子商務市場的蓬勃發展。

領薪後先買再說

再者，「高調的風氣」對印尼消費習慣也有影響，如若有位家事幫手買了支智慧型手機，周遭一起工作的朋友見了通常也會想購買，就算智慧型手機要價幾乎是家事幫手一整個月的薪水，領薪後通常會「先買再說」，接下來一個月的生活費用或借或欠，總之輸人不輸陣（這也就是為什麼多年前當黑莓機正盛時，印尼是繼美國之後世界第二大的黑莓機市場，因為當時黑莓機

咖啡店一隅，人手一機。

為印尼手機市場主流，只要是受薪階級幾乎人手一機）。

這種跟隨潮流的風氣讓印尼的智慧型手機市場仍以每年二至三成的速度增長。有了智慧型手機，再加上可負擔的上網費用，所以有空檔就滑滑手機已是常態，大家也開始習慣在智慧型手機上瀏覽各種資訊及購買所需產品與服務。

一間間網路上的電子商場應運而生，因為市場商機實在龐大。隨著網路交易付款機制的改善，與物流基礎不斷建設，近年來又有機動性高且便利的「Gojek」產業興起，在網路上訂貨與取貨更加方便、快速，有人預估許多實體商場也許在不久的將來會有熄燈潮，這由近年來許多購物商場與大賣場的店面租金已逐漸下滑可以看出，因為電子商務實在太便捷了。

東南亞最大的電子商務市場

印尼電子商務的市值粗估為820億美金（二〇二四年），是全東南亞最大的市場。根據預估，市場總值至二〇三〇年甚至可達1,600億美金，為零售產品建立電子平台仍充滿許多商機。

目前印尼最受歡迎的電子商務平台為：Shopee（蝦皮）、Tokopedia、Lazada。台灣電子商務業者若對進入印尼市場有興趣，可考慮複製在台的成功經驗，或與當地廠商合作，並針對印尼市場現況進行強化：如印尼的運費仍相對稍高、出貨與送貨速度並未全部能達預期中的效率，產品品質並不穩定、客訴管道與個資保護觀念仍未健全等，相信印尼電子商務仍有大幅商機可供拓展，並進一步促使其進步與成長。

56 外國積極爭食金融大餅

印尼現今經濟仍處於成長期，加上消費能力強，並受「高調的風氣」所影響——個人想展現類似甚或高於同儕的經濟能力：如住好房、開好車、用好物……，因而習慣借貸的文化。又如企業的擴張或併購等，有時候其實超過原本個人或該企業財務能力範圍，因此不論個人金融或企業金融在印尼都大有可為。

百家爭鳴的銀行業

現在印尼已有將近一百二十家銀行機構（其中四家為國營，其餘為民營），其中規模最大的幾家本地銀行為：Bank Mandiri（國營銀行），Bank Rakyat Indonesia（BRI，國營銀行），Bank Central Asia（BCA，印尼本地最大民營銀行）、Bank Negara Indonesia（BNI，國營銀行）、Bank Tabungan Negara（BTN，國營銀行）。

在印尼歷史最悠久的外商銀行當屬匯豐銀行（HSBC），於西元一八八四年荷蘭統治印尼時期，即在雅加達設立第一間分行，並從二〇〇九年起即分階段收購本地銀行Bank Economi的股分，二〇一七年完全併購

首都雅加達主要商業金融區的辦公大樓。

後至今在全印尼共有超過七百間分行。

近幾年來自世界各國的銀行，尤其來自鄰近的新加坡、馬來西亞或稍遠的日本、韓國、中國等，都積極爭食印尼這塊金融大餅。但是由於印尼金融業者已處於百家爭鳴的情況，許多外來銀行到印尼發展採取的策略多為併購本地銀行，如上述的匯豐銀行。新加坡華僑銀行（OCBC）二〇〇八年起也與印尼當地銀行Bank NISP合作發展，現在銀行全名為Bank OCBC NISP。日本的J信託銀行（J Trust Bank）也於二〇一五正式併購印尼本地銀行Bank Mutiara後即以PT JTrust Bank Indonesia Tbk.開始在印尼發展。韓國的新韓銀行（Shinhan Bank）也已收購印尼兩家本地銀行（Centratama Nasional Bank原擁有四十一間分行，與Bank Metro Express原擁有十九間分行）以求在印尼立基發展。

台灣的中國信託商業銀行可謂台灣金融業至印尼發展的先鋒，於一九九七年設立開始至今已二十餘年，除了雅加達總行外，目前在印尼三大城市共有十間分行。

近年來印尼的金融業一直朝著整合的方向前進，畢竟體質不好或規模太小的銀行終將在市場上被淘汰，因此許多本地銀行也一直觀察物色可能的合作夥伴。如果台灣金融業有計畫朝印尼發展，評估與現有當地銀行合作實不失為一個好方法。

特殊的伊斯蘭金融

另外，由於印尼是全球最大伊斯蘭教國家，金融體系有一環是台灣比較不常見的「伊斯蘭金融」（Islamic Banking）。伊斯蘭金融的基礎是根據伊斯蘭教《可蘭經》所規定的教義所發展出的特殊金融體系。按照伊斯蘭律法，金融機構不可賺取利息、不可放高利貸、不得將資金投入《可蘭經》反對的項目（如豬肉、酒精相關產業），銀行向客戶收取的任何利潤，都需經過雙方同意，以符合「盈虧共享」教義等，與一般的金融體系相較之下有其特殊性。

目前印尼的某些國營與民營銀行皆設有「伊斯蘭金融」部門，另外也有專營「伊斯蘭金融」的銀行。根據伊斯蘭經濟組織（Islamic Economic Society）資料，印尼的「伊斯蘭金融」仍有很大的發展空間，幾乎每年都有將近15%的成長率，因此這塊市場也是許多國家與金融機構爭食的目標。現今印尼政府法律規定，伊斯蘭體系銀行的外國投資不可超過40%，但為了要鼓勵並促進伊斯蘭金融體系加速發展，政府目前也在考慮提高外國投資的上限。

若台灣金融業想至印尼發展，或可將「伊斯蘭金融」也納入考量。

57 學習華文熱潮正起

華人在印尼可謂超級少數民族，但這少數民族卻掌控全國約八成以上的經濟力量，社會影響力實不可小覷。尤其近幾年中央政府政策親中，華文更成商業考量下的熱門顯學。

印尼許多私立學校與國際學校都已開設華文課程，號稱三語學校——印尼語、英語與華文。華文課程難易程度因各校教材不同而異，但強調提供「華文學習環境」現已是私校與國際學校的大賣點。更別提華文補習班如雨後春筍般林立，家教更是大受歡迎（現在首都雅加達市場行情是一小時至少70萬印尼盾，約台幣1,400元），不只華裔，許多本地人也都爭相學習華文，認為是世界未來趨勢。此外，現在本地電視台也開始推出用全中文播報新聞的時段，廣播電台也有全中文的電台，華文學習的氛圍實在不可同日而語。

中文教師供不應求

這股熱潮的連帶影響，就是中文教師供不應求，每年都有一批又一批的中文老師從中國遠道而來，過著

首都雅加達填海新區域建造的新華人區域，此地許多店家名稱都使用華文。

「外聘教師」的優渥生活。每月基本薪水2,000至3,000美金不等，再加上學校負擔其房租等基本生活費與每年一次回鄉的來回機票，有些來自山西、甘肅、吉林等「較內地」的老師，對這裡領著比內地高兩、三倍薪水，又被家長們以高時薪家教追捧的生活，可說甘之如飴。若是有口碑的中文家教，有些經濟能力較寬裕的家長還會以兩倍市場價格「搶老師、搶時段」。

在這樣的風氣下，這些年來我認識從中國或馬來西亞來的好些位中文教師，只有換學校教學，離開印尼回國的實在少之又少，有的在此教學超過十年以上，甚至舉家遷移至此。

如果有些台灣的流浪教師知道這樣的情況，不知會不會願意屏除一些成見，也來這裡闖闖天下，並為這裡熱中華文學習的新一代開啟新視野呢？

再者，如果台灣政府可以統整資源，有組織、有計畫的訓練有興趣前來印尼的教師，並與當地教育單位簽訂長期合作備忘錄，除了可緩解台灣供過於求的師資，給予教師們更多元的選擇與支持，長期而言，對於我們所珍視的台灣文化的輸出，一定可以有正面且更有效的影響。如果在印尼的孩子於學生時代透過台灣教師，接觸過台灣的文化，相信有天當他們成為社會的中堅分子，一定也會對台灣有多份了解，多份友善，對兩國未來的關係必有加乘的效果。

台灣是世界唯一保存正統中華文化最好的展現地，現在印尼社會熱中華文學習，且兩國人民交流互動日增，這實在是台灣文化對外輸出的大好時機啊（註）！

註：除了由台灣政府支持設立的「雅加達台灣學校」（Jakarta Taipei School）與「印尼泗水台灣學校」（Surabaya Taipei School）外，近年來在印尼各私立學校、國際學校、華文補習班等使用的華文教材皆為漢語拼音與簡體中文。若有意前來此從事相關工作者，建議事先熟悉漢語拼音系統與簡體中文。

58 歡迎印尼留台學子

記得讀大學時，我們班上有兩位來自印尼、三位來自馬來西亞、一位來自香港的僑生。馬來西亞與香港的僑生因為華文流利與大家都相處甚歡，畢業至今仍偶有聯繫，但這兩位印尼同學好像一陣風，來無影去無蹤，好似不曾存在過。

慚愧的是，回想起大學整整四年，除了與兩位印尼同學點過兩次頭說「早！」以外，真是沒多說過半句話。一來當時我對印尼除了國名以外，一點概念都沒有（誠實的說，當時也沒想了解更多），二來這兩位同學總是沉默寡言，好像很難與大夥兒打成一片，不論什麼報告、活動都只與對方「相依為命」。

切身感受離鄉背井的無助心情

誰能想到在那之後的幾年，我竟然住在「也沒想了解更多」的印尼，現在回想起來，心中對這兩位同學有著深深的歉疚感，因為現在的我了解，當時這兩位印尼華人同學在他們成長的土地上是禁止一切華文學習的。他們該是自己多麼的努力，經過一定的華文檢測與各項

即將赴台的學生，身穿有101的服裝。

科目的優異表現，才能進到台大管理學院當時的第一志願工管系學習。又雖然學習後華文的聽讀寫沒問題，但想來是環境使然，他們對說華語沒有信心，也因此多數時候只能選擇沉默，直到畢業也無法與其他同學有太多交流。回想起來，當時離鄉背井的他們心中該是多孤單寂寞無助，像我這樣的同學又顯得多麼的「冷漠無情」。

事實上，台灣一直以來是許多印尼人，尤其是印尼華人，考慮讓子女去留學的目標之一。二、三十年前是因為當時華人仍強烈感受印尼整體大環境的不友善，認為將孩子送出國至「較先進」的台灣就學，同為華人文化背景、社會又安定富裕，實是最佳選擇——父母總希望孩子的學習與生活有較好的環境，或者就學後也可接著就業。

當時有部分這樣留台背景的印尼學生，畢業後繼續留在台灣工作生活，多年後也正式成為台灣人。當然也有部分畢業後仍回到印尼，但這些曾在台灣受教育與生活的學生，不論過了多少年，對台灣仍懷抱著一份濃厚的親切感，這可由他們組成的「印尼留台校友會」可看出（註）。

近年來因為在印尼的華文學習熱潮，台灣又重新吸引許多家長與學子的目光。當然留學歐美、紐澳的也是大有人在，但近年因為世界不安局勢或受槍枝相關治安問題等影響，許多印尼家長開始認為西方國家的安全堪憂，因而把眼光放在距離與文化背景相近的新加坡與台灣。當然更現實的考量是，學費與生活費相較遙遠的國度更為「合理」。

提升「台灣高等教育展」的成效

近年台灣因為少子化問題，導致許多大專院校招生不足或經費拮据，想想印尼學子現在正處於華文熱的氛圍下，如果能互補互惠，豈不甚好？近些年來，由台灣「海外聯招委員會」與印尼留台校友會總會共同舉辦的「台灣高等教育展」，就是非常正面的努力方向。

以二〇二四年為例，就有包括台灣知名的國立與私立共五十七所大學參與招生，並於印尼的五個華人相對較多的城市：首都雅加達、萬隆、坤甸（Pontianak）、

註：「印尼留台校友會」簡稱ICATI，全名為 Ikatan Citra Alumni Taiwan Indonesia，網址：www.icati.org。此組織會員因為皆有留台背景，對台灣文化與風俗相較一般印尼人有更多了解與認識，對台灣的情感也更為深厚。台灣政府若在印尼舉辦活動，多受該組織大力支持。每年台灣在印尼舉辦的「台灣高等教育展」，印尼留台校友會即為贊助主力。

泗水（Surabaya）、棉蘭巡迴舉辦，吸引將近兩萬人次參與，規模較往年的三個城市更大。

多年前在印尼的一位朋友曾問我：「她的孩子想到台灣讀大學，對多媒體有興趣，適合申請台灣哪所大學？」說實在我真沒研究過。為了不讓她失望，我花了整整兩個晚上，上網搜尋資料，把可能的學校系所與所在地相關訊息交給她，希望能有些助益。這樣的經驗促使我該年也去參觀「台灣高等教育展」，希望可多蒐集一些相關訊息。

可惜的是，在場工作人員多是留台校友會的義工，許多較詳細的資訊他們並不太清楚，這當然也可以理解，因為應當是來此招生的學校要先做好充足的準備，包括人員的訓練與參考資料的完備等。另外，許多學校攤位布置雖有學校簡介、獲獎榮譽等期能吸引參觀者的目光，但是全部以繁體中文為之，試想，來參觀的印尼人如何能讀懂？如果參觀者無法了解，解說人員也不太清楚，那麼這樣招生的成效到底能有多少？

令人欣慰的是，透過許多人的共同努力，如美、加、澳等國每年總是定期在印尼舉辦盛大的教育展，現在「台灣高等教育展」在印尼也已成為每年度的例行重點活動。如此一來，有意至此招生的學校就可以依預訂日期做更充分的準備，包括：

• 現場解說人員的訓練——除了清楚所有相關資訊而能應答，最好還能說流利的英文（實在不能假設來參觀的印尼人都可用中文流利溝通）。

• 現場布置、提供的參考資料手冊——最好能中英文並行，如果能有印尼文版本更佳。

• 統整各校科系優勢所在，並以此為吸引力——如參觀者若對電子科系、醫學科系、多媒體科系、商業科系等有興趣，應該直接參考哪幾間學校？而不需要費時把參展的所有學校攤位都看過一遍，如此對招生學校，或是想申請的學生與家長都可以更有效率的各取所需。

另外，如果能有企業願意贊助這樣的教育展，並承諾優先提供就業工作機會給留台學子（工作機會也許在台灣、印尼或是其他地點），相信對於吸引印尼學子留台一定有大大加分的成效。對企業而言，能網羅這樣有台印雙文化背景的人才也絕對有正面助益。

當然，若要促使這樣的教育交流更為流暢，相關的行政手續，如學生與家長在各種不同情況下申請簽證的核發規定，也須有相對應的支持，才不枉這樣雙贏的美意。

印尼學子在台的困境

之前與一位印尼當地上市公司董事長開會，當他得知我來自台灣，很高興的主動告知他將兩位孩子送到台灣讀大學，各在台北知名國立大學與私立大學就讀。當地像這樣有經濟能力的家庭，孩子一般都是以到歐美紐澳讀大學為目標，少部分因距離與治安因素，考量新加坡或中港（疫情後至中港就讀的意願驟降），如若綜合考量中文學習與經濟效益，台灣就是首選。

這位印尼華人董事長分享，他從學生時代至今多次到台灣，非常喜愛台灣的風土人情，認為對從小在印尼成長的華裔孩子，要在安全與中華文化最濃厚的地方學習、成長，台灣是最好的選擇。豈料這樣的決定，不但太太不贊同——明明有能力送到歐美，為何「只」去台灣？孩子至今已就學兩三年，對他仍多所埋怨——同學們幾盡前往英語系國家讀大學，只有她們到「聽起來不酷」的台灣。

更讓他苦惱的是，雖然學校授課與課業對英文聽說讀寫流利的孩子們不成問題，但中文畢竟是她們的第三語言，以致生活上仍不順暢。台灣的同學雖看似友善卻無法有更多交流，久而久之還是只能限縮與同樣來自印尼的朋友交往。他搖頭苦笑說，當初力排眾議，現在看來事與願違，真是父母難為。

他的話又讓我回想起前述自己讀大學時的那兩位來自印尼的同學。似乎二十多年過去了，印尼學子無法融入的情況並沒有改善。

數年前我在當地結識的台灣朋友，其女兒以優秀的成績畢業於雅加達台灣學校（台灣政府三十多年前支持設立）並獲錄取進入台大。台校的訓練養成使得她中英文能力極強，入學前她對大學生活興奮期待不已，見到我已開心改口喊「學姐」。入學一年後我們在台灣相見，她卻看起來略顯落寞，原來即使她受完整台校教育，與大部分台灣同學不同的生活成長經歷，仍讓她在交友方面深感挫折。她自我安慰帥氣的說：「沒關係，還好有認識印尼來的同學。」現在她已研究所畢業在歐洲就業，她的來去，對於台灣的同窗是否也如一陣無痕的風？

近年來，台灣大學招生缺額創歷史新高引發熱烈討論，其實許多學校已開始重視向外招生，這的確是一舉數得的方向。提供獎學金、生活費等獎勵措施或可有立竿見影之效，但長期而言，能讓國際學生口耳相傳的口碑或許更有說服力。

欣賞異同，才能見花園之美

一直以來，除了對新加坡以外，台灣慣以次等眼光看周遭東南亞國家及其人民。其實東南亞各國尤其如越南、泰國、馬來西亞、印尼等國，硬體建設已非當日吳下阿蒙，且仍不斷快速發展中。其國民的國際觀，或因地緣位置與他國相連，或因常有大型國際會議、體育賽事活動，或因各國元首們經常性的互訪等，比起台灣的一部分人也許有過之而無不及。

新加坡與我們一樣同為島國，如觀看新加坡整點新聞，會發現半小時內大概只有不到十分鐘是本國新聞，其他必然播報的是周邊東南亞國家與其他國際新聞。當然這與新加坡的地理面積相對較小、政治言論自由有限度等或有相關，但不可否認，一般人民的國際視野卻能因而相對開闊。視野拓展了，才更能檢視自己的相對不足，才能虛心求進步。

學生時代的同窗情誼通常是社交關係中最真摯且

能維繫最長久的。各國外籍生在台生活經驗與記憶，對未來台灣的發展及與各國關係，包括各項產業甚至政治面，影響可深可遠。對於台灣學子而言，與外籍生共同學習的經驗，不僅是互相學習文化異同難能可貴的機會，更可讓自己的國際視野更開闊。

印尼有句俗諺：「花園裡五顏六色的花朵多麼美麗，這種美麗只有能欣賞差異的人才能感受。」台灣在世界舞台上想要持續占有一席之地，勢必要從教育做起。學生們若能有更開闊的心、更寬廣的視野，對於個人與國家的未來，當是百利無一害。

59 更信任國外「物超所值」的醫療

過去二十年，印尼是東南亞貧富差距加劇速度最快的國家，也是全世界貧富不均的第六名。由於貧富差距極大，醫療服務也傾向兩極化。

以首都雅加達為例，許多國際企業在此都有特約合作醫院，也就是外派至此的員工，若有需要可到這些特約醫院或診所就診，診療費與醫藥費則由企業全額或部分負擔。這些醫院診所，通常就是印尼高階所得的人會就診的地方。

以兒科診所為例，通常看一次醫生的診療費至少為60萬印尼盾（約台幣1,200元）起跳，如有開藥，要外加醫藥費，若有驗血驗尿等檢驗或打針等，費用需外加100萬至200萬印尼盾（約台幣2,000元～4,000元）不等。若是大人看診，診療費70萬印尼盾（約台幣1,400元）起跳，有開藥也需外加醫藥費用。

讓人驚嚇的洗牙費用

牙科診所的收費也大致如此。有次我想試試在此地某牙科診所洗牙，結果收費竟要500萬印尼盾（約台幣

雅加達的高階醫院之一，候診室相對舒適。

1萬元），比起自費在台灣牙科診所洗牙的費用高了數倍，讓我頗受驚嚇後下定決心，不到緊要關頭，絕不在印尼當地洗牙或補牙。事實上，這樣高額的醫療費用，若不是有保險公司或所屬企業全額或部分負擔，對於一般百姓而言實在是沉重的負擔。

另一方面，當然也有許多收費「相對合理」的私人診所或公立醫院，就診費約20萬至25萬印尼盾（約台幣400元～500元）起跳，甚至還有在鄉公所幫忙看診的醫務士，診療費用也只需3萬印尼盾（約台幣60元），這是普羅大眾可以接受的收費，但對鄉公所看診環境與對醫療（包括醫務士與藥品）的信任度就因人而異了。

印尼政府也了解現行醫療體系的不健全，所以在二〇一四年起就建立全國的「社會保險體系」（Badan Penyelenggara Jaminan Sosial, BPJS），其中「社會健康保險」（BPJS Kesehatan）就是類似台灣的全民健保，全印尼公民皆須納入保險（註1）。

社會健康保險仍嫌不足

雖然印尼政府立意良好，希望可藉這套健保制度照顧廣大民眾，但實際執行上卻多有不足。例如有次我們公司的同事得登革熱，連三天高燒意識不清，情況危急，家人欲將他送醫，但是連送三家「健保特約醫院」卻全被拒收，因為醫院擔心接受病人後產生的所有醫療費用，向國家健保單位請款困難，甚或根本領不到醫療給付，所以堅持病人一定要先給一筆醫療費用訂金（約為此同事月薪的15％）才肯收。同事的薪水是最低基本工資，一般只夠剛好養家，一時根本湊不出這筆錢，所以家人只好又把他接回家，並向公司求助。公司了解情況後，由人事部同事帶著現金到同事家，並協助他入院，之後他才獲得應有的治療。

另外，也有同事的太太在家鄉蘇門答臘島要生產，

註1：若是個人參保，保費為每人每月15萬印尼盾（第一等級，約台幣300元）、10萬印尼盾（第二等級，約台幣200元）、3萬5千印尼盾（第三等級，約台幣70元）。若是透過公司或組織參保，每人每月的保費依薪水級別不同而定。薪水到達各行政區法定最低薪資要求的，其員工參與的保險即列為第一級。每月保費為月薪的5％，公司組織負擔4％，個人負擔1％。

同樣被醫院要求先給付一定金額的訂金「才有空的病房」；友人半夜有急症要叫救護車，也被醫院要求先準備一定金額的現金，救護車才能出車……，諸如此類的情況不是特例，而是時有所聞。許多印尼民眾對於每月須給付健保費用給尚未健全的全民健保醫療體系多有詬病，但這是國家目前既定政策，理想上也是「老吾老以及人之老，幼吾幼以及人之幼」的美好願景，大家只能懷著希望繼續這麼走下去了。

事實上這項政策施行至今，因為保費低廉，看診與取藥並無限制，仍然或多或少照顧到社會上經濟較弱勢的民眾。但是只要經濟狀況許可，許多人還是會另外購買醫療保險，較有規模的企業也通常會提供員工額外的醫療保險（勞方通常也會向資方要求此項福利）。因為以目前的狀況而言，民間保險公司推出的「醫療保險卡」在大部分醫院診所的接受度還遠高過國家的健保卡，也因此更普及與受大家歡迎。

全民健保本來就是一項偉大艱鉅的工程，要在像印尼這樣貧富不均的人口大國施行，困難度更高，但只要政府有魄力，朝著目標一步步往前走，總會有接近理想實現的那天吧。

寧願選擇高CP值的外國醫療

因為對國內健保及醫療尚無足夠的信任感，在印尼常見到推銷新加坡醫療專業形象的平面或媒體廣告，其次是馬來西亞、泰國，甚至中國。在這些「先進醫療、友善服務」廣告潛移默化下，讓印尼人深信這些國家的高CP醫療品質，所以只要經濟許可，往往趨之若鶩。小如兒童牙齒矯正、皮膚科治療、一般健康檢查、婦科疾病、做試管嬰兒、醫美，嚴重如換腎手術、癌症治療等，就算多付了機票費用與當地住宿費、生活費用等，相較於印尼本地高階醫療的龐大醫療費用，或是收費較低廉卻不受信任的治療，印尼人還是覺得這些國家的醫療真是「物超所值」。

腦筋動得快的新加坡在二〇一五年中甚至推出「醫療簽證」，給予到新加坡尋求醫療治療的外國人所需的簽證效期，視醫療狀況還可以延簽。這項可直接從網路上申請的便利措施，除了為新加坡帶來廣大的醫療商機，伴隨而來食衣住行的生活商機，更是難以確切估量，為該國挹注更大的經濟效益，據估量這其中一半以上的經濟挹注來自印尼。新加坡最昂貴的幾家私立醫院如伊麗莎白醫院（Mount Elizabeth Hospital）與鷹閣醫院（Gleneagles Hospital），幾乎放眼所及，放耳所聽，多是說印尼話的患者，就是清楚的例證。

另外，新冠疫情也改變了醫療模式，像是線上醫療諮詢應運而生。患者只需在線上輸入或告知症狀，在線上的醫生就會根據症狀診斷並開藥。疫情後這樣的線上醫療也成為一般疾病看診的新趨勢，線上醫療一週七日、全天二十四小時皆可，不但節省患者的交通與等待時間、成本，也讓一般醫療（非重大特殊疾病）更有效率，同時可幫助緩解醫療院所的醫療負荷。

如上所述，在印尼的許多外派高階主管或經濟能力屬中上者，如有醫療需求，通常都飛往最鄰近的新加坡與馬來西亞。但新冠疫情期間，國際間來往諸多限制，逼使印尼開始正視當地的醫療品質問題。故進而歡迎對改善醫療相關的外來投資者，也逐漸開放與外籍醫療專業人士的交流。近年來幾大城市的高階醫院品質持續提升，二〇二二年印尼舉辦的G20世界領袖高峰會時，有幾家醫院也獲得大會指定成為醫療緊急處理醫院，為世界級領導人的健康與生命把關，由此可見醫療品質進步受到一定的肯定。

值得推廣的台灣醫療

前文提到我曾有機緣與全印尼銷量最大的女性雜誌《*Femina*》總編輯餐敘。擔任總編輯超過二十年，擁有國際視野的高級知識分子如她，對於台灣的印象卻只停留在多年前《流星花園》劇中的F4，其他竟是一片空白。她問：「可以說說台灣有什麼優勢嗎？兩國若有機會交流，有什麼項目是可以互惠的？」幾乎不做他想，我馬上回答：「台灣的醫療。」

我與她分享，早在二〇一二年美國國家地理頻道紀錄片《亞洲新視野：台灣的醫療奇蹟》，就盛讚台灣的醫療技術在各項指標僅次於美國與德國，排名世界第三、亞洲第一。台灣的商業雜誌也做過研究，現今世界以為整形王國的韓國，其實平均每五位醫生中就有一位師承台灣，過去二十多年來，已有五十多國，超過九百

位醫生至台灣學習整形外科訓練[註2]。當下她聽得瞠目結舌，一直重複說：「真抱歉，我真是從沒聽說過。」

有些印尼女性朋友，喜歡結伴到韓國做醫美兼旅遊，但回來印尼後都嘀咕著「實在太冷了」。我建議她們下次試試到台灣，不但能做醫美，還有美食，天氣也適中。她們驚訝的問：「咦？台灣也有做醫美嗎？」對於這些了不起的醫療成就，或者能創造高經濟效益的醫美經驗，很可惜我們常忘了向世界提起，尤其是鄰近的東南亞國家。

如果可以把台灣優質醫療的國際行銷宣傳做得更好，尤以鄰近的東南亞為始，以第四大人口國的印尼為首，是否對台灣的實質經濟與國際形象有更大的助益？又或者，有醫療團隊願意至印尼開展立基，甚或建教合作，對於提升印尼的醫療品質一定有相當正面的激勵，而我們台灣亞洲第一的醫療則可不只享有盛名，更能帶來實際的經濟挹注。

近年台大國際醫療團隊與台灣幾家私立醫院都朝這個方向推行，也在當地引發一些正面迴響，這樣的雙贏合作希望可長可久可廣，讓人甚為期待！

註2：《商業周刊》1113期專題報導〈全球整形技術，台灣最厲害〉。

60借鏡韓國的外派經驗

印尼前任總統佐科威在二〇一四年上臺後積極發展經濟，大大鬆綁之前外資在印尼投資的諸多限制。根據二〇二四年資料指出，外國投資在印尼的前五名為：新加坡、中國、美國、日本、韓國。

在這裡，我常聽到一些台灣企業派駐在雅加達的工作人員抱怨總公司給予的工作經費不足、生活津貼不夠，因而工作上難以與其他國家競爭，生活上又有家庭的經濟壓力，蠟燭兩頭燒，實在辛苦。據說許多位於台灣的總公司總有一個想法：印尼是開發中的落後國家，怎麼會需要那麼多預算？

大器的韓國企業

此時公司領導者不妨借鏡近年來被台灣視為競爭對手的韓國如何在印尼扎根發展。韓國在二〇〇六年已加入東協ASEAN，政府有計畫性的大舉投資印尼，現在是投資印尼的第五大外資國，以在印尼工作的外國人數，韓國也是繼中國、日本之後的第三位，據說光是雅加達的韓國餐廳就超過一百間，可見市場需求量之大，

雅加達的韓國餐館多與大使館同步懸掛「韓印友好」標語。

由此也可知韓國政府與企業在此扎根發展的決心。

許多韓國大企業如Samsung、LG等，大舉派遣總公司優秀人才到印尼，而且多為三、四十歲的青中年，攜家帶眷至此。原來總公司除了給予相較國內高出一至兩倍的薪水、租屋（中高級大廈，月租金多是2,000美元以上）、租車含司機接送，還有小孩就讀國際學校學費的全額補助（位於雅加達的數間國際學校學費每年2萬至3.5萬美元不等）等。其中最體貼的福利，大概是一個月一次從韓國來的貨櫃，每個家庭每個月都可請公司代購並代運生活必需品，如韓國泡麵、兒童奶粉、沙拉油，甚至礦泉水皆可。這樣人性化的安排，真讓人不得不佩服這些韓國企業的大器。

有些外派人員的家庭面臨的其實是較辛苦的外派模式：男主人被派至非常偏遠的外島（據說走在路上還可見鱷魚從旁爬過的未開發地區，網路時通時不通，早上發的訊息有時晚上才收到），女主人自己帶著孩子在便利的雅加達生活、就學，男主人兩個月才可「回」雅加達與家人相聚……，就算如此，據說許多韓國企業內的菁英分子仍競相爭取外派至此。

除了現實生活中經濟更加寬裕之外，孩子擁有可就讀國際學校的難得經驗、工作環境可磨練出的國際觀……，在在吸引著一批批優秀的年輕人為自己、為公司、為國家前來闖蕩。另外，韓國政府更有相關配套措施，間接讓外派人員更無後顧之憂，例如公教人員若隨配偶外派，留職減薪可長達六年。

對印尼生活現況判斷失準

相較之下，許多台資企業雖然有心在印尼發展，但可惜的是仍以自己的想像做為判斷，認為這裡是落後的未開發國家、生活水平低落、消費水準不高，還無法正視印尼這片土地的現狀。

例如近年因台灣景氣不佳，有些總公司為砍成本，大幅減縮在外代表處的預算，如房租從月租1,800美元砍成1,500美元，雖然若換算成台幣數目仍算不錯，但台灣房市是全球出名的特別——房價特高、租金特低（在台灣會認為1,500美元已可在中上品質大廈租屋，但事實上那是因為台灣整體房市的租金偏低，不應以此為判斷標準）。其實1,500美元要在雅加達找到中上品質的住宅大樓（家庭式兩房或三房）已相當不易。

租房如此，更別提補助外派家庭子女的教育。雅加達除了一般公立學校外，就是私立學校與國際學校。通常台灣同胞無法也不會考慮進印尼本地公立學校，因為所有科目都是以第一語言印尼語教學。但私立學校與國際學校的學費，都是一年1萬至3、4萬美元不等，如果不是公司給予高薪或子女教育補助，對於一般家庭實在是相當沉重的負荷。

曾有位從台灣被外派至雅加達工作的人員提過，當他向總公司談加薪時提到孩子沉重的教育費，總公司的回覆是：「為何不去讀『一般公立學校』就好，可以節省開支？」這種對印尼當地現況不解的企業或組織，真是讓外派人員情何以堪，總嘆著不如歸去。

另外，許多台灣人對現今印尼物價的了解似乎也有失準確。以雅加達「一碗麵」為例，若是在一般餐廳吃一碗最普通的乾麵，要價至少3萬5千印尼盾（約台幣70元）起跳，依餐廳或口味略有不同。若是在路邊小販吃一碗普通乾麵，要價至少2萬5千印尼盾（約台幣50元）。

但通常不是在印尼長大的人，因為擔心水土不服，一開始通常不會選擇吃路邊攤，因為對新來者而言，吃路邊小販的食物通常會讓腸胃不適好一陣子，我就曾聽過好多台灣同胞或是由國外到此生活的人，常因飲食不適腹瀉或是腸胃不適多時，我自己也曾在第一年某次吃路邊食物後，當晚總共拉了二十三次肚子（詳見前言）。

因此許多新到外來者多會選擇在餐廳用餐，但若選擇在餐廳吃，用餐價位至少與台北市不相上下。以此推算，光是「吃飯皇帝大」這項開銷，企業在編列財務預算時，就不應以低於台北的物價水準估算。

就我的觀察，常覺得韓國的外派人員好似全副武裝的軍人，能無後顧之憂的奮力向前衝，反觀我們台灣企業的外派人員，雖是手拿武器卻無後盾，只能隻身在槍林彈雨中掙扎前行，流著辛苦的血汗，雖然同樣都是在開疆闢土，但前者是光榮的，後者卻有些心酸。希望台灣政府能夠統整有心南向的企業，給予整體的後盾支持，如法律增修與配套措施等，如此必能創造國家、企業、人民三贏的新局面。

61 行銷必爭之地——足球與羽球賽事

足球是全民運動

印尼人對於足球可說是瘋狂的喜愛。位於雅加達中心二〇二二年剛興建完成的「雅加達國際體育場」，室內可容納八萬二千人，取代前「格羅拉朋卡諾綜合體育場」（Gelora Bung Karno Stadium）（註1），每每有足球賽事，周圍交通必定癱瘓，因為從各地包大巴士來的球迷與私人車輛，必定把周遭大小道路擠得水洩不通。

記得二〇一三年當英國的雀兒西球隊（Chelsea）在此舉辦亞洲賽季前巡迴賽，我當天因有事需從雅加達南部到雅加達北部，路途須經過此區，本想在賽事開始前兩小時經過此區應不受影響，但顯然我小覷了印尼觀眾對足球的熱情。當天綜合體育場四周停了超過百輛以上來自各地的巴士，而且周邊飯店、購物中心的所有停車場車位也已停滿，馬路上還停了爆滿的車輛，街道上只

註1：印尼人喜歡將之簡稱「GBK」，建於1962年，為紀念第一任總統蘇卡諾命名，曾數度舉行國際級賽事，首次使用於1962年的亞運，也做為2018年亞運賽事場地。

2018年亞運現場觀看羽球男單賽事，為中華隊加油。現場可見許多本地與外國企業的贊助支持。

見密密麻麻的人頭攢動。平常經過此區短短不到十分鐘的車程，卻讓我花了整整兩個小時才通過。

國際賽事如此，國內球賽也不遑多讓。比賽前兩個小時，就會有各地球迷包租的巴士蜂擁而至，誇張的是，球迷多到不只坐在車內，連車頂上也常常坐著多名穿著球衣的球迷，揮舞球隊旗幟、唱歌、吶喊，歌聲與叫聲真是響徹雲霄，熱鬧非凡。這種熱情，我想只有近期（二〇二四年十一月）台灣奪下世界棒球十二強冠軍時的熱烈歡騰氣氛可比擬。

在印尼的各級各所學校，足球隊是必有的，體育課也必有足球訓練課程。雖然印尼足球隊是亞洲第一個參加世界盃足球賽（FIFA Worldcup）的隊伍（一九三八年），但有趣的是，若翻開印尼國家足球隊的歷史，成績其實有些不忍卒睹。截至目前最佳表現也是一九八八年的全球第七十六名，目前排名全球第一百二十九名（根據國際足球總會FIFA的資料）。

遺憾的是，印尼國家足球隊二〇一五年因為政府干預與一些醜聞，所以遭FIFA下禁賽令，無法參加二〇一八年的國際足球賽與二〇一九年的亞洲足球賽，這實在是令全國球迷心碎的大事。即便如此，印尼民眾對足球的熱愛卻未曾稍減。

畢竟，足球是相對簡單，不需要太多花費與裝備的體育活動，只要有一顆球，不論時間、地點與人數都可以一起踢一起玩，所以在印尼常可瞥見大大小小的孩子們，隨意在一小塊空地上興高采烈的踢球玩樂，我想這是足球成為全民最愛運動的最主要原因。現今印尼政府決心好好改革國內的球隊體制與文化，球迷也高度期盼，但願能盡快重返國際戰場，並期待改革後能有更進步的戰績。近年來的最佳戰績即是二〇二三年進入亞洲盃外圍賽足球賽的十六強（共四十六隊參賽隊伍）。

排名世界前三的羽球

另一項受印尼全民喜愛的體育活動就是羽毛球。

「印尼羽球大師賽」（Indonesia Masters）從二〇一〇年開始每年在印尼舉辦，屬於世界羽球聯盟BWF「超級500」賽事，總獎金為36萬美金（二〇二一年為超級750賽事，於峇里島舉辦，總獎金為60萬美金）。「印尼國際羽球公開賽」（Indonesia Open）則從一九八二年由印尼羽球協會開始籌辦，是一年一度的羽球盛事，二〇一八年起已成為世界羽球聯盟「超級1000」三大賽事之一（註2）。

印尼國家代表隊在世界羽球排名向來名列前茅，根據二〇二四年BWF的資料，印尼代表隊現今世界排名第三，位居中國、韓國之後。羽球選手在國際賽事屢創佳績，為國家與人民帶來的優越感與榮譽感更為強烈。有球迷熱情支持，在眾多關注下，球員也更積極，如此善的循環，讓羽球儼然成為印尼國球。

印尼國際羽球公開賽於每年五月底到六月初舉辦一連數天。以二〇二四年為例，舉辦時程為六月四日至九日，獲得印尼許多知名大企業的贊助，獎金總額為130萬美元。舉辦期間各國好手齊聚首都雅加達的賽場。（也因而曾有幾次在雅加達因緣巧合遇見來自台灣的羽球國手，人不親土親，感覺特別興奮！）

印尼人對羽球的熱愛不僅只於印尼球員，許多球迷對於他國球員都如數家珍。記得第一次從印尼同事口中聽到他們提到戴資穎、周天成、王齊麟、李洋等選手的名字，發音之標準甚至幾度讓我有他們的母語為中文的錯覺，甚至只看照片也能清楚叫出日、韓、泰、馬、印

註2：三大賽事為英國羽球公開賽、印尼羽球公開賽與中國羽球公開賽。印尼羽球公開賽至今只有2020年原本預計於11月舉辦，但因新冠疫情嚴重而停辦，2021年隨即復辦。

度、丹麥等國名將的名字，讓通常只關注有台灣選手賽事的我不禁慚愧。

觀賞一場印尼國際羽球公開賽，票價約為一個當地大學畢業生平均起薪的四分之一，並非親民價格，卻仍能在短時間內銷售一空，人民對羽球賽事的熱愛不言可喻。二〇一八年亞運期間，我曾幸運搶得兩場羽球賽的票，當時對於場內喊聲震天、節奏強烈的「In-Do-Ne-Sia」（Indonesia印尼國號）加油口號印象深刻，如非身臨其境，實難想像平時多數看起來「與世無爭」的印尼人民，看羽球賽時竟會如此慷慨激昂，務求團結必勝。

右上方圓體建築為2022年剛興建完成的「雅加達國際體育場」。

強化國家與企業形象的好機會

不僅現場觀眾爆滿，電視頻道也會現場直播賽事，公共場所放眼所及，只要有3C產品，這場超級比賽絕對是民眾關注的焦點。印尼對於羽球這項全國運動，政府與當地企業不僅以實際行動支持，並在公開賽現場與電視實況轉播的廣告中強打本地企業形象，印尼隊的選手服也成為本地企業的最佳活廣告，包括本地最大的民營銀行與最夯也最具規模的電子商務公司等。

除了本地企業，許多國際企業也藉著這場印尼全國矚目的賽事大打企業形象廣告，包括來自美國、日本、法國、中國等地的企業，目標當然是希望在印尼這偌大市場可占有一席之地。台灣企業若有計畫想要往印尼拓展，在這樣印尼全國關注的國際賽事上，對於我們國家代表隊選手若有更多實際經濟上與精神上的支持，包括選手賽服、比賽場地看板、電視轉播廣告，在在都可於最短時間內讓印尼民眾留下深刻印象，對於國家與企業的形象更是有效直接的最佳投資。

62南向需要政府的積極支持

二〇一六年台灣特別成立「新南向辦公室」，積極推展「新南向政策」。只是面對全球虎視眈眈的競爭者，除了台灣個別產業與企業原有的優勢，政府必須要成為強有力的後盾，才能獲得更有效能的成果。

駐外單位可建置印尼在地生活資料庫

記得曾聽一位被外派至雅加達的台商說，他是公司第一位外派至印尼打前鋒的人，剛到時人生地不熟，又沒有公司前輩可諮詢，所以到台灣駐外單位尋求支援。他詢問的第一個問題是有關租屋相關訊息，對於應該住哪區、房價如何、周邊環境如何等完全沒有概念。但據說當時駐外人員給他的回答是：「上網Google就好啊！」這樣的回答讓原本滿懷希望的他大失所望。

印尼（峇里島除外）並非國人觀光常到之處，生活資訊與熟稔度不似其他旅遊聖地，若因外派或其他因素初到此地，手足無措的慌亂與煩悶可想而知。此時台灣的駐外單位如能提供所有「印尼新鮮人」基本食衣住行生活資訊，相信可以大大緩解初到者的壓力，幫助大家

日本駐印尼大使館支持印製的免費當地資訊分享手冊。

在最短時間內讓生活與工作上軌道。

多年前曾經有位日本朋友好意推薦我加入日本人在印尼的組織（The Jakarta Japanese Club），她說這個由日本駐印尼大使館支持成立的組織，每個月會出一本《生活最新情報》。我抱著好奇心加入會員，心想：「怎麼可能有這麼好的事？」但從加入的當月起，每個月都收到一本厚厚的最新生活情報：租屋、餐廳、醫療、學校、印尼國內外旅遊資訊等，甚至何處學各種課程（如印尼語課程、學畫Batik課程等）、何處買各項印尼手工藝品……，基本生活所需應有盡有，感覺真是如獲至寶！當然，整本資料是以日文寫成。

當時我就想，如果台灣也能有一本中文版、時常更新印尼在地資訊的生活情報誌，那該有多好啊！當然，這些年網路更加發達，在印尼台灣人也於臉書成立了幾個社團，以利大家分享資訊、互通有無，但是「工欲善其事，必先利其器」，如果能由政府組織出面統整，永續的以更具系統的方式整理在地資訊，讓初來乍到者更易適應，相信對於南向的開展絕對有正面助益。

外交官須學當地語言

許多年前從新聞得知，有台灣外交官員在公開場合表示「東南亞地區國家語言使用替代率高」。應是最具國際觀的官員，卻有這樣以自我為中心的想法，實在讓我非常驚訝。

每個國家都有自己珍貴的歷史、文化及語言，東南亞國家當然也不例外。據我了解，就算如美國這樣的世界強國，其外交官員在被派駐印尼前，都需接受整整六個月的密集印尼語訓練，並提供印尼語訓練課程給外交人員的家屬（家屬可選擇是否參加），所以當他們抵達印尼履新之時，生活基本聽說讀寫的印尼語也有一定程度，對於他們在最短時間內適應環境、了解風俗民情有非常正面的助益。事實上，不只官方，許多美資、日資、韓商等國際級企業，都提供外派人員與家屬一定時數的印尼語訓練課程，以利與新環境接軌。

二〇一七年起，我們樂見並感謝台灣政府的外交特考，增設「印尼語組」與「越南語組」以增強南向政策的戰力。如果外交人員能以當地語言進行基本溝通，無需時時或是事事倚賴當地聘請的翻譯人員，相信在許多兩國間的對談、民間團體交流的時刻，一定可以扮演更好的橋梁。近年來，外派至台灣駐印尼代表處（大使館）的館員幾乎每一位都努力學習印尼語，甚至可在正式場合用華文與印尼文雙語並行溝通。這樣開闊的心胸與努力學習的精神，實在令人欽佩！

政府需謹慎把關

二〇一五年，有媒體揭發二〇一三年在印尼成立的「台旺工業園區」是騙局一場，有五位台商因為某中間人的穿針引線，共投資了約1,150萬美元參與開發，但最後錢被中間人私吞，才震驚的發現所謂的「台旺工業園區」根本沒有取得合法的土地權，只是一場空。蒙受損失的台商受訪時直言，因為這位中間人邀請到當時的駐印尼代表與印尼當地投資部官員共同出席動土典禮，因而誤以為此開發案有政府背書支持，所以深信不疑。但事發之後，根據記者訪問當時的駐印尼代表的報導引述，該代表說，他只是「單純」受邀動土典禮，其他開發細節都不清楚。

這件事的相關新聞現已不復見，整件事情的來龍去脈與真相似仍朦朧，但是台商蒙受損失是事實，駐外代表對外即是代表中央政府，對各種可能造成瓜田李下的誤會，實在應更加謹慎。

在陌生的土地打拚本不易，但許多口才辨給的掮客總有辦法居中牟取暴利。駐外單位對外代表政府，更應該善盡保護國人的責任。駐外人員若能與當地的社會脈動與人際網路有比較強的連結，建立長期的關係，也將更容易判斷出現在眼前的是該鼓勵國人向前行的機會，抑或是該懸崖勒馬的陷阱。

台灣人在印尼當地可尋求的資源

※政府官方資源

・駐印尼台北經濟貿易代表處（www.taiwanembassy.org/id）
・駐泗水台北經濟貿易代表處（www.taiwanembassy.org/idsub）
・雅加達台灣貿易中心（jakarta.taiwantrade.com）

※印尼台商會組織

・雅加達台灣工商聯誼會（Jakarta Taiwan Entrepreneur Association）
・泗水台灣工商聯誼會（Surabaya Taiwan Business Club）
・印尼台灣商會總會青商會
・印尼各地商會

※印尼當地親台組織：

・印尼留台校友會聯合總會
（ICATI, Ikatan Citra Alumni Taiwan Indonesia, www.icati.org）

※臉書（Facebook）社團

在印尼的台灣人自發性組成一些臉書社團，以利互相交流資訊。社團內多會有些常見問題資訊供大家參考，如有任何新的疑問提出，大家也都會熱心互助。

・㊣台灣人在印尼㊣ Taiwanese in Indonesia
・Taiwan di Indonesia 台灣駐印尼代表處（大使館）
・雅加達台灣工商聯誼會
・印尼經商生活經營分享
・台灣印尼工商服務廣告交流專區
・在印尼的台灣媳婦女婿
・在印尼的年輕媽媽

63 換位思考，將心比心

在雅加達居住多年，我常有機會被詢問在印尼工作、生活的建議。其實林林總總大小事可寫得洋洋灑灑，但我認為究其根本，就是「換位思考，將心比心」而已。

記得剛到印尼工作的第一年，重要會議前才發現絲襪不知何時被勾破一個大洞，我急忙跑到公司旁的便利商店，請店員快快幫忙找一雙可替換的絲襪。店員問我要什麼色，我不加思索就回答「膚色」，結帳後快速閃進洗手間更換後，踏進明亮的會議室時才發現自己換上的是一雙深褐色絲襪，與身上淺色套裝完全不協調的程度，極可能讓人誤以為我想以奇裝異服引人注目。即便如此，也只能硬著頭皮紅著臉上臺做重要報告。那是我第一次意識到自己身處異地，卻仍慣用本位思考，如此想當然耳必會多有疏失。

洋派做法並不適用

一位印尼有名望的企業家曾與我分享，曾有台灣團體透過他希望能安排與當地地方政府官員見面，他協力安排後牽線成功，但當時拜訪團內卻有成員面對初次見面的地方官員，講話不僅似連珠炮，肢體語言誇張，之後甚至欲與之勾肩搭背，稱兄道弟，試圖營造熱絡氣氛。這樣洋派做法或許有可用武之地，但卻絕非在印尼，一個以「爪哇」文化為主流背景的國度。

傳統爪哇文化強調敬老尊賢、重視倫理與禮節，與傳統儒家文化其實不謀而合。這位企業家提到當時官員臉色極為難看，卻礙於禮節隱忍不發，但事後不免向他抱怨，讓他頗為尷尬。但他也基於禮節，從未向台灣團體反應，只說大概下不為例了。

我們常說「知己知彼，百戰百勝」，在台灣成長的我們向來對東南亞近鄰各國不是太關心，也不願意多了解，原來可能是捧在手中的合作機會，卻因為這樣的文化誤解而從指間溜走，讓人不免惋惜。

與一位曾在越南與泰國各待過七年以上的台籍高階主管交流，他說總公司看中他的東南亞經驗，將開拓印尼市場的重任交付予他，原本信心滿滿要至此開疆闢土，但幾個月過去，只能用「痛苦」形容，因為事前沒有預期印尼國情文化竟如此不同，感覺過去經驗需砍掉重練。其實這樣擁有豐富資歷，卻能在短短幾個月即謙虛的意識到該讓自己一切歸零、重新開始的自覺，我想這已是成功了一大半。

在台灣我們慣用「東南亞」統稱鄰近諸國，但其實東南亞各國因著種族、宗教、歷史、文化等因素，實在各有千秋，不可一概而論，更忌諱用自以為「高人一

在機場候機準備前往台灣工作的印尼男子，與家人視訊分享即將搭乘的飛機。

等」的眼光與思維與之交流。

文化沒有高低，只有不同

事實上印尼雖為台灣的近鄰，但一直以來，許多台灣人對印尼的了解僅止於移工，也許因為某些歷史教育背景，看印尼與印尼人的眼光多習慣是「宗主國」看「藩屬國」的角度與目光。

記得自己二十多年前初到印尼，當時幾位親人第一次來探望「漂流番邦」的我，其中一位的皮包竟被扒走，護照也丟了，而且地點是在當時雅加達極少數的五星級飯店。

根據當時規定，必須到警察局申報並領取遺失證明後，還需到機場附近的海關辦公室辦理文件，後續才能申請新護照返台。至今我仍對於當時飯店附近、搭建在鐵道旁簡陋狹小昏暗的警察局、二手菸煙霧瀰漫的海關辦公室，與抽著菸將雙腿高翹在桌上找理由說無法幫忙後，還往我臉上吐出一口長煙的海關人員，以及驚恐失措的自己印象深刻。雖然在印尼工作著生活著，但這樣的經驗與記憶，卻讓我有長達將近十年的時間，對周遭一切人事物用腦中既有的框架去想去看。所以現在的我也可以理解，至今許多台灣人對這個近鄰有點陌生，卻也不想太熟悉的矛盾。

隨著時間推移與經驗的堆疊，才發現同樣是我們近鄰的日本、韓國、新加坡等，他們的政府與人民將印尼視為擁有悠久歷史、豐富文化、豐隆物產的泱泱大國，懂得欣賞並尊敬不同的文化，這實在讓我自己覺得汗顏，才敦促自己張開眼、放寬自己狹窄的心胸，多看多學習，也才真正體認到「文化沒有高低，只有不同」。之前自己以管窺天，是多麼狹隘不智。

記得有次在雅加達的餐廳用餐，突然被食物噎到幾乎無法喘氣，試著用力咳、喝水、吞飯，結果只是讓自己處境更困窘，隔壁桌一位印尼女士竟從提袋中拿出香蕉，塞給我要我快吃，想到看過幾則因吞香蕉而需急救的新聞，當下覺得莫名其妙，但卻無他法。沒想到才吞了兩口香蕉，噎著的異物竟「迎蕉而退」，一切都順了。她微笑的看著我說：「這種時候吞香蕉比吞米飯有用，我們家鄉的人都這麼做。」我雖驚訝於這與平日的認知完全相反，但更感謝這方法的確解救了當時的我。

印尼最大女性雜誌集團《*Femina*》總編輯曾問我：「台灣那麼小，你們到底有什麼？」當時我很訝異社經地位如此高的高階知識分子竟然這麼問，真是讓我玻璃心碎了一地，但同時也不動聲色的快快拾起碎了一地的玻璃，並幫台灣的高科技、醫療、美麗的山水、誘人的美食與溫暖的人情，強力推銷一番。

敞開心胸關注與理解

這讓我想起，之前一位熟識的印尼駐台高階外交官太太，她本身是優秀的印尼第一學府國立印尼大學教授，隨夫婿駐台幾年，她說自己做過最瘋狂的決定之一，就是把兩位小學學齡的孩子送到台北市的公立小學就讀，因為她希望自己的孩子能利用在台期間將華文基礎打好，使之成為印尼文、英文外的第三語言。兩個孩子也不負所望，三年內從對華文一竅不通，到後來不但能趕上學校各科課程進度，甚至還當選該校模範生。

孩子學習快，聽說讀寫竟跟一般台灣孩子無異，她笑說反倒是自己中文學習太緩慢，因而在台灣最常碰到的問題是，如果她帶孩子出門，路人經常問：「妳的主人在哪裡？」「孩子的媽媽在哪裡？」她回答：「就是我。」許多人聽後的反應竟是放緩講話速度再問一次，以為她聽不懂。

她還分享剛入學不久，有天孩子回家大哭，原因是班長分派打掃工作，別的同學都輪流做不同工作，但卻一直分派她的孩子掃廁所，還說：「你們印尼人不就是掃廁所的嗎？」她認為此事非同小可，決定到校一探究竟。幸而師長慎重其事，並趁機機會教育學生們，此事方得圓滿。我聽得一身冷汗，處於台灣天龍國的孩子有這樣的想法，也代表整體大環境都還需有所檢討。雖然這位印尼外交官夫人輕描淡寫笑著與我分享她口中的「駐台趣事」，卻讓我覺得慚愧，想想駐台期間，她或許也是在地上一遍又一遍撿拾著破碎的玻璃心吧。

在玻璃碎裂聲中值得欣慰的是，近年來台灣許多媒體、公益團體，甚至青年學子已更願意敞開心胸，關注並試著多理解不同的文化，只要這樣的善種子不斷傳播綿延，相信未來不論在何地，工作與生活上面對各種文化衝擊，我們也更能欣然面對、勇於接受挑戰。「換位思考、將心比心」，如此即易行於天下，反之或至寸步難行了。

PART 5

崛起中的萬島之國

Recover Together,
Recover Stronger，

雖然加速親中，但也相對友台？
產煤產油大國竟然也有能源問題？
一場疫情，意外凝聚全民「共度難關」之心？
宗教仍有強大的社會力量？

自許 2045 即能成為「已開發國家」！

疫情後時代，產業發展興衰也產生變化？
最遲二十年之後，首都不再是雅加達？
2024 總統大選，國家來到民主大道的十字路口？
千年古神廟早已教導共生的智慧？

64 疫情後的加速親中與相對友台

一場突如其來的新冠疫情，攪亂原本讓世界習以為常的「國際秩序」，造成各國幾乎被迫在中美兩國之間選邊站的緊張態勢，而台灣許多媒體似乎更喜歡放大報導某些國家現今對中國多有仇視態度云云。但弔詭的是，在印尼，就算在台灣外交部與台灣駐印代表處的努力下，藉著大力分享台灣種種傲人的防疫經驗，大大提升當地媒體對台灣的關注與讚賞，即便已清楚形塑出台灣與中國的異同，當地社會卻無「魚與熊掌不可得兼」之情。也就是說，尊敬台灣並不代表就會敵視中國，更有甚者，將中國視為尊崇的對象，因為認為如此大國能將疫情「控制得宜」並迅速發展出「平價有效的疫苗」，非常不易。

中國疫苗助一臂之力

二〇二一年新冠疫情期間，相較於其他東南亞國家居高不下的確診數，擁有東南亞最大人口的印尼疫情雖也嚴峻，但率先有了顯著的控制成效，這多歸功於疫苗施打普及率（註1）。政府與民間共同努力，不斷提升疫苗施打速度，在疫情嚴峻的東南亞國家算是最先迎來疫情黑暗期的曙光。

這樣的成果，基本前提正是有充足的疫苗。當時到貨的疫苗共二億二千萬劑，其中有七成共一億五千萬劑來自中國的科興疫苗，將近4%約八百萬劑來自中國的國藥疫苗。這些來自中國的疫苗雖是印尼政府自購，並非接受贈與，但中國源源不絕的供貨，的確是讓印尼能快速提高疫苗覆蓋率的一大助力。即便之前有許多案例證實，就算接種兩劑中國品牌疫苗仍會確診，但事後大數據證明，整體而言的確降低了重症率與死亡率，醫療系統因而可免除崩潰的危機。

當國際廠牌疫苗延遲交貨的空窗期，來自中國供應充足的疫苗是唯一的選擇，當有幾種疫苗可供選擇時，中國疫苗在印尼一般認知為副作用輕，即使保護力相對也較弱，仍然成為許多民眾在疫情嚴峻時的首選。當政府開始宣布加強十二至十七歲青少年疫苗施打，國際認證核可的輝瑞疫苗遲未到貨，中國疫苗又成為印尼青少年的唯一選擇。

印尼的部長甚至到北京商討印尼與中國合作疫苗事宜。中國承諾將協助印尼使之成為東南亞的疫苗生產中心，相對的，疫情嚴重的印尼當然也有助在疫苗試驗過程中提供更多的臨床試驗者，兩國可說是各取所需。

註1：以首都雅加達為例，成人的第一劑疫苗覆蓋率已達100%（全國比例為30%），第二劑也已到達7成（全國比例為18%）。12至17歲青少年第一劑疫苗接種率已達82%，完整接種兩劑疫苗的也已到達62%。

雖然社會也有質疑過於親中的聲音——諸如為何向中國訂購的疫苗遠遠超過其他國際廠牌？為何向中國購買疫苗價格高過其他國際廠牌？甚至質疑當時的總統佐科威政府太過親中而有國家安全疑慮等。還有媒體討論為何在疫情下對外國人入境規定嚴格的同時，卻對大批來自中國的工作者給予特殊考量？雖然政府出面澄清這些順利入境的工作者是為了讓兩國合作的「重大國家建設不中斷」，但仍止不住一些反對聲浪。後來這些質疑終究隨著疫情逐漸受控、生活逐步恢復、人民心情終於得以稍微放鬆而漸漸淡化。

親中部分來自印尼華人的矛盾

對於這些疑問的「健忘」，除了原本就較為知命樂天的民族性，印尼華人的角色也是關鍵。周遭許多印尼華人朋友，心中就算對於中國疫苗的效力信心不足、若有機會也是卯盡全力找關係欲打國際廠牌疫苗為第三劑加強防護力[註2]（當時除了醫護人員，政府仍未准許打第三劑），或是全家浩浩蕩蕩遠飛美國打疫苗，但卻絕對不會對中國疫苗多加批評，互相轉寄的資訊也多為中國疫苗的優點、分享中國出產標榜可以緩減輕症的成藥，甚至當世界衛生組織（WHO）欲查新冠病毒起源時，轉發分享的影片訊息來源也多來自中國（可想而知

註2：不過對於第三劑追加疫苗，印尼政府則宣布只承認輝瑞、莫德納與AZ疫苗，中國所產的疫苗就不在其內了。

內容）。

這也讓我回想起每每國際間有中美衝突、中印（印度）衝突等，印尼華人圈多是一面倒向中國，接收並傳播來自中國的訊息，常讓我疑惑為何能接受這樣不平等的訊息並深信之？

印尼與中國合作所建的東南亞第一條高鐵，由雅加達至萬隆。

直到近年來看到在印尼政壇的爭執紛擾，好比台灣政治人物喜歡把省籍或顏色拿出來玩弄一般，印尼某些政治人物也喜歡把種族議題拿來點火，印尼華人雖然有著較強勢的經濟力，卻也戰戰兢兢如履薄冰，不敢片刻忘記一九九八年因為政治人物間的鬥爭，卻被拿來當祭旗的排華暴動。因此社會若有反中情緒，一不小心就有可能蔓延成排華風氣，對印尼華人而言是最不樂見的。

印尼社會舉足輕重的企業家大致有七至八成為華人，這些企業家本身多為從中國移民至印尼的第一代與第二代華人，青少年成長期間受中國共產黨「教育」的影響或深或淺，對「祖國」也懷有特殊的濃厚情感，對久遠的「中華文化」其珍愛與推崇程度，或許更遠勝我們在台灣。一方面或為對自己「不忘本」的期許，但若深究其因，大概多是希望以此區別自己的根與文化，有別於印尼原住民。至今這些第一、二代華人聚會時，提到原住民，用「番仔」（音同閩南語）稱呼者仍不在少數，由此可知印尼華人即便在印尼落地生根，但某些觀念卻仍根深柢固。

每逢中國有大災難，許多印尼華人企業家捐款之慷慨，大概都遠多於對印尼災難的捐助（但第三代或是新生代的印尼華人，已開始將關注力拉回生長的印尼，並非中國）。這些印尼華人企業家多數不直接參與政治，但以資金或人脈支持某些華人或本地原住民政治人物的多有所在。

這些掌控國家權力的政治人物也或許正因如此，與中國有了或深或淺的連結，許多國家方向與政策決斷若要獨立於這些連結關係，怕是不太容易。在社會擔任要角的印尼華人們，或為政府官員，或為媒體大亨，或為企業大家，在能力範圍內定然會確保反中情緒不在印尼生根，如若能親中或許更好。

這也多少解釋了新冠疫情下，在國際這波中美戰局中，就算當時美國已捐給多國疫苗，包括四百五十萬劑莫德納疫苗給印尼，並援助3,000萬美金以添購製氧設備抗疫，不讓印尼過度靠攏中國的意圖不言而喻。只是這片土地上的華人因著對遙遠的「中華文化」有著「根」的情感連結，再加上目前自身處境得來實在不易，美國想要在此醞釀反中情緒可能大大不易。

另一項更出人意表的協定，是中印兩國同意之後的貿易與投資協定，以本地貨幣結算雙方交易（Local Currency Settlement, LCS），也就是直接以印尼盾與人民幣計價，不再使用美金。試想世界第一大與第四大人口國，不依「國際慣例」以美金交易，卻發展出一套自訂的交易模式，中國有膽識提議，印尼有勇氣配合，暫不說這樣的協議能否為國際商務帶來新的潮流，但不可諱言，對於倚賴美金的全球商務與美國金融本身，都將是一大撞擊與挑戰。

根據印尼投資統籌局（BKPM）最新資料顯示，中國已是繼新加坡之後對印尼的最大外資，投資大宗為交通基礎建設、工業與觀光旅遊業，中國同時也是印尼最大貿易夥伴，種種經濟數據都顯示出印尼與中國的連結日深。除了兩國基於現實利益的考量，印尼華人對於中國的特殊情感也有一定的推波助瀾。

對台灣仍保有善意

雖然印尼無疑的已是偏向一方站，但台灣也並非絕對二選一下的犧牲者。

台灣媒體一般喜歡提及已擔任總統十年的印尼前總統佐科威在任前，與台灣的友好關係與私人情誼，或許確是如此。除此之外，實務上印尼政府整體而言在許多政策的環節，相較於他國，對台灣其實也展現了更加友善的態度。

猶記得數年前開始，新加坡樟宜機場內的自助報到登機系統，只要一點選台灣，或是刷台灣護照登入，系統顯示「Taiwan」之後，必定自動跳出一逗號，加上「China」。過去新加坡政府雖與台灣政府交好，但或迫於自身現實考量也須在這些細節服從「聖意」。

反觀截至目前為止，只要是印尼的官方系統，不論是民政系統，或是之前的疫苗認證系統，「台灣」永遠是「國家」選項之一。多年前開放給台灣等二十五國護照簡便的落地簽服務，更是引發中國強烈抗議，因為中國護照並不在此列，但是後來印尼官方的決定仍未因抗議而有所改變。這之中相信有我們駐印尼代表處的竭盡心力，也有印尼政府在親中路線外，對台灣釋出的善意。在現實的國際社會中，這樣的情誼是彌足珍貴的。

許多印尼人之所以對台灣有敬意、有好感，就是感受到有過互動的台灣人，似乎更能展現他們心中、記憶中美好的中華文化。其實所謂傳統中華文化，不也就是現今傳承於台灣文化組成中重要的一部分？

這讓我想起孩童時期特別著迷的布袋戲——威風凜凜的史艷文、可愛憨厚的哈買二齒，懵懵懂懂聽著「忠孝節義」等。等大了一些又因祖父母喜愛一起看歌仔戲，對於唱出的詞句總能剛好以七言表達覺得驚嘆。再大一些，從學校的文化課程才知道有所謂的「京劇」，第一次有機會觀賞時，對其獨特唱腔與動作寓意也覺得有趣。這些都為台灣的文化添加了不同的色彩與韻味，都是重要的養分。現在所謂的台灣文化，或可視為將傳統中華文化融合其中，新生而成更兼容並蓄的文化。我們無法將任何部分切割，因為那都將不是現在的我們。

如同來自四面八方，或早或晚，匯聚在台灣這片土地上的人，各有其背後的歷史因素與不為人知的辛苦，但都為生活的土地注入血汗，用生命豐富了這片共同的土地。沒有誰優誰劣，也不該以任何因素抹滅誰，因為有這一點一滴匯聚起來，才能成就現在有時引以為傲，有時恨鐵不成鋼，卻都是我們摯愛的台灣。

珍惜文化的根

看著世界他國，尤其是鄰近的東亞、東南亞國家，欽羨我們的文化精髓，想要研究跟進，像是印尼華人們總希望以各種方式與「文化的根」有所連結，即便只是形式表面，如農曆年節時，許多飯店或中式餐廳會有舞龍舞獅，或財神爺搖舞進來逐桌與大家熱鬧一番；公共場所如商場、辦公大樓甚至住宅社區，邀請舞獅群與鑼鼓班來「咚咚鏘」一番也是大有所在。而我們身處豐厚福澤中，有部分國人卻挑三揀四，欲將部分文化棄如敝屣，實有些愧對所有經歷歷史苦難的先輩們，也常讓我唏噓不已。

都說台灣最美的風景是人，行遍世界，多數台灣人的確是相對友善、溫暖、大器，這樣高的人民素質，看似渾然天成，殊不知這就是豐厚文化涵養提煉至今而成的精華，海納百川所以成大海，文化萃取缺一不可成今日之精粹。

身在異國，我時常感恩著培養我成長的故鄉，有豐富的人文養分，讓我雖身處異鄉，卻無漂浮之感，知道自己根之所在，並以之為榮。

但現今現實的國際情勢是，即使印尼在國際上相對友台，卻也不可能放棄中國這艘救生艇。中國強勢的要世界在台灣與他們之間二選一，台灣也不可天真企盼各個國家能真正鄙棄「鴨霸」勢力而選擇與我們同在，畢竟每個國家都有各自的利益與考量，我們所處的是現實世界，不是「正義永遠戰勝邪惡」的二分法動漫世界。台灣只有自己站起來，讓別人看見我們，蓄積實力讓人深覺我們是不可或缺的夥伴，才是長久之計。畢竟，「靠人人老，靠自己最好。」

65 不可輕忽東南亞華文媒體影響力

二〇二二年，當俄羅斯發動對烏克蘭戰爭之際，有關台灣將成為下一個戰場的中文版言論影片，在印尼社交媒體推播極為頻繁，周遭印尼華人朋友們幾盡深信台灣已處危急存亡之秋。從小在台灣成長的我們並非不理解自己處境的艱難，但即便如此，繼續踏實過生活的勇氣與底氣大致如常，這是我們彼此的默契。但不可諱言的，有一股力量一直試圖摧毀這樣的凝聚。

不符事實的新聞廣為傳遞

不只是印尼的中文媒體。當新冠疫情仍嚴峻之時，馬來西亞最大的華文媒體用許多篇幅大肆報導「台灣機場湧現出境潮，多赴美國與中國大陸施打疫苗」等與事實差距甚大的新聞，彼時也驚動了在馬來西亞的友人，向我關切台灣社會的「混亂狀態」。但實際上相較於當時疫情嚴重的世界多國，台灣社會其實仍處於相對大幅穩定的狀態。

二〇二〇年，出現令人心碎的馬來西亞籍學子在台遇害之事，此媒體多番報導之際，更有專論提出，許多當地父母將子女送往台灣就讀，多因台灣讓人有治安良好、社會安定的印象。「但印象不等於事實、印象會引人走進誤區」，並提醒當地父母，對於認為台灣環境優於馬來西亞這樣的既定想法或者有誤等。

東南亞諸國對台相對友善國家的中文媒體已然如此，更遑論向來偏中的新加坡媒體。新加坡華文媒體向來把台灣相關新聞歸類為「中國新聞」之下，並非「國際新聞」，大方向既定，其餘細項更遑多論。

媒體的無形塑形力

諸如上述實例不勝枚舉。華文媒體在前述國家雖說並不算主流媒體，但訊息接受者卻有其分量。以印尼為例，根據二〇二四年《富比世雜誌》（*Forbes*）資料顯示，印尼前十大富有家族，除了排名第五者為印度裔、第六者為本地原住民，其餘八位皆為華人家族。前五十大富有人物（Top 50 Richest）華人更占九成以上，由此可見印尼華人在經濟上雄厚的實力。華人在印尼歷史上直接參政的比例微乎其微，但近年來以其經濟實力影響政治的力道卻顯而易見。當他們接收當地華文媒體訊息的同時，也將影響國內政界對國際情勢的判斷，進而間接指引國家政策與方針。

同樣的，華人占新加坡總人口75%，占馬來西亞總人口約22%，華文媒體在當地產生的輿論力量不可小覷。台灣數年前開始重視的南向政策，其中一環著重於教育，盼能吸引東南亞國家的學子到台灣接受教育，

農曆年節期間在雅加達國際機場的舞龍舞獅表演。

學子當然不限於華裔，但有中文教育背景的華裔父母卻必然是首重目標，一方面有如此家庭背景者，多希望孩子也能受中文教育環境的薰陶，二來是搜尋就學與生活資訊時，有中文教育背景者必然對中文資訊更感得心應手，更能放心。

但是若當地的華文媒體或操控於背後看不見之手，對台灣相關的報導有所偏頗，假以時日，眾口鑠金，當地華文資訊收受者對於台灣的印象很可能就只取決於媒體的塑形，這樣的力量，實在不可輕忽，不可不慎。

稍微可以慶幸的是，東南亞各國的華文媒體畢竟並非社會主流。以印尼為例，華文媒體終究只有曾受過中文教育的華人移民第一、二代可讀可懂，第三代的成長環境為印尼禁華文時期，如要理解華文訊息，除非刻意將之翻譯成為印尼文，否則這些正逐漸成為社會中堅分子的一代，接受訊息的主要來源還是印尼文為主的媒體，華文媒體不太在他們收受訊息的雷達範圍之內。

這也就是為什麼印尼大部分民眾，確切的認知台灣與中國的異同，新冠疫情期間，也多知道台灣防疫有成，當時為世界上少數最安全的地方之一。反觀以接收華文媒體訊息的老一輩印尼華人並不作此想，甚至多認為中國生產的疫苗為品質最好、最適合人體接種。

接收直接來自台灣的聲音

但近年來又因即時翻譯軟體與AI運用之便利，許多在印尼流傳的中文影音訊息已可輕易搭配印尼文字幕，甚至讓影片主角說流利的印尼語，這樣的資訊更容易迅速傳播，也更易觸及廣大受眾。

時常就有印尼朋友轉寄給我類似這樣的訊息，有的單純只是分享，只有非常少數會好奇資訊真偽，進而做思辨判斷。印尼針對本地新聞也有如同台灣的「查核中心」，如果發現是偽造訊息，政府也會公告該新聞是「假消息」（Hoax），但是對於外來例如源自中國的訊息，查核中心大概無法顧及，只能任其自由流傳了。

雖然目前東南亞華文媒體似乎多為承「聖上（中國）旨意」運作，但台灣卻不需妄自菲薄。以台灣駐印尼代表處為例，多次為台灣在國際發聲，都是投書發表於當地主流媒體，因而印尼社會大眾可接收到台灣更直接的聲音。另外，在台灣的印尼國民傳回家鄉分享的訊息，也是傳播力強大的重要一環。只要我們自己不氣餒，相信不只東南亞、甚至世界各國，就算礙於政治因素無法有官方名義上的關係，若實質上能與各國有更多的交流，彼此更加理解，總有一天，與事實相距過多的媒體終將被捨棄。

66 產煤產油大國也有能源問題

根據世界能源資料顯示，全球能源發電，以燃煤發電所占比例最高，約32%，第二高為天然氣發電占26%，核能發電約4%，再生能源8%（包括風力與太陽能等，二〇二三年開始再生能源成長迅速）[註1]。由此可見，燃煤仍占能源發電需求將近三分之一。

世界前五大燃煤出口國依序為：印尼、澳洲、俄羅斯、美國、南非。其中印尼燃煤出口量高於位居第二的澳洲25%以上。而全世界進口燃煤量前五名的國家依序為：日本、印度、中國、南韓以及台灣。根據印尼政府統計局二〇二四年資料顯示，印尼燃煤出口的目的地，最大的依序為印度、中國、日本、南韓與台灣[註2]，以上數據即可略窺多國對印尼燃煤的依賴度。

然而二〇二二年一月一日，印尼政府突然宣布暫時禁止國內燃煤出口，原因是國營電力公司發現燃煤供應

註1：資料來源為The Energy Insititue（EI）：Statistical Review of Wrold Energy 2024。

註2：印度的發電能源6成來自印尼、中國為56%、日本15%、南韓12%、台灣為3成的發電能源來自印尼。

量已不夠本國使用，故限制出口燃煤，強制本地至少六家業者以提供本國需求為優先。之前印尼政府已規定本地業者須保證提供年產量的25%供給本地使用，且燃煤出售給國營電廠的價格最高不得超過70美金／噸。根據本地業者表示，國際市場價格已飆升到180美金／噸，政府的出口禁令，不啻要業者「打落牙齒和血吞」，為國家「做功德」，有些業者不得已只好取消已訂定的國際合約，不難理解他們的錯愕與無奈。

偶爾停電是常態

但是對印尼而言，這確實是必要之舉。即便是所有基礎建設最完善的首都雅加達，偶爾在無風無雨的日常生活中，停電一陣也是司空見慣。如發生在上班時間，大部分人不但不會抱怨，頂多習慣性的說聲「又來了」，甚至還會有點「賺到」的感覺，可以趁機泡杯咖啡，吃點零食，輕鬆的聊聊天，等待電力重新恢復再開始工作，快則不到半小時，慢則幾小時都有可能。工作若無法如期完成，又多了個「剛剛停電」的藉口，幾乎不會因此受到責難。

工業區內許多需要二十四小時連續運轉的工廠，遇到停電也是稀鬆平常的事，所以自備發電機是最基本的。只是就算有發電機，停電跳電再轉到發電機，生產重新運轉的幾十秒，也許會讓生產線多產生廢品，甚至導致生產機器受損故障，種種狀況都會直接或間接造成業者的損失。

不論是家庭用電或是工業用電，遇到這樣的狀況可不比在台灣幸運。台灣若發生停電，除非是不可抗力因素，台電總會宣布補償損失或減免電費。但印尼的國營電廠從來沒有為這樣的狀況做出任何補償，所有損失都是個人或企業自己吸收。一次又一次，當大家把這樣的「無常」視為「常態」，更加沒有人會對國營電廠做任何要求，這還是一般國營電廠燃煤量「充足」的狀況之下。所以當國營電廠宣稱燃煤不足時，幾乎可以預見停電狀況將更加嚴重。因此政府禁止燃煤出口，除了業者急得跳腳，社會一般將之視為必要之舉。

除了印尼業者之外，急得像熱鍋中螞蟻的，就屬日本與韓國，兩國都大聲疾呼印尼禁止出口燃煤將嚴重影響國內經濟活動。中國與印度雖仰賴印尼進口，但本身也是燃煤產量大國，各自都宣稱影響不多，台灣也自認已購燃煤存量足夠。後經各國多方交涉，印尼政府才同意讓原本已付費且裝運好準備啟程的燃煤運輸船離港，啟程至各自的目的國，但同時針對這批同意放行出口的本地業者展開清查，看其是否在二〇二一年已履行對國家（國營電廠）的「本地市場應盡義務」（DMO, Domestic Market Obligation），如若沒有盡責，將對業者處以高額罰款。

正視國內能源與礦產問題

印尼國會的能源礦產資源相關委員會也提案，應將本地燃煤業者對國內的應盡生產義務提升到30%，除此

印尼幅員廣闊，物產豐富。

之外，針對燃煤供貨量不足，也提案應徹查業者與各個開發礦區的實際生產與銷售狀況、檢討政府收購價格與國際市場價格存在極大價差的問題（導致當地業者趨向逃避本地市場應盡義務），同時提議檢驗國營電力公司與其子公司，冀能提升其運作效率，並建議國家應針對電力資源分配做更好的長期規劃。

印尼的燃煤出口禁令，不只打亂國際經濟大國的步伐，逼使進口大國也須重新審視國家對印尼進口燃煤的倚賴（如台灣二〇二一年來自印尼的進口燃煤為全部進口的五成，調整至現在的將近三成）。印尼為世界第四大燃煤生產大國（緊接在中國、印度、美國之後），卻存在燃煤供應不穩定的問題，也鞭策印尼政府正視本國能源與礦產問題。

原本預計維持一個月的出口禁令，後來因印尼政府宣稱國內燃煤量用量充足故而逐步放寬，但仍維持要求本地業者須提供產量的30％給國內使用，但實務上卻窒礙難行，因為有權發給開採煤礦執照的地方政府，與理當控管全國產銷量的中央政府，彼此間資訊不一定透明，溝通並不一定順暢，故是否30％年產量的確供給本地市場其實不得而知。

目前印尼全國有六十五座燃煤發電廠，再生能源發電廠為十四座，根據印尼能源部的計畫，希望在二〇三〇年，再生能源發電廠可以達到三十四座，二〇六〇年達到一百座，燃煤電廠將全部退役。

物產豐富的印尼就好比含著金湯匙出生的孩子，為免家道中落，勢必要對自己做出一番改革，才不致坐吃山空。

產油大國的補貼沉痾

印尼政府於二〇二二年宣布油價上調，調幅達三成（註3），為有史以來最高漲幅的一次。一如既往，印尼政府慣於週六宣布重大政策，尤其是預期會引發社會重大「迴響」的政策，這多與印尼民情有關。印尼人民即便

註3：該次油價調漲，調漲幅度最大者為Solar（柴油），漲幅為32％，次者為Pertalite（90無鉛汽油）漲幅30％，Pertamax（92無鉛汽油）漲幅16％，反而沒有政府補貼的Pertamax Turbo（98無鉛汽油）隨國際市場機制油價下調11％。

有再大、再長期的遊行或抗議活動，每逢週六、日必然休兵（過去二十年來大概只有一、兩次例外），週一再戰。國家重大政策於週六宣示，意在讓社會與人心鬆懈時稍微舒緩可能的反彈力道，冀望到來的週一社會氣氛不致過於劍拔弩張。

但在疫情過後，經濟正在緩步恢復的同時，此重大政策的宣示就算到了週一也擋不住如媒體所稱「各界如水淹般的責難」，週一一早首都雅加達的幾個重要加油站，竟都派警力站崗，深怕有失序的情況，由此可見整體社會氛圍。因為油價調漲影響最大者，莫過於使用柴油的機車族與柴油汽車族，幾乎涵蓋了整個中產階級與其下經濟較為弱勢者。經濟狀況佳的高級汽車（98無鉛汽油）使用者，反而是國際油價下跌的受惠者。

印尼雖是資產豐厚的產油大國，無奈受限於自身技術，仍須將原油輸出處理後才能再轉回使用。因此成本不菲。過去十多年來，國會民意代表因為選舉考量，次次阻擋、否決中央政府所提減少或刪除燃油補貼的提案，因此政府長期對於柴油等油價一直過度補貼。這樣「順從民意的考量」，導致國家資金大量使用於此，漸成印尼財政的沉痾，再加上新冠疫情對經濟重擊後的重建，導致國家財政更是捉襟見肘，逼使政府不得不正視，只能快刀為國家割骨療傷，長痛不如短痛。

印尼財政部長表示，光是一年，國家補貼數額已是預算的三倍之多，其中大部分用於燃料補助，她認為國家資金應該做更適當的運用。有學者指出，根據世界銀行的一項研究顯示，過去這樣的燃油補貼，70%是用於嘉惠社會的中小康群體（擁車族），並不符合社會正義及補貼的意義，這與當時總統佐科威強調國家資金應優先考量保護弱勢群體的論點不謀而合。時任總統佐科威提出，欲將部分燃料補貼費用直接援助生活在貧窮線下的兩千萬人民，每月提供15萬印尼盾（約台幣300元）的直接補助，為期四個月。

憂慮油價與通膨連動

這樣的做法仍帶來許多質疑。有人認為，四個月內雖可給予窮人直接幫助，但燃油價格上漲對物價的影響勢必更大更久，甚至可能將有更多人生活反掉入貧窮線下。尤其該年的食品物價通貨膨脹創下歷史新高，比去年同期高出8%，這也讓許多人質疑並憂心調漲油價的時間點是否恰當。但財政部門仍強調會監控食品貨源與物價，讓通貨膨脹控制在7%以下。

反對聲浪最大的群體之一，還包括實體計程車與線上叫車服務業者。之前政府制定收費標準，但卻未因油價調整而提高他們的收費，此舉將導致利潤嚴重壓縮，他們認為政府並未有配套措施即貿然實施，枉顧生存。另外，大眾交通運輸業者也疾呼政府應給予補貼，否則上揚成本將轉嫁給消費者，極可能降低大眾運輸的使用意願，將導致其他社會問題。更多人擔憂必然連動的物價波動，將使失業率上升，社會不安。

對油價調整的抗議在第一個上班日已在全國各地

零星展開，尤其在Twitter（現改名為X）上的連線抗議活動——標籤「支持九月行動」（#DukungSeptemberBergerak）就是表達要從現在起抗議這樣的油價政策。國會大廈前也有包括勞工、漁民、農民、婦女團體等在內的大型抗議活動，除了訴求取消燃油價調漲，也主張將隔年（二〇二三年）的最低工資漲幅提升為10%至13%（後來中央政府果然宣布二〇二三年的最低工資將調漲10%）。

多年來，政治人物因民粹主義導向與選舉考量，以至政治永遠凌駕專業，經年累月，終將導致國家重大災難。該次油價高漲幅的調價，事實上仍不足以彌補因燃油補貼帶來的財政缺口，只能將傷口大致修補，期望能將國家資源更有效的重新分配。

按照國家計畫，印尼自許將在二〇四五年成為已開發國家，因應國家長期發展，國家財政是重中之重。這樣的大刀闊斧，實屬不易。如若政治與社會上的意見領袖能有共同遠見與目標，即使短期內或有投機性物價上漲等帶來的社會動盪，長期而言卻能讓國家更穩健前行。可惜的是，這世上民主國家多的是打著民意口號譁眾取寵，實則只求自身榮華、危急時棄船跳車的政治人物，如若人民輕易隨之起舞，社會的騷亂則不可免。只是，皮之不存，毛將焉附。

67 疫情凸顯出的特殊印尼文化

新冠疫情帶給全人類的衝擊恐是空前（未知是否絕後），印尼社會在疫情下整整有一年又十個月的時間，學生線上上課或無法上課（學校關閉）、工作也採線上（印尼語直接簡稱WFH, Work From Home）或25%、50%分流上班。政府宣布全國處於「緊急狀態」的時間一再延長，疫情嚴峻期間，死亡人數驟增，當時有一位同事的大家庭中，竟然在短短一週內有十五位親人往生，幾乎全國籠罩在恐懼的黑暗之中。印尼是整個東南亞最大人口國，同時也是疫情最嚴峻的國家。我在印尼認識的每一位，幾乎都與確診者有直接或間接的連結，回顧起來，當時促使疫情急遽惡化，或許是因為某些文化因素使然，包括：

■便宜行事的習慣

疫情之初，印尼政府規定入境者須在防疫旅館或機構進行五日的檢疫隔離。但利用各種管道跳過檢疫隔離，直接入境者時有所聞。例如當時印度疫情嚴峻，政府將來自印度的入境者檢疫隔離期延長至十四日，但許多仲介為了營利，仍設法幫助某些印度入境者以「付費方式」免於檢疫隔離，雖然其中有幾起當場被查獲，入境者被強制送檢疫機構，但仍有不少漏網之魚。相較於新加坡管制邊境的嚴謹（當時新加坡政府不只封鎖來自印度的航班，連與印度相鄰的尼泊爾、孟加拉、斯里蘭卡等國的航班皆一併禁航），印尼的邊境管理可說是漏洞百出。這樣的情況在後來將隔離時間不分入境國家，全面延長至十四日時更為嚴重，更多人想方設法「付費」以免除檢疫隔離，甚至包括多位社會知名人士，大家就算聽聞也見怪不怪。

又例如，在伊斯蘭教新年期間，政府宣導警察將會取締不必要的區域流動，但實在思鄉情切的遊子塞點紅包給警察就得以跨區回鄉，這樣「皆大歡喜」的事在大家看來都是「情有可原」。在印尼官方與民間，不成文的「付費即可便宜行事」的習慣，讓少數人的蠅頭小利（或大利），不久即造成國家重大災難。

■偏激的宗教力量

印尼是宗教立國的國家，有時宗教領袖的意見（尤以伊斯蘭教為主）說服力遠勝專家或政治領袖。或許很難想像，印尼自始至終仍有一部分人因為某些宗教領袖的宣導，不相信「新冠病毒」的存在，也因如此不願戴口罩，也不遵守任何防疫規範。

又即便相信有病毒存在，部分人士深信多數疫苗沒有清真認證，認為虔誠的伊斯蘭教徒不該施打疫苗，因此在某些地區推動施打疫苗極為困難。

■熱愛社交活動

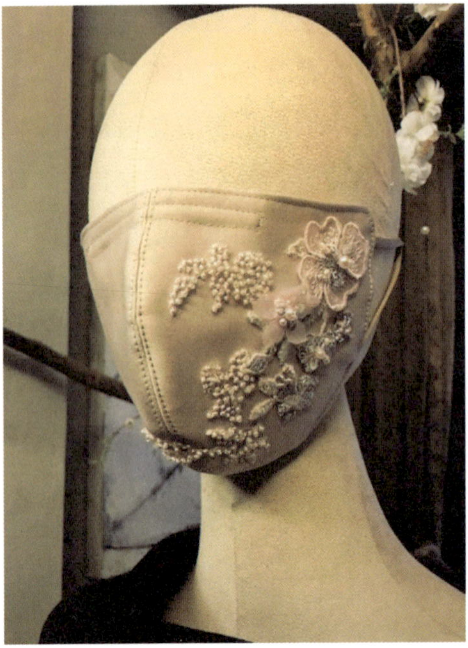
印尼當地服裝設計師推出的客製奢華風口罩。

印尼人本性溫暖熱情，沒有疫情之前，餐廳與咖啡廳時見高朋滿座，三五成群高談闊論，一陣陣爽朗的笑聲真會讓人忘卻一切煩惱。疫情卻阻絕了這樣的社交連結，這對印尼人來說實在是一大挑戰。防疫期間，常見公司內的同仁，工作時大家都把口罩戴好戴滿，可是一到午休時間，還是拿著午餐圍聚用餐聊天。看著他們臉上放鬆愉悅的神情，好像那就是一整天最開心的時刻。

雖然不忍心，但為了疫情，屢次規勸不該群聚用餐，可是每隔一陣子，總還是會有兩三位一起邊吃邊聊，然後愈聚愈多，周而復始。就連有確診同仁在治療隔離十四日、PCR 檢測陰性回到公司，其他同事竟還發起慶祝午餐會，大家一起吃飯為他慶祝平安歸來。疫情期間有同事仍照計畫結婚，我們只能「強烈建議」大家只送祝福，不需到場。結果同事們的做法是捨棄大眾交通工具，但自行安排汽車共乘參加婚禮。這樣的熱情，想來動人，但疫情之下，真是讓人驚嚇不已。

■崇尚高調

當開始施打疫苗，雖然政府有訂定施打順序，但仍有人會各顯神通搶打疫苗。不同於台灣較「低調」的做法，這些搶打疫苗者特別喜歡在社群網站上打卡拍照，顯示自己屬於「有辦法有關係」的那群人。打了疫苗之後，緊接著就是上傳到高級餐廳或在私人包廂用餐、品酒、聚會的照片（而且行文強調，打了疫苗，終於不用口罩了），再緊接著，就是上傳出遊到旅遊勝地的照片（而且行文強調，忍了好久，終於可以出遊了），更有甚者，與朋友及家人一起搭遊艇、包私人飛機度假等。在整體環境仍然水深火熱時，就算已經打了兩劑科興疫苗（最先到達印尼的為中國科興疫苗），病毒鏈更易在鬆懈中傳播。

■特有的「認定萬病皆同源」文化

疫情期間有一幅流傳甚廣的漫畫，畫的是一個人在印尼生病時，不論什麼症狀，包括發燒、發冷、頭痛、流鼻水、咳嗽、拉肚子等，多數醫生的診斷或當事者自己判定的病因，唯一答案就是印尼特有的名詞「身體進風」（詳見p200〈42雨季，生病的季節〉），意思就是身體有風跑進去了。針對「進風」的主要處理方法，就是背部用錢幣或器具刮痧，之後再擦上印尼特產白千層樹油（類似台灣的白花油），一再重複直至康復。多年來在印尼工作場合遇到同事請病假，八成以上的病因都說是「進風」，也許通常醫囑相同，所以真正就醫的人不多，因為不想花「冤枉診療費」。但多數企業與組織規定請病假需有診療單，否則扣薪處理，因而多數人還是會到診所「拿」（買）診療單以茲證明（「買」診療單的費用大致為診療費的一成），這是大家行之多年，心照不宣的慣例。

加上印尼因為公共交通運輸仍不算廣泛或便利，大部分上班族通勤時間來回需要二至四小時，這也造成通常只要有不舒服，直接請假在家休息的機率更高，不若日本連生病都要拚搏的社會文化。印尼特有的社會文化——認定萬病皆同源、盡量不就醫、不用太拚命，以及未普及的公共交通運輸等，直接降低了當時新冠病毒病例的回報機率，因而確診數據不但難準確，病毒傳播力也更容易在不知情的情況下加速。

■特殊的優先施打疫苗族群

與大部分國家相同，印尼政府提供的免費疫苗以醫護人員優先。再來第二階段的大規模疫苗施打對象，除了六十歲以上「老人」（註），還有相較於他國較特殊的優先群有：

註：根據印尼政府統計局2023年資料顯示，男性平均壽命70.1歲、女性平均壽命74.1歲，故「老人」定義較台灣年輕。

• 宗教團體領袖——各個宗教領袖（包括伊斯蘭教、基督教、天主教、佛教等）被視為風險高的「行業別」，因為他們接觸人群的機會更多更大，政府將之列為優先對象。故而有各宗教團體領袖相聚在某公共場合一起排隊接種，展現「宗教融合」的有趣景象。

• 明星與網紅——政府挑了幾位他們判定對社群有廣大影響力的明星與網紅優先施打，盼能藉助他們的號召，鼓勵廣大民眾施打疫苗，但此舉在社會上引起正反兩極評價。

• 媒體工作者——被列為接觸人群的高風險族群，但或許更是希望藉由媒體力量為接種疫苗甚或政府當局做更多「正面宣傳」。

• 觀光旅遊業——包括與飯店、餐廳相關的工作人員，冀以此帶來信心進而振興因疫情受重擊的產業。

• 教師——盼望能盡快重新開放全國校園。

這樣的安排在其他國家大概很少見，不但可清楚看出宗教領袖在印尼社會的重要性、展現宗教立國精神，也可看出印尼政府對媒體傳播力量的重視或「敬畏」。

對印尼而言，上述都是行之已久的社會文化。新冠病毒的出現，或許是要迫使人類正視我們之前所忽視的問題，讓沉痾陋習浮出檯面，逼使人們重新思考，進而做出改變。這樣想來，病毒的存在或許也能為社會或人心層面激起一些正面改變的力量吧。

68 喚起人民與企業對「社會責任」的重視

新冠疫情除了大大顛覆我們平日的習以為常與自以為是，更迫使我們不得不正視且重新檢視自己、家庭、工作、人際社會關係，甚至國家的認同感。

之前多次提到，華人在印尼的移民發展史本是多災多難，造成許多印尼華人與他國的華人相較之下更為多疑多慮、對社會有強烈的不安感，常常一有風吹草動，或是政爭，或是軍變，或是選舉、恐攻，甚或只是社會遊行，許多人會「超前部署」，第一個念頭就是「逃」。通常飛往鄰近且政治經濟相對穩定的新加坡是首選，或是飛往各自有淵源、身分的歐美澳洲等國避難。事實上不只是華人，社會上經濟狀況處於金字塔頂端者多年來亦如是。

將心比心，共度難關

但在新冠肺炎疫情下狀況卻大相逕庭，臨近的新加坡確診案例比印尼足足早了一個多月，歐美澳洲各國的疫情爆發也比印尼早了幾週，使得原本的「避難所」變成「逃難所」，許多在國外的印尼學子或經商者反而返回當時「零確診」的印尼。待印尼的疫情開始大爆發後導致醫療緊繃，想要「逃離」的人們卻發現無處可去，因為世界各國多已有嚴格的入境要求，因而只能被動選擇留下。正因如此，迫使著許多人第一次開始正視所處土地遭遇的困難與劫難，並思考能為在地做些什麼？

每年同事們都會開心的在重要節日前一起準備「福袋」，幫助需要的人。

許多人除了響應在印尼民間的國際慈善組織如Feeding Hands、One Fine Sky、慈濟等，或發起對醫護人員的防疫捐助運動，更有愈來愈多人盡己之力準備「生活基本包」(印尼語Sembako，此為將基本生活食品如油、蛋、米、泡麵、糖等裝成一袋，我喜歡將之稱為「福袋」)，分送給因疫情而使基本生活陷入困境之人。讓我動容的是，不論實體賣場或電子商城，都會在顯眼處提供許多這樣的「福袋」，讓大家自由樂捐選購，賣場或電子商城就會負責幫忙運送至弱勢同胞，提醒大家「將心比心，共度難關」。

這些日用品都特意做成小包裝，價格當然相對便宜，「勿以善小而不為」，願意順勢幫忙的人也就更多了。這樣對生活在同一片土地上的人給予更多的關心並產生互助之情的風潮，更勝以往，更多也更廣。

疫情過後，這樣的思考與行動仍延續並開展，許多企業、民間組織或是個人也學得了更關切周遭需要我們伸出援手的人與事，「社會責任」的觀念漸為大家所知曉，並以能負擔社會責任為榮。比如當與公司同事們一起發起慈善活動，捐助需要幫助的人，每個人盡力籌備及參與時的發亮眼神，還有事後個人社交媒體洗版似的相關貼文，在在都說明了同事們因為個人與所屬企業能為「社會責任」盡份心力感到光榮。這樣的氛圍為社會國家帶來不同的變化。

疫情迫使人產生社交距離，卻又在某種程度上拉近人與人之間心的距離；看似讓許多活動停止，卻又加速推動了一些無形的軟體建設。疫情喚醒人們對彼此、對生活的土地、對原本視為理所當然的一切充滿感恩與珍惜之情。

69疫情後時代的產業變化

二〇二二年十一月，印尼在峇里島舉辦G20領袖高峰會。G20代表了全球三分之二以上的人口、75%的全球貿易與全球八成的GDP，重要性不言可喻。身為主辦國，所有大小周邊會議與安排從年初早已陸續展開，領袖高峰會更是眾所矚目的焦點——因發動戰爭引發國際動亂的俄國總統普丁、強勢續任中國國家主席的習近平，與包括美國前總統拜登、英、法、德、日、韓、澳洲等二十國領袖都在邀請之列，這是世界領袖在新冠疫情爆發後、烏俄戰爭開打至今，最多國家領袖大集合的會議（俄國最後由外交部長代表參加）。

在世界局勢詭譎的此時擔任G20主辦國，印尼承擔起重責大任，尤其各國領袖陸續到訪，所有雙邊會議、多國會議、高峰會都有賴主辦國的安排。時任總統佐科威將此定調為印尼對世界經濟復甦的重大貢獻，並以此為榮，整體社會氛圍也大致如此，祝福G20成功的旗幟標誌隨處可見。

印尼政治人物們都宣稱希望藉著成功舉辦高峰會，能將印尼推上世界舉足輕重的地位。國家的光榮感當然

印尼於新冠疫情後的2022年主辦G20峰會。G20的口號為「Recover Together, Recover Stronger」（讓我們一起復原，復原得更強大！）

動人，但平民百姓更企盼的應該是能安居樂業，也讓人不禁思考，這些相聚的「領袖們」到底有幾位是將人民利益置於自己榮耀之上呢？

「經濟合作暨發展組織」（Organization for Economic Cooperation and Development, OECD）最新報告指出，全球經濟成長率在烏俄戰爭後至今約為3%，各國對抗通膨的貨幣緊縮政策、消費者信心指數低落，與高價的能源產品（尤其是天然氣），皆拖累消費零售業與投資信心。美國經濟成長率大致2.5%～2.7%，歐洲為0.8%～1%（因為戰爭緣故，歐洲整體經濟產出減少量相當於法國一整年的經濟產出）。相較之下，印尼這兩年的經濟成長為5%～5.5%，表現算是差強人意。

被經濟衰退拖累的產業

即便如此，世界經濟環環相扣，歐美市場的經濟衰退，連帶影響亞洲的製造業與貿易。尤其印尼有許多勞力密集產業，諸如紡織業、鞋業等，現在多已面臨訂單驟減，許多工廠的產能降至原來的五成以下，有些甚至已無法生存。根據「紡織產品企業家協會」資料顯示，目前已至少有十八家服裝紡織廠關閉。加上近兩年從中國進口的大量低價紡織品，使得當地紡織產業雪上加霜，光是二〇二四年至今已有超過一萬四千名紡織業員工遭裁員，且數目仍在大幅增加中，業者大聲疾呼政府保護，否則情況將持續惡化。

除此之外，印尼的汽車組裝業、機車製造業也因國際訂單與國內需求降低，以及由中國進口的低價汽機車成功搶攻當地市場，面臨產能縮減，已開始進行裁員。基礎工業如鋼鐵業也因國內外市場需求驟降，產能減少，價格狂跌，原本廠商只冀求苟延殘喘。但因中國經濟放緩，且中國鋼鐵總產量已遠超過全世界所需，故全力傾銷至有貿易協定零至低關稅的東南亞國協，尤其是市場最大的印尼，導致本地鋼鐵業哀鴻遍野，眼前一片黑暗，可惜政府至今「裝睡的人叫不醒」。

超過一年半的疫情，對「零售業」的打擊最為明顯且致命。本地知名的大型量販連鎖店「Giant」（巨人）已在二〇二二年七月底宣布關閉全國所有分店；創立發展了六十年的本地百貨業龍頭「Matahari」（太陽）百貨，原本在全國七十六個城市有一百五十五家分店，在短短一年多內關閉將近三成的實體百貨。另外，本地最大的連鎖書店Gramedia也關閉了一些營運超過十五年的知名分店，來自日本的紀伊國屋書店（Kinokuniya），同時也是印尼最大的外文書店，也因疫情關閉了位於首都最大的旗艦店。

在危機中受惠的產業

但是危機也是轉機，零售業者不約而同在此階段加速發展電子商務。根據統計，疫情期間，線上購物交易量較以往增加了四倍以上，不單是生活上必須的農產品、肉類、海鮮等有各式管道可在網路選購運送，許多餐廳、咖啡店、超市、大賣場，甚至百貨公司都開始提供網路看貨、選貨、運送服務，還貼心的提供印尼文及英文選項，可謂面面俱到。預計在未來大眾對線上購物的需求仍將持續。

根據國際資料公司IDC（International Data Corp's）的調查資料顯示，疫情期間印尼手機銷售量相較之前同期成長了49%，電腦（包括桌上型與筆記型）銷量相較於之前增加50%，其中筆記型電腦銷量增加78%，尤其在印尼筆記型電腦市占率第一的華碩（ASUS），銷量更比疫情前成長了十一倍之多，主要就是因受惠於政府與Google共同合作開發的Cromebook教育計畫（Cromebook Education Program，印尼政府盼能以此支援在疫情期間已關閉校園一年多的教育體系）。教育部認為，即使疫情趨緩，數位與科技教學的趨勢勢不可擋。數位電子產業無疑是新冠疫情的受惠者之一。

受惠的還有醫療器材產業。根據印尼健康部門的統計，醫療器材製造公司從疫情前的一百九十三家暴增至疫情後的八百九十一家。疫情期間，印尼政府對醫療產業最大的支持之一，就是投資統籌局與健康部門達成協議，醫療器材業者申請執照，只需透過政府網站申請，最快能在24小時內審核批准通過商業執照，緊接著健康部門也加速審查並核准生產與配送執照，以此鼓勵並加大印尼對抗新冠疫情力道。這對於素來讓人詬病效率低落的公務體系不啻是一個變革，但這也是歷經沉痛的經驗換取而得。

可惜的是，原本因疫情蓬勃發展的製藥業，產值在二〇二二年躍居成為東南亞國協最大生產國，卻在二〇二二年底發生兩百多名孩童服用受不當物質汙染（懷疑成分來源為非法印度藥商）的咳嗽糖漿導致急性腎衰竭，其中將近一百五十名五歲以下幼兒因此往生，造成社會極大震撼。政府因而下令停止販售與使用市面上一百種左右的咳嗽糖漿與液態藥品，並撤銷兩家本地藥品製造商執照。這樣駭人的醫療事件嚴重打擊製藥產業，許多工廠因而關閉，工人也被大量裁員。

有機會持續蓬勃發展的產業

相較於度日艱難的產業，當地的旅遊業與飯店業卻迎來疫情之後的報復性消費，疫情管控之下無法舉行的會議、慶祝活動、婚禮、大型展覽、集會等，自解封後爆發性舉辦，公營或民營單位過去疫情期間兩年多的相關預算，幾乎在近半年內用力消耗殆盡。二〇二二年外國旅客至印尼的人數，與前年同期相比暴增一百倍，二〇二三年外國旅客又比二〇二二年增加約120%，其中最多到訪度假勝地峇里島，度過疫情寒冬的旅遊業與飯店業，終於聞到春夏的氣息。

當地學者預測還有幾項產業仍將蓬勃發展：如化妝品與身體護理相關產業——有研究顯示，疫情期間反而讓當地許多人有時間、精神更重視自己的外貌與身體保養，預料此趨勢仍會持續。又例如通信與人工智慧（AI）產業——疫情期間加速相關產業的發展，繼續前行將是唯一道路。還有食品業——為最基本生活所需，更何況有學者擔憂近年或有糧食危機，求多於供的可能性大增，對該產業為利多，對一般民眾卻非如此。

在經過四百多萬人確診、十四萬人往生的大痛後，印尼正試著要逐步恢復，各個產業都被推進著以各種方式適應新的需求，也各自迎向新的挑戰。例如在疫情期間擔任醫療與救濟物資運送重任的印尼郵政公司（PT. Pos Indoneisa），一直以來的效率頗讓人感到無奈，但在疫情期間，為了加速醫療物資、現金與非現金等社會補助流程，也開始採用人工智慧科技的幫助，並終於體認到提升自身效率以致能與民間物流公司競爭之重要性，這或許也是疫情帶來始料未及的正面助益吧。

70 箭在弦上的首都搬遷計畫

印尼前任總統佐科威在二〇一九年已提出欲將首都遷至距雅加達一千二百公里的東加里曼丹省（註1），新首都名稱為「努山塔拉」（印尼語Nusantara，「努山塔拉首都區」印尼語為Ibu Kota Nusantara，印尼語簡稱為「IKN」），意欲平衡全國區域發展，並減輕現任首都雅加達因為乘載密集人口而產生的空汙、淹水，甚至靠海的北區嚴重地層下陷的問題。

計劃分階段遷移首都

如果到過雅加達北區，就不難理解為何這樣的擔憂不是空穴來風。北區緊鄰雅加達海灣，最外圍的住宅區前隔著一條大馬路即是海域，馬路與海水間的堤防逐年加高，但即便不是漲潮，海水拍打堤防濺起的浪花也能沖進大馬路，若是漲潮或是碰到雨季，海水灌進大馬路、淹沒住宅區就不難想像了。我曾在那堤防畔駐足一

註1：東加里曼丹省位於婆羅洲，為加里曼丹島的5個省份之一，是印尼第四大省，人口約350萬人。

隨處可見的標語「NUSANTARA BARU, INDONESIA MAJU」(「搬遷新首都，印尼更進步」)，這兩句印尼語是有押韻的。

陣，對於不是漲潮時分，浪花卻也能多次濺濕我的衣服印象深刻。有科學家指出。如果照此地層下陷的速度，二〇五〇年雅加達北區或將有95%沉入海水中，此絕非驚世駭俗之語，確有其可能。

二〇二二年初，國會正式通過首都遷移法案，政府並已著手起草相關衍生法規。遷都的議題因為疫情延宕了兩年之後再度浮上檯面。政府從那時開始著手準備，二〇二四年開始分階段將首都遷移，八月十七日國慶日典禮已在新首都的總統府大廳舉行（但總統府也只完成不到三成建設）(註2)。

這項計畫預計耗資約250億美金，還徙一百一十五萬政府部門的公務員至新首都，首要目標以建設政府機關與公務員住宅社區為主，之後也會拓展至商業區與工業區塊的建設，並希望將新首都建立成為「綠色經濟」城市，因而會更以環境保護與永續發展為考量，冀能提供更高水準的教育與醫療。

反對聲音的憂心

立意雖佳，但有社會知名人士與菁英分子共四十五人具名提出「反對遷都」請願書，主要理由為遷都耗費資金龐大，且政府赤字又擴大至3%以上，預估至少需要五年時間疫後經濟方能全面恢復，實在不應耗費有限的國家資源於遷都一事，應著重在疫情後如何恢復國家元氣。另外，專家也具體計算指出，如若執行遷都，才剛由印尼與中國合作蓋好、印尼第一條由雅加達至萬隆的高速鐵路，其每日載客量將降至原先預估的一半以下，如此要達到投資的收益平衡，需費時至少長達四十年以上，這對國家財政無疑又是一大負擔。

除此之外，有名望的學者也出聲批評，認為這份遷都計畫書敷衍粗糙——例如是否考慮已婚公務人員其配偶工作將如何處理？孩子是否願意跟隨到教育品質還

註2：這項遷都計畫將是為時20至25年的長期計畫。根據印尼中央統計局資料顯示，自2010年起至今，首都雅加達所在的爪哇島為印尼的GDP貢獻超過58%，其中約21%來自首都雅加達。印尼東部領土包括新首都預計所在地加里曼丹、蘇拉威西等地區域占了國土64%，但對全國GDP貢獻只有約16%，其中加里曼丹占約8%。根據遷移計畫預估，2045年新首都對GDP的貢獻將可達23%。

未知的新首都？爪哇島與加里曼丹島文化不同可能造成的適應問題等。又，新首都將定位為「政府的首都」或「國家的首都」？如果是前者，那麼只需將政府公部門遷往即可，若是後者，則除了政府公部門外，民意機構如國會、地方議會、最高法院、憲法法院等機構都應一併遷移。

許多學者認為遷都計畫不但不可行，還有可能為公部門的貪腐大開方便之門。這份請願書初始兩日內已獲得二萬五千份連署。相較於同時也有由「民間」發起的「支持遷都」請願書，兩日內獲得約兩千人的連署，若以連署人數略觀，社會民意不言可喻。

即便社會氛圍如此，總統與中央政府卻似箭在弦上，不得不發。政府宣稱國會已同意並通過遷都法案，已過了接受請願書的時刻。他們承諾政府預算將只用於建立新首都的基礎建設，其他資金來源皆為民間企業（根據政府計畫，建設新首都的成本19%來自政府，81%來自民間）。且不僅國內民營企業，他們特別提到中東、歐洲、美國、日本、新加坡等多國都已表達強烈投資意願，這將是大舉吸引外國投資的好機會。

是豪賭抑或半途而廢？

雖然政府大聲疾呼，但至目前為止，並沒有一家企業公開表達計劃要將總部遷至新首都，整體觀望氣氛濃厚。事實上，就算是阿拉伯聯合大公國承諾要投資100億美元於建設新首都，但之前類似這樣的「口頭投資支票」他們也開過，事後證明並未兌現，這次的承諾將如何，還是未知數。而中國是截至目前為止唯一正式簽署投資意向書的外資國。

再者，如若遷都費用後來遠高過預估費用，以剛完成的雅加達萬隆高速鐵路為例，實際完成的費用比計畫預算高出30%之多，那麼對於不足的資金，政府是否又要舉債？又或者國內外民間投資者會願意追加投入資金？如若政府又要增加債務，本身已背負高額外債的政府是否有能力償還？如若民間投資者不願意再多投入資金，那麼這項計畫是否將會半途而廢、不了了之？這些都是大眾關切卻尚未能得到解答的問題。

現今首都雅加達被認為身兼七項功能，除了身為政治上的首都，同時也是商業、服務、貿易、文化、教育、物流中心。即使將「政治上的首都」遷移，以其餘六項功能而言，雅加達仍為全國中心。這項空前的遷都計畫是否真能解決雅加達人口擁擠、淹水、空汙等問題尚未可知，但對於區域平衡發展或許有一定效應。只是島嶼間人力與物力的遷移，還有尚未能得知上限的遷都費用，種種看來都非易事。如若想以遷都以求全國長治久安，恐怕還需要更多時間與討論，從長計議。如若只是政治人物盼能以遷都在歷史上留下一筆，那恐怕只是將國家未來當成豪賭了。

71 古神廟的教導

好比有些台灣政治人物為了自身選舉考量喜歡分化群眾，在印尼也有少數政治人物會企圖在這方面著力。比如前雅加達首長阿尼斯（Anies Baswedan）宣誓就職時，在就職演說中提到「過去，我們原住民（Pribumi）[註]被統治，現在，該是我們成為這片土地的主人。過去，我們努力擺脫殖民主義，現在該是我們享受自由的時候了。」

分裂言論令人憂心

這樣明眼人都知道的種族分裂言論一出，譴責撻伐聲有之，但不可否認的，社會中明白或暗自鼓掌叫好的人卻也不少。生活在印尼多年的我，這些年看著這片土地的民主進程與民智開化，好不容易拾起對印尼成為泱泱大國的企盼，聽聞時感覺瞬間蒙塵，信心動搖。

註：阿尼斯於2017年至2022年擔任雅加達首長。印尼語「Pribumi」直譯為「原住民」，此原住民不包括華裔、印度裔、阿拉伯裔、歐洲裔等。由於此演說受到許多知識分子的強烈抨擊，故阿尼斯在事後做出解釋，認為是媒體「斷章取義」導致有所誤解。

中爪哇的門杜神廟約建造於西元9世紀，考古學家認定其建造時間比婆羅浮屠又更早一些。其外牆雕刻著「雙頭鳥」的故事。

剛好有機會與本地一位德高望重的華人大企業家聊及此事，表達我對印尼前景的擔憂。誰知他卻反問我：「這樣的事件是好事，憂從何起？」我怎樣都不解這怎會是「好事」？他接著解釋，就是要有這樣的言論，隨時提醒著我們這些少數卻掌控著印尼將近八成經濟實力的華人不要自以為是，不要獨善其身。有能力者，就該幫助更多的人，不管是教育與就業，從我們身邊的人幫起，能力愈大，就幫愈多，從現在開始做，能做多少就多少，勿以善小而不為，千萬不要看低了聚沙成塔的力量。他反問我：「去過中爪哇的門杜（Mendut）神廟嗎？神廟牆上雕刻的雙頭鳥故事聽過嗎？」

中爪哇的婆羅浮屠神廟是眾所周知的世界七大奇景之一。我只知道門杜神廟距離婆羅浮屠不遠，建造於西元九世紀，考古學家認定其建造時間比婆羅浮屠又更早一些。雖然尚未拜訪過，但雙頭鳥的故事我是知道的——傳說中有隻雙頭鳥，總是由其中一個頭決定要吃什麼，從不給另一個頭任何選擇食物的機會，還不停告訴那個沒有選擇機會的頭，既然我們是同一個身體，只要我選擇吃好的食物，你反正也可受益。久而久之，另外一個頭按捺不住心中的不滿與憤怒，決定找尋有毒的果實吃，因為共用一個身體，只有這樣，他才能懲罰另一個總是不顧及他感受的頭。有天他終於一口吃進毒果，雙頭鳥因而死亡，當然另一個頭也無法獨立倖免。

凡事皆以生命共同體為思考

這位長輩與我分享：「我們多數印尼華人屬於有能力的人，就是那個可以一直做決定的頭。但在印尼還有許多未能接受良好教育的人民，他們是另一個頭。我們共同生活在這片土地上，就好像雙頭鳥，共享這個身體。如果我們只專注自己過著優渥的生活，不去理會另一個頭的感受，另一個頭有天就會開始想去吃毒果，像阿尼斯這樣意在分裂種族的語言，就是毒果，最後只會共同滅亡。」這個雕刻在印尼中爪哇門杜神廟外牆上的故事，原來千年前就已開始向人們傳達這樣「共生」的智慧。

這讓我想起近幾年來，在印尼時有所聞成功的實業家，除了專注本業、創造就業機會外，開始注重推動教育，尤其針對經濟條件相對弱勢，或是相對偏遠地區的基礎教育，建校、訓練師資、提供獎學金以及未來工作機會等，想來都是在這樣的思考下推動。

「給人一條魚，不如給他一根釣竿」，教育帶給人民希望，而國家的未來，就是以人民希望為基礎建立而起的。想著想著，我突然覺得感動。是的，只要有這樣的善意存在這個社會中，就有希望。「十年樹木，百年樹人」，的確，這是條漫漫長路，但千里之行，本始於足下。

看看當今世界時事，對於善於製造「毒果」的政治人物，真是不論在何地都不缺，其實感覺有些悲哀。但如果我們能以古時先知的智慧，以「生命共同體」的觀念去思考，也許大自國家的政策、方向，小至生活中人與人之間的互動，都能有更清楚的判斷與決定。想要藉由製造毒果造成對立而從中牟利者，也不易有縫隙掙扎了吧。

72 總統大選引發民主政治新挑戰

印尼的民主進程在二〇二四年總統選舉遇到空前驚奇——當時已擔任第十年總統的佐科威隸屬的政黨推派出正副總統參選人，但佐科威總統之子吉伯朗（Gibran Rakabuming Raka），卻搭檔另一政黨的總統參選人普拉伯沃（Prabowo Subianto）擔任副總統參選人競選角逐大位。雖然佐科威總統說他的立場中立，但意向卻不言可喻，選民不知所措的程度可謂空前。試想如果台灣某總統之子，宣布將搭檔不同顏色政黨參與下屆總統選舉，選民大概也會一頭霧水。

讓民主開倒車的修法

印尼憲法法庭出乎意料的竟為吉伯朗量身訂造候選人參選資格修正案——原本參選人年齡須滿四十歲以上，現將之修改為有但書例外——若該員有擔任地方首長的經驗可不受此限。一般相信，憲法法庭突如其來的修正，就是為了讓曾擔任梭羅市長、年僅三十六歲的吉伯朗符合參選資格[註1]。為了迎合特定候選人而開方便之門，此舉讓社會一片譁然，引起軒然大波。

左：選舉期間，候選人看板與政黨旗幟造成的「視覺汙染」已引發社會的檢討聲浪。
右：參與政黨活動的群眾。

在這之前，原本耳聞憲法法庭將修改憲法讓總統佐科威可以再競選連任第三次，此風聲引發社會對國家開民主倒車的疑慮，引來一片撻伐。一般而言，對於特別喜歡以「抗議遊行」展現自由民主民意、號稱是世界上第三大民主國家的印尼，齋戒月通常是社會運動相對安靜的月份，尤其疫情以來，大型集會活動更是罕見。但這樣的傳聞卻讓以大學生為主的抗議者不顧齋戒月的傳統，集結大規模的示威活動，這才讓總統佐科威因抵不過批評還特意出來闢謠，聲稱他絕不做此想。回頭看來，憲法法庭有換湯不換藥之嫌，社會輿論普遍認為，若吉伯朗當選，仍可視為佐科威總統的第三任任期。

許多政治界的前輩、社會菁英、意見領袖等皆對

註1：吉伯朗於2020年以87%高得票率當選中爪哇梭羅市市長（總統佐科威競選擔任雅加達省長與總統之前也曾擔任將近7年的梭羅市長），但2021年就任市長至正副總統提名不過才兩年多，即急速平步青雲擔任下屆副總統參選人。

此表達失望，他們提出「法律之上，該有政治道德」、「政治中重要的是禮儀與道德，並非權位與名利」、「政治活動必須帶來文明建設，不僅是地位與權力，更不該透過違反規則來獲得地位與權力。」

就連曾經被視為在政治上與總統佐科威同心的印尼華人政治代表人物、前雅加達省長鍾萬學（詳見p109〈22受西方影響更深的新一代華人〉）也公開表示，吉伯朗太年輕，且完全沒有省級行政區以上的管理經驗（梭羅市為人口約五十二萬的地方行政區，相較於超過一千萬人口的省級行政區可謂小廟）。可惜社會反對聲浪大，卻也喚不醒假寐之人。

佐科威已連任兩屆共擔任十年總統，二〇二四年為執政的最後一年，但從年初甚至至九月，各家民調皆顯示他仍有居高不下的民意支持率，低則至少70%，平均有80%，最高甚至達90%，放眼世界各國領袖大概少有執政多年後仍有如此高的民意支持度，這也就是為何佐科威有底氣做此非比尋常的政治決定。只是當宣布吉伯朗將擔任普拉伯沃的副總統搭檔，佐科威的民調也跌至歷史新低，但相較於他國即將卸任的總統民調（例如台灣總統的支持度約四成），佐科威仍是相對受支持，這與近年來多項國家重要硬體基礎建設在他任內開工甚至完工有關。

與世上所有政二代一樣，吉伯朗必須概括承受父親政壇上的一切，包括政治資源與負面批評。日前他曾拜訪農民，企圖營造親民形象，但卻適得其反。近年農民苦於政府大量開放農產品進口，導致本地農產品價格下跌，農民苦不堪言。農業相關團體聲稱已向總統佐科威陳情五次之多，不但未見政府任何正向回應，價格反而愈跌愈深。所以農民當面回應吉伯朗，請他只要回家詢問自己的父親到底國家農業概況為何即可，無需再到此作秀表達關切。

難逃權力使人腐化的宿命

事實上不僅只農業，近年來佐科威政府的政策對外門戶洞開，基礎工業、製造業等本地產業面臨激烈的外來競爭，央求政府支持保護不可得，求助無門，只能苟延殘喘、自求多福。門戶洞開的對象尤以中國為最，中國的各項農業、工業、製造業等產品，以低價橫掃印尼各領域，本地產業幾乎難以與之抗衡。

另外，眾所周知的印尼第一條高鐵，所有原料物力人力完全由中國進口，對於帶動本地產業毫無助益，不但如此，暴增的預算讓印尼政府債臺高築，與中國關係騎虎難下。如若這樣的政策方向繼續延續，國家前景實在堪慮。

佐科威從政之始號稱清廉，但可惜能逃過「權力使人腐化」命運的政治人物少之又少，為特定人士倉促修憲之舉已對維繫國家的民主制度造成傷害。吉伯朗代表他黨參選，但遲遲未宣布退出培養支持他與父親佐科威政治實力的政黨，已傷害自身在政壇與民間的可信任度，如印尼一般民諺所說「人一旦開始說謊，就沒有人會相信了。」雖然如此，佐科威夾其執政優勢，三組參選人民調中，普拉伯沃與吉伯朗仍屬領先，但許多選民卻因此更看清「政治上沒有永遠的朋友，只有永遠的利益結合」，對此選舉已較往年顯得冷漠，決定不投票或是投廢票者，比以往更多，而最後二〇二四年二月的選舉結果果然如民調所預測，兩人順利當選。

令人更驚奇的是，在大兒子當選下一任的副總統後，二〇二四年八月，印尼憲法法庭又欲修憲將地方政府首長參選年歲限制由滿三十歲下降到二十五歲，以讓佐科威的次子（時二十九歲）能參選十一月的梭羅市長的選舉。此舉讓社會大眾忍無可忍，全國許多城市都有大型示威活動，直至憲法法庭宣告暫緩修憲，且佐科威總統次子宣布不會參選該年梭羅市長才停止。

引發反彈的刑法修正草案

另外，年前印尼國會通過新的刑法修正草案，也引起社會輿論極大的反彈，有爭議的內容包括對婚外性行為及未婚同居都可能被定罪，外籍居民與遊客也將列入規範之中。其中最讓人失望與詬病的是明訂「禁止侮辱總統、副總統或國家機構，以及與印尼友好的國家元首的榮譽與尊嚴」，如有公開的上述行為，將可處最高兩年監禁徒刑。雖然相關細則尚未訂定，但人民選出的國會竟全數通過此草案，讓國家自由民主倒退數十年。

人民以選票選出民意代表、地方首長，甚或總統，就是給予信任，相信該民代與首長，能傾聽民意，為人民與國家做出最好的選擇與決定。可惜的是，許多被賦予信任的民代或首長們，在嘗盡權力滋味後的荒腔走板就好像戴上魔戒，不可自拔，初衷已逝，個人利益完全凌駕國家人民，忘了對待這份得來不易的信賴該有的謙卑與感恩，人民對其信任感動搖之時，試圖以更多謊言來包裝心中抑制不了的自私與貪婪魔獸，如此反覆只會為雙方帶來更大的傷害。

印尼的民主未來怎麼走，向前或是倒退？這幾年將是關鍵。只希望近年來已愈來愈普及的教育（註2）能讓人民的眼睛更加雪亮。

後記：二〇二四年十二月十六日，前總統佐科威與其子正式遭所屬政黨（印尼最大政黨，印尼民主奮鬥黨PDIP）開除黨籍。

註2：印尼訂定「基礎教育」為12年義務國教（6年小學與3年初中、3年高中），但並非完全免費，公立學校仍須收註冊費、書本費、校服費等，且因學校不同有不同規定，故經濟困頓的家庭仍有可能無法負擔。依據印尼統計局2023年資料，小學的輟學率為0.13%，初中的輟學率為1.06%，高中的輟學率為1.38%，且不是每個城鄉都有初中或高中，這些因素都直接造成義務國民教育未能完全普及。

後記

相識於印尼的前輩

台灣的女兒，高雄的驕傲

印尼是世界第一大伊斯蘭國家，與美國的關係向來重要且敏感，於二〇一七至二〇二〇年來擔任如此大任的美國駐印尼大使唐若文（Joseph R. Donovan Jr.），是曾駐派過亞洲多國包括台灣、嫻熟多國亞洲語言包括中文與閩南語的美國優秀外交官。他的夫人吳美綢，同樣也是嫻熟多國語言，有著熱情真誠善良的個性，優雅又落落大方。她來自高雄，是台灣的女兒。

台灣與美國的外交關係雖是密不可分，但檯面上卻沒能有正式的任何宣稱。即便如此，台灣政府或民間團體近年來在印尼舉辦的各式活動，美國大使夫人總是在自己繁重的公務與緊密的外交行程中，撥冗傾全力參與，包括印尼電影節台灣電影《幸福路上》的首映會、台灣各個藝文團體到印尼的巡迴演出、民間台灣婦女會舉辦的活動等，在在可以看見她的身影，就是在人群中，一起參與、一起欣賞，從不張揚，不擺架。

只要美國大使時間允許，她也必力邀夫婿出席。大使是位風度翩翩又沉穩的智慧長者，聰明幽默風趣，每每在場合中大家驚豔於他流利的中文與閩南話，他會俏皮的說「英文我也學過一點喔」。

與前任美國駐印尼大使夫人（右）合影。

每年在雅加達舉辦的世界婦女會義賣活動，各國皆藉此場合一方面打國際形象，一方面也為如何籌措義賣款項絞盡腦汁。美國大使夫婦除了幫美國攤位「站臺」，同時不忘將他們所集結的人氣一起帶到「台灣」義賣攤位共襄盛舉。

大使夫人自身有豐厚精采的生命故事，婚後身為美國外交官眷屬，每三年一任在世界各地的遷移、適應、在地努力、又再遷移……，一次又一次，經歷夫婿在工作崗位上碰到的種種內在與外在、政治或非政治等錯綜複雜的問題，一次又一次新的文化洗禮，在世界上所見所遇的人事物遠遠超越絕大部分人。

但是，在她身上沒有一絲一毫的驕氣，只有溫暖燦爛的微笑；她美麗的大眼充滿了智慧，似乎可看穿人心，卻從沒有咄咄逼人的銳氣，只有和煦寬容的暖意；

在她身上沒有珠寶名牌的堆疊，但卻總能適時適地有最適宜的裝扮。

她見到人，總給予最溫暖真誠的大擁抱，包括在印尼無家可歸的難民們。她致力於為印尼的難民們奔走，並常利用自己的休假日到難民區，確保募集的資金、人力、物資的有效執行，還幫難民孩童們的美術創作舉辦義賣會等。她告訴每個人，不要喊我「夫人」，叫我名字（而且是中文名），她總說「我們是朋友」。每每看到這些景象，我心中總感熱血翻騰，她在自己的崗位上兢兢業業，亦沒有一刻忘記她的故鄉，總想著能為台灣、能為世界多做些什麼！

官場與社交場合上，想要與之友好結交的不計其數，但她一概不受禮，實在推託不掉的，就將之登記充公，因為她說這些東西都是跟隨國家職位而得，不屬於個人，屬於國家。這聽在古今中外多少官場公門的人耳中，大概都覺得不可思議、愚不可及吧。

這樣一位在我人生路上有幸能在印尼相識的智者，我希望能將之記錄下來，但願能讓更多人知道，有這樣一位來自高雄的台灣女兒，永遠展現最好的自己，用自己的力量不斷的幫助台灣，幫助世界，總是驕傲的說：「我來自台灣！」在我心中，這才是真正的台灣女兒！

在台灣與世界許多角落、許多崗位，也有著像大使夫人這樣一位位台灣囝仔，為養育我們成長的這片土地努力做著同樣的事，這才是推動我們國家成長、向前、發光最重要的力量，也為台灣搭起通向世界最堅固的橋梁。每每看到這些人物，這些景象，我都由衷的感激、敬佩並自勉之。

正向力量的人生示現

在台灣提到素有「最美主持人」之稱的白嘉莉女士在事業巔峰時遠嫁印尼的故事幾乎無人不曉，其實同時期，也有一位留日的台灣女牙醫來到印尼。林英英醫生在日本醫學院留學時認識了身為印尼華人的另一半，原本兩人婚後住在東京，執業並開始建立了小家庭，數年後，因緣際會見到訪日的印尼總統。那位總統與隨扈官員鼓勵她夫婿，既是印尼優秀青年，應返鄉為民謀福祉。

年輕人血氣方剛愛國心勝，旋即決定帶著妻兒回印尼。這位女牙醫遂展開一段身心受到極大挑戰的執業之路——從語言學習、多項專業證照考試、診所開業、執業等，並需同時照料轉換新環境、語言也完全不通的兩個稚子，工作忙碌的先生所能給的實質與精神支持非常有限，尤其在那個沒有網路、難以搜尋資訊的年代，一切只能倚靠自己在荊棘中摸索出路。

認識這位牙醫時，她已是首都雅加達幾十萬日本人圈內備受推崇的醫生，她專業細心溫暖，能講流利的日文、印尼文、中文，排隊等候看診的患者總是絡繹不絕。聽她訴說初來乍到時，如何靠著比手畫腳、在紙上畫牙作答，取得印尼的執業執照，以及在人生地不熟之處重建家庭等往事，兼顧家庭與事業已然不易，更何況是在支援資源稀少的異鄉與那個年代。許多光是想像就艱難的關卡，她總是自娛娛人般說笑輕帶。與她談天，總會讓人誤以為世界永遠是美好輕鬆的。她笑起來有美麗的酒窩，爽朗的笑聲總能寬慰人心。

但只要看看她書櫃裡的書——如何讓自己快樂、讓自己遼闊、讓自己有智慧等，此類別占了絕大多數，做自己、思考婚姻、探討女人價值等書也有許多，不難想像，那種歷經多少心力交瘁、強烈渴望從書本中得到力量與救贖，拉自己一把的心情。

她的先生已在數年前往生，兩個孩子也都在日本就學後執業當醫生，她卻仍照著自己的步伐，持續獨立在雅加達工作生活數年，於疫情爆發前剛好決定退休，人生繞了一大圈，又回到日本定居。一直以來，面對困難，她常笑著說：「沒事，不多想，大丈夫（日文沒問題），每天都要快樂過！」這句話，總在需要時為我帶來力量。

這位女牙醫是我在當地最景仰的前輩之一，如果白嘉莉女士帶給我們的是如仙界般的美麗夢幻，那麼她展現的就是行走人間的璀璨踏實、正向與堅毅。

國家圖書館出版品預行編目(CIP)資料

印尼現在進行式：一位台灣女子逾20年的在地觀察/賴珩佳作. -- 第一版. -- 臺北市：遠見天下文化出版股份有限公司, 2025.01
368面；14.8×21公分. --（社會人文；BGB604）

ISBN 978-626-417-123-6((平裝)

1.CST: 社會生活 2.CST: 文化 3.CST: 印尼

739.33 113019645

社會人文 BGB604

印尼現在進行式

一位台灣女子逾 20 年的在地觀察

文、攝影 — 賴珩佳

企劃出版部總編輯 — 李桂芬
主編 — 李桂芬、李宜芬（特約）
責任編輯 — 李宜芬（特約）、尹品心
封面暨內頁設計 — 洪雪娥
地圖繪製 — 劉雅文
校對 — 魏秋綢

出版者 — 遠見天下文化出版股份有限公司
創辦人 — 高希均、王力行
遠見・天下文化 事業群榮譽董事長 — 高希均
遠見・天下文化 事業群董事長 — 王力行
天下文化社長 — 王力行
天下文化總經理 — 鄧瑋羚
國際事務開發部兼版權中心總監 — 潘欣
法律顧問 — 理律法律事務所陳長文律師
著作權顧問 — 魏啟翔律師
社址 — 臺北市 104 松江路 93 巷 1 號
讀者服務專線 — 02-2662-0012 | 傳真 — 02-2662-0007；2662-0009
電子郵件信箱 — cwpc@cwgv.com.tw
直接郵撥帳號 — 1326703-6 號　遠見天下文化出版股份有限公司

內文排版 — 立全電腦印前排版有限公司
製版廠 — 東豪印刷事業有限公司
印刷廠 — 富星彩色印刷設計股份有限公司
裝訂廠 — 台興印刷裝訂股份有限公司
登記證 — 局版台業字第 2517 號
總經銷 — 大和書報圖書股份有限公司 | 電話 — 02-8990-2588
出版日期 — 2025 年 1 月 20 日　第一版第 1 次印行

定價 — 600 元
ISBN — 978-626-417-123-6 | EISBN —9786264171212 (EPUB)；9786264171229 (PDF)
書號 — BGB604
天下文化官網 — bookzone.cwgv.com.tw

初版書名：那些你未必知道的印尼